结构优化：
供给侧改革视域下
学校武术教育的发展探索

王稳 著

中国水利水电出版社

·北京·

内 容 提 要

供给侧改革与社会居民的日常生活息息相关，同时与学校武术教育也发生着密切的联系。本书将学校武术教育置于供给侧视域下进行研究，以供给侧改革理论为指导，重新设计武术课程教学体系，革新武术教学内容与方法，加强各类武术课程的建设，力求构建一个有利于我国学校武术教育可持续发展的体系。

本书对我国学校武术教育供给侧改革具有重要的理论与实践指导价值，对武术教育的发展具有一定的促进作用。本书可供武术专业教师、学生及相关研究者参考使用。

图书在版编目（CIP）数据

结构优化：供给侧改革视域下学校武术教育的发展探索 / 王稳著. -- 北京：中国水利水电出版社，2020.1
 ISBN 978-7-5170-8412-9

Ⅰ. ①结… Ⅱ. ①王… Ⅲ. ①武术－体育教学－教学研究 Ⅳ. ①G852.02

中国版本图书馆CIP数据核字（2020）第027434号

书　　名	结构优化：供给侧改革视域下学校武术教育的发展探索 JIEGOU YOUHUA: GONGJICE GAIGE SHIYU XIA XUEXIAO WUSHU JIAOYU DE FAZHAN TANSUO
作　　者	王　稳　著
出版发行	中国水利水电出版社 （北京市海淀区玉渊潭南路1号D座　100038） 网址：www.waterpub.com.cn E-mail：sales@waterpub.com.cn 电话：（010）68367658（营销中心）
经　　售	北京科水图书销售中心（零售） 电话：（010）88383994、63202643、68545874 全国各地新华书店和相关出版物销售网点
排　　版	北京亚吉飞数码科技有限公司
印　　刷	三河市华晨印务有限公司
规　　格	170mm×240mm　16开本　18.5印张　240千字
版　　次	2020年6月第1版　2020年6月第1次印刷
印　　数	0001—2000册
定　　价	90.00元

凡购买我社图书，如有缺页、倒页、脱页的，本社营销中心负责调换

版权所有·侵权必究

前　言

2015年,针对当前中国经济面临的复杂局面,党中央结合社会经济发展的规律与我国经济实际,做出了"着力加强供给侧结构性改革"的战略判断。2017年,党的十九大报告强调"把深化供给侧结构性改革摆在贯彻新发展理念、建设现代化经济体系这一重要部署的第一位"。由此可见,供给侧改革成为新时期我国全面深化改革的主旋律。《国家中长期教育改革和发展规划纲要（2010—2020年）》对我国学校教育提出了明确要求,要办人民满意的教育,就要"关心每个学生,促进每个学生主动地、生动活泼地发展,尊重教育规律和学生身心发展规律,为每个学生提供适合的教育"。面对中国特色社会主义改革的新趋势与教育发展的新要求,加强学校武术教育领域的供给侧改革势在必行。

武术进入我国学校教育后,经过一段时期的发展,取得了一定的成效,其逐渐成为学校体育教育的重要内容。据调查发现,当前"学生非常喜欢武术,但却不喜欢武术课"的状况依然非常普遍,武术课处于一个比较尴尬的境地,现有的武术教育很难满足学生个性化、多样化、自主化的武术需求。面对如此僵化的武术课程体系,如何满足学生越来越强烈的选择性需求？面对学校武术教育公共服务产品个性化、差异化供给的问题,如何满足学生日益多元化的武术需求？面对体育全球化的高速发展,如何满足学生的个性化需求？这些表象正是我国学校武术高质量供给短缺和结构性短缺的直接体现,其根源是传统的武术教育供给体系已经越来越偏离现代社会的多元化发展。要找到缓解和解决这些矛盾的出路,就必须改革创新传统的学校武术教育供给模式,为学生提供多样化的武术需求,激发其学习的动力和潜力。

面对这些问题,作者本人以《供给侧改革背景下学校武术教育供需错位与调配路径研究》为题申报了教育部人文社科基金青年项目,并获批立项,课题编号:18YJC890044。

为此,本研究认为,应该以供给侧改革理论为指导,重新设计武术课程教学体系,革新武术教学内容与方法,加强各类武术课程的建设,这对于改善我国学校武术教育"名存实亡"的现实状况具有一定的理论与现实意义。由于供给侧结构性改革是一个系统而复杂的理论体系,本书重点以供给侧改革理论体系中"结构优化"为视角对学校武术教育供给体系建设与发展进行尝试性的研究与分析,以期为相关学者提供一个独特视角来研究学校武术教育的发展问题。

本书包括绪论和结语在内共十一章。绪论部分主要介绍了研究背景,包括价值、意义、研究方法和相关概念的界定、文献综述、研究思路等。第二章主要阐述了供给侧改革的理论逻辑与体系,内容包括供给侧改革提出的背景、供给侧改革的学科理论基础及供给侧改革的原则与重点等。第三章深入分析了学校武术教育与供给侧改革之间的关系,阐明了供给侧改革对学校武术教育发展的影响及意义,并提出了供给侧改革下学校武术教育发展的任务与相关内容。第四章主要调查与分析了供给侧改革下我国学校武术教育的发展现状,找出制约我国学校武术教育发展的因素,并就学校武术教育供需错位问题进行了细致的研究与分析,最后提出了供给侧改革下我国学校武术教育的发展对策。第五章至第九章分别就学校武术课程体系结构优化、学校武术教学体系结构优化、学校武术师资体系结构优化、学校武术赛事体系结构优化和学校武术俱乐部与运动队结构优化等展开研究与探索,以此为我国学校武术教育的发展提供一定的借鉴。第十章重点对我国学校武术教育的可持续发展展开有针对性的研究与分析,从而促进我国学校武术教育体系的发展与完善。结语部分对整个研究进行了总结。

本书将学校武术教育置于供给侧视域下进行研究,具有一定的前沿性和创新性,彰显出本书鲜明的个性和特色。第一,本书关于供给侧改革与学校武术教育结合的研究能在一定程度上丰富我国武术教育研究的理论体系,具有重要的理论价值。第二,关于学校武术教育的实证分析,能为我国学校武术课程体系建设提供良好的借鉴,具有较强的实用价值。

  本书在撰写的过程中,参考和借鉴了大量的有关供给侧改革和武术方面的书籍和资料,在此向有关专家及学者致以诚恳的谢意。同时本专著是教育部人文社科基金青年项目(课题编号:18YJC890044)和吉林省高校科技与社科"十三五"科研规划项目(课题编号:JJKH20190839SK)的阶段性成果,此书的出版得到了吉林化工学院出版著作基金资助,在此一并表示感谢。由于作者本人理论水平与学术研究能力有限,不足之处在所难免,恳请广大读者批评指正!

王稳
2019 年 8 月

目 录

前言

第一章　绪论……………………………………………… 1

第二章　供给侧改革的理论逻辑与体系之概述………… 11
    第一节　供给侧改革之背景概述………………………… 11
    第二节　供给侧改革之学科理论………………………… 14
    第三节　供给侧改革之理论逻辑………………………… 20
    第四节　供给侧改革之原则重点………………………… 28
    第五节　学校武术要顺应供给侧………………………… 32

第三章　学校武术教育与供给侧改革关系辨析………… 34
    第一节　现实意义：学校教育体系
            供给侧改革亟待进行……………………… 35
    第二节　教育影响：从学校教育市场化
            视角看供给侧改革………………………… 36
    第三节　结构优化：学校武术教育
            供给侧改革的主要任务…………………… 42
    第四节　制度优化：学校武术教育
            供给侧改革的迫切需求…………………… 48
    第五节　加大投入：学校武术教育
            供给侧改革的有力保障…………………… 54

第四章　供给侧改革背景下学校武术现状分析………… 56
    第一节　我国学校武术教育发展历程之概述…………… 56
    第二节　制约我国学校武术教育发展的因素…………… 59
    第三节　中、韩、日学校武技供给体系区别…………… 61

         第四节　学校武术教育供需错位的问题分析……………… 69
         第五节　供给侧改革与学校武术传播及发展……………… 78

第五章　学校武术教育课程体系结构优化探索………………… 95
         第一节　学校武术课程结构设置及发展探索……………… 95
         第二节　学校武术课程结构建设与发展探索……………… 125
         小　结……………………………………………………… 145

第六章　学校武术教育教学体系结构优化探索………………… 146
         第一节　学校武术教学的任务与原则……………………… 146
         第二节　学校武术教学的方法……………………………… 156
         第三节　学校武术教学的具体实施过程…………………… 165
         小　结……………………………………………………… 173

第七章　学校武术教育师资体系结构优化探索………………… 174
         第一节　学校武术师资建设现状…………………………… 175
         第二节　学校武术师资培养途径…………………………… 179
         第三节　学校武术师资发展探索…………………………… 189
         小　结……………………………………………………… 192

第八章　学校武术教育赛事体系结构优化探索………………… 194
         第一节　学校武术赛事的建设与发展……………………… 195
         第二节　学校武术竞赛建设创新思路……………………… 202
         小　结……………………………………………………… 207

第九章　学校武术俱乐部与运动队结构优化探索……………… 209
         第一节　我国学校武术俱乐部的发展现状与优化途径… 210
         第二节　我国学校武术运动队的发展现状与优化途径… 216
         小　结……………………………………………………… 228

第十章　学校武术教育可持续发展战略之探…………………… 229
         第一节　武德之重构：学校武术教育必须彰显的特质… 229
         第二节　模式新供给：学校武术教育供需错位的调和… 259
         第三节　教学新范式：学校武术课程思政的体系构建… 264

第四节　"互联网+"：学校武术供给侧改革的时代应然… 268
　　小　结……………………………………………… 277
第十一章　结语…………………………………………… 278
参考文献…………………………………………………… 280

第一章 绪 论

学校武术教育供给结构与学生需求、社会期望产生偏差,产生了大量无法匹配学生需求、社会需要的无效供给,出现了结构失衡的现实问题,同时学校武术教学产品供给的增速滞后于学生需求升级的速度,无法充分满足学生接受高层次、高质量学习的需求,这些问题抑制了学生的有效需求,同时有效需求的低迷又加剧了有效供给的不足,从而呈现出有效需求和有效供给不足并存的矛盾形态,即学校武术教育供给结构的"失衡"问题。本书依据经济学、教育学、体育学等理论分析学校武术教育"结构优化"问题,以此促进武术更好地走进学校。

一、理论价值

(一)拓展学校武术教育发展研究视角,丰富学校武术教育理论研究

目前学界对于学校武术教育发展研究主要围绕武术的价值论和本质论展开,而其发展的瓶颈问题始终界定不清,因而在理论研究的广度和深度上都有一定的局限性。因此,本书基于供给侧理论,着眼"结构优化",将为学校武术教育发展研究提供新的视角,相关研究内容也必将丰富我国学校武术教育的理论。

(二)延伸供给侧改革理论的应用领域,丰富供给侧改革的理论研究

目前,供给侧改革相关研究中关于学校武术教育"结构优化"

的研究较少,一方面,本书将在一定程度上拓宽供给侧改革应用于学校武术教育发展研究的领域,充溢学界关于供给侧改革理论的应用范围;另一方面,本书对于我国学校武术教育结构优化的研究必将丰富和完善供给侧改革理论的研究内容。

二、应用价值

（一）利于精准改革

本书将基于学校武术教育发展的"宏观规划、核心问题"进行分析,探讨学校武术教育供给体现的结构性矛盾,这些研究内容可为教育决策部门对武术推广的顶层设计以及教师对武术教学内容的理性选择提供决策参考。

（二）带动示范效应

可为我国教育系统"教学改革"提供蓝本,进而引领教学改革风向。

（三）提供实践路径

破解中华优秀传统文化进校园的"瓶颈",为优秀传统文化进校园提供理论依据和实践路径。

三、研究方法

（一）文献资料法

应该说有关学校武术教育和供给侧改革领域的文献非常多,但是在这浩如烟海的文献中与本研究相关的核心文献并不多见。笔者通过查阅与本研究相关的书籍、学术期刊以及在CNKI、万方、维普、超星图书等数据库中,以"供给侧改革""学校武术""结构优化"等相关内容为主题进行检索,并对检索结果中的经典文献进行了深入研读,以期了解相关研究动态。此外,本人还搜集了大量与本研究有关的供给侧改革理论的相关书籍,这些丰富的文献为本研究奠定了理论基础,也为本研究从供给侧改革视角看学校武术教育发展提供了思路和借鉴。

(二)实地调查法

本人利用在清华大学做高级访问学者期间参加学术会议和外出调研的机会,深入吉林市的吉林化工学院、北华大学、吉化第一小学、吉化第二小学、吉化第九小学、王中王国际武道教育学院,辽宁的沈阳体育学院,北京的清华附小、吴静钰跆拳道俱乐部、天津体育学院、上海体育学院、衡阳师范学院等高等院校、中小学、体育俱乐部,实地了解学校武术和商业武术俱乐部的现状,并与习练者深入交流,为研究的顺利开展奠定了良好的基础。

(三)专家访谈法

通过实地考察等方式,走访国内武术学科专家和学者,并深入访谈了清华大学乔凤杰教授、中国人民大学王智慧教授、沈阳体育学院于海教授、上海体育学院范铜刚博士、吉林化工学院孙威教授、衡阳师范学院蒋德龙博士、北华大学刘鹏辉博士等,为本研究提供智力和资料支持。

(四)质性研究法

以研究者本人作为研究工具,笔者在 12 年的武术教学实践中进行了教学反思和课程改革反思,同时结合本人所立教育部课题进行的大量的学生访谈、教学观察而形成的解释性理解,对学校武术供给体系结构失衡的现象进行深入思考从而形成了一些结论和建议。

（五）问卷调查法

学校武术现状分析和课程结构情况等采用问卷调查法进行。根据已经确立的问题进行问卷设计。首先，了解学生习武的主要目的、学习武术的课程需求、了解武术的途径、武术文化立场、接受武术文化的感受等；其次，了解武术教师在教学中的感受与现实情况；最后，了解家长对孩子习武的态度和目的、要求。为此，本研究对吉林化工学院、北华大学、吉林市吉化第一小学、吉林市吉化第二小学、王中王国际武道教育学院、沈阳世纪武道教育集团等进行了问卷调查。

（六）数理统计法

运用 Matlab 软件、SPSS 19.0 软件对研究所采集的数据进行整理和分析。

四、概念界定

（一）学校武术教育

学校武术教育作为国家教育部门主管的各级各类学校中的一项重要教育内容，是武术教育者在遵循一定的教育规律、目的和要求下，以中华传统武术为载体，以武德、武技为教育内容，以教师传授、师生互动为主要手段，通过身体运动对学生进行全面的教育，进而促使学生个体社会化和个性化的实践活动。

（二）供给侧改革理论

供给侧改革并非由我国首次提出，其理论最早可追溯至19世纪初法国经济学家萨伊所提出的"萨伊定律"，其核心思想在于引发经济学理论研究中"生产与消费、供给与需求之间的相互作用决定市场容量"的思考,认为"供给会自行创造需求"。这一经济理论观点在20世纪70—80年代初盛行于美国与英国,其主张的基本思想和核心认为增加供给的主要手段是减税。[1] 我国"供给侧结构性改革"又称"新供给经济学",其理论和实践与西方供给学派有联系,也有明显差别,主要体现在新供给经济学是在总结西方供给学派理论与实践的基础上提出的理性"供给管理",在肯定需求管理重要意义和实践贡献的基础上重视与强调对供给端的管理,以及更具系统化的制度供给层考量。[2] 所谓"供给侧结构性改革",就是通过改革推进结构调整,矫正结构配置错位,通过提高供给质量、扩大有效供给、减少无效供给来促进供给结构各要素对需求变化的适应性和灵活性,进而提高全要素生产率,更好地满足广大人民群众对高质量、高品质产品的需求,最终实现经济社会的健康与可持续发展,充分体现了"以人为本"的发展理念。供给侧结构性改革的目的主要是通过"改革"和"创新"来解放和发展生产力,立足"供给侧",围绕技术、资本、人力、政策等要素,以新供给创造新需求来优化供给结构,提高有效供给,推动社会和经济的协调发展,这对我国经济发展新常态下的各项改革都具有重大战略意义。

(三)学校武术教育供给结构

产业经济学将供给结构界定为劳动力、资本、技术和自然资源等生产要素在国民经济各产业之间的供应比例。[3] 从产业经济学内部各业态之间的供应比例关系分析,可以衍生出学校武术教育的供给结构。学校武术教育供给结构是指学校武术教育内部各业态之间可以供应的比例关系,可以认为学校武术教育的供给

---

[1] 贾康,徐林,李万寿,等.新供给经济学理论基础的比较与分析[J].现代产业经济,2013(5):8-14.
[2] 贾康,苏京春.探析"供给侧"经济学派所经历的两轮"否定之否定"——对"供给侧"学派的评价、学理启及立足于中国的研讨展望[J].财政研究,2014(8):2-16.
[3] 任波,戴俊,黄海燕.中国体育产业结构的形塑逻辑与供给侧改革路径[J].天津体育学院学报,2019(1):52-59.

结构包括学校武术服务供给、学校武术用品供给和学校武术场地设施供给3个部分。学校武术服务供给包括学生的武术课程、校园武术赛事、学校武术队训练和学校武术课外俱乐部活动等服务性供给；学校武术用品供给是指武术教材、武术服饰、武术器材等实物型供给；学校武术场地设施供给一般包括武术室外运动场地和室内场馆建设等供给方面。通过搜集相关文献资料发现，学校武术教育在服务供给、用品供给及场地供给方面都存在严重的供给不足，学校武术的自然环境和服装、器材、场地等物理环境的简陋则更降低了学生选择武术学习的需求。[①] 但我们应清楚，学校武术教育的供给服务才是学校武术教育供给侧改革的关键内核，起决定性因素。而"器材""场地"属于外部因素，而且这些外部因素又很难短时间得到改进，因此，学校武术教育的改革只有从内因上着手才是根本。随着学生对现代武术认知思维、教学理念及教学话语等方面的关注，他们关注武术学习环境的优美与舒适、武术学习的乐趣与体验，呈现出追求武术学习的参与、交流、健身、健心、健智、娱乐等品质化的一种变化，每位学生都希望在武术学习中有归属感和身份地位认同感。[②] 因此，在学校武术教育供给结构没有足够的变化时，学生在接受武术教育过程中自然会感到乏味。

五、文献综述

（一）国内相关研究现状

1. 学校教育领域偏重"供给侧改革研究"

从学校教育"结构优化"的学术梳理发现，其基本都是围绕

[①] 杨建营，邱丕相.现代化发展对武术造成的消极影响研究[J].武汉体育学院学报，2010，44（5）：67-70.
[②] 张继生，周惠新，谭腾飞.身体、情境、认知：武术教学的具身性及其哲学探索[J].武汉体育学院学报，2017，51（1）：67-71.

供给侧改革理论进行的(朱玉成,2016),主要对高等教育面临结构失衡、供给品质、供给效率、供需困局、学生需求等进行理论分析。① 通过改善结构、制度层面的有效供给,破解教育结构失衡、供需错位的困局(李奕等,2017)。②

2. 学校体育领域研究视角多"供需矛盾"

将学校教育"供需错位"的问题细化到体育教育层面,出现:学生体育需求与体育服务供给不对应(张永虎,2011)③,"学生需求"在体育教育中未得到高度关注(叶昌全,2015)④,学校体育"供给方式单一"与"形式多样的要求"产生矛盾(耿银贵等,2017)⑤,"高品质体育产品"与"学生主体需要"无法统一(叶欣等,2017)⑥,从而形成学生不喜欢、学校不重视的尴尬局面。

3. 学校武术教育"结构优化"亟待解决

从搜集的相关文献来看,没有直接关于学校武术教育供给"结构优化"的研究,但梳理发现,学校武术"供给与需求"矛盾突出,表现在以下内容。

(1)强压传授与自我需求本末倒置:现有诸多研究把重点放在了通过青少年来传承武术,即强压式对学生群体供给武术文化遗产,但青少年的需求并非武术传承,因此,诸多关于学校武术研究观点出现了本末倒置、顾此失彼现象(杨建营,2016)。⑦

(2)武术宣传与学生认识偏差太大:"飞檐走壁、武林大侠、

---

① 朱玉成.政府职能转变视角下的高等教育供给侧改革[J].高等教育研究,2016,37(8):16-21.
② 李奕,徐刘杰.面向学生未来发展的教育供给侧改革研究——基于北京市深综改革的实践经验[J].中国教育学刊,2017(11):47-53.
③ 张永虎.我国体育院校校操普修教学内容的供需状况[J].首都体育学院学报,2011,23(4):328-331,375.
④ 叶昌全.干预中小学生体育需求的措施研究[D].西南大学,2015.
⑤ 耿银贵,肖坤鹏,杨勇.大学体育素质教育供给侧改革研究[J].体育文化导刊,2017(2):141-145.
⑥ 叶欣,陈绍军.高等体育教育供给侧结构性改革的发展理念与策略研究[J].武汉体育学院学报,2017,51(7):85-89.
⑦ 杨建营.普通学校武术教育改革理念探析[J].沈阳体育学院学报,2016,35(4):128-133.

盖世神功",造成学生心目中的武术与现实存在错位(蔡仲林等,2007)。[1]

(3)教学内容与学生需要矛盾突出:武术教材内容单一、技术竞技化,教学枯燥、乏味、缺乏创新,学生喜欢与想学的内容在武术课堂难以得到实现,教学内容与教学对象需求产生矛盾,以致教师不认可、学生不满意、需求难满足(杨亮斌,2017)。[2]

(4)教学目标与学生期望相差甚远:学校武术教育的主旨定位与教学内容载体明显错位,导致与学生期望脱节,造成教师"教什么、谁来教、怎么教"的问题(马文国,2008)[3],以致"学生喜欢武术,但不喜欢武术课""喜欢武术却不练武术"(赵光圣等,2014)[4]。

(5)传统单一与时代变化格格不入:武术在服装、音乐等外在包装方面缺乏时尚感和时代性(王岗,2011)[5];武术套路复杂,缺乏实用性和娱乐性,以致与现代学生喜欢竞争、对抗、激烈、时尚、活力的体育项目的需求不符,造成供给结构单一、供给质量不高,严重阻碍学校武术的发展(林学芹,2010;杨宝雷,2017)[6]。

(6)三种改革与实际状况很难适应:"淡化套路、突出方法、强调应用"(蔡仲林、施鲜丽,2004)[7]"整合拳种、优化套路、强调应用、弘扬文化"(武冬、吕韶钧,2013)[8]、"一校一拳,打练并

---

[1] 蔡仲林,施鲜丽.学校武术教学改革的指导思想——淡化套路、突出方法、强调应用[J].上海体育学院学报,2007(1):62-64.
[2] 杨亮斌.建构主义视阈下中小学校武术课程研究[D].上海体育学院,2017.
[3] 马文国.文化全球化背景下的武术教育与学校武术[D].上海体育学院,2008.
[4] 赵光圣,戴国斌.我国学校武术教育现实困境与改革路径选择——写在"全国学校体育武术项目联盟"成立之际[J].上海体育学院学报,2014,38(1):84-88.
[5] 王岗,李世宏.学校武术教育发展的现状、问题与思考[J].成都体育学院学报,2011,37(5):84-87.
[6] 杨宝雷.高校公共体育武术课供给体系创新研究[J].商丘师范学院学报,2017,33(6):103-106.
[7] 蔡仲林,施鲜丽.学校武术教学改革的指导思想——淡化套路、突出方法、强调应用[J].上海体育学院学报,2007(1):62-64.
[8] 武冬,吕韶钧.高等学校武术课程体系改革研究[J].北京体育大学学报,2013,36(3):92-98,105.

进,术道融合,德艺兼修"(赵光圣等,2013)[①],三种改革未能彻底解决学生"实际应用""实际需求""实际情况"的矛盾(杨建营,2016)[②]。

（二）国外相关研究现状

国外利用经济学原理对教育供给关系进行研究起步较早,Arthur Lewis（1954）提出将生产力供给拓展与延伸到教育供给领域。[③]至此,教育领域"供给关系"研究有章可循;Vidino(1996)等认为:教育要注重满足人的需求,寻求供给与需求之间的平衡[④];Carrie Leugenia Ham（2003）、Chubb.John.E.（2003）等认为教育供给决定教育质量[⑤]。从现阶段研究资料来看,研究内容侧重于运用经济学理论研究教育领域的"供需关系",较宏观,缺乏细化、必要的经验分析和实证检验,利用供给侧理论对学校体育研究较少,同时系统研究学校武术教育"结构优化"的文献尚未发现。

（三）研究动态

关于"结构优化"问题的研究已取得一定成果:①从理论研究上看:在经济领域,将"结构优化"作为研究对象,研究较为深入,偏重供给侧。教育、体育以及武术教育领域有所借鉴,理论研究初见端倪,主要集中在现象分析、问题讨论,较宏观、不深入。②从研究内容上看:"结构优化"问题涉及方方面面,关于学校武术教育的研究大多集中于武术产品、教学内容、教学目标等微观

---

① 赵光圣,戴国斌.我国学校武术教育现实困境与改革路径选择——写在"全国学校体育武术项目联盟"成立之际[J].上海体育学院学报,2014,38（1）:84-88.
② 杨建营.普通学校武术教育改革理念探析[J].沈阳体育学院学报,2016,35（4）:128-133.
③ 1954 年,Arthur Lewis 发表 Economic Development with Unlimited Supplies of Labor 一文,中文译名为《劳动力无限供给条件下的经济增长》。
④ 刘敬严.基于服务营销视角的高等教育质量管理研究[D].天津:天津大学,2009.
⑤ 李晓影.新疆高等教育服务质量与学生满意度实证研究[D].乌鲁木齐:新疆财经大学,2012.

问题的某一个方面,缺少对影响学校武术本质问题的形成机理及宏观规划的深入研究,以致学校武术教育"名存实亡"。为此,本书对学校武术教育"结构优化"问题进行了深入研究,对学校武术教育"结构优化"的性质、特点补充理论解释,同时在供给侧改革的相关制度政策、学校武术教学模式、学校武术教学手段、学校武术教学内容、学校武术技术体系等方面深入解读,以此架构基于"供给侧改革"理论背景下的学校武术教育供给结构优化途径。

六、研究思路

本书运用经济学、社会学、教育学、体育学等学科知识,围绕学校武术教育发展的核心问题,层层递进展开研究,其思路是:①研究背景(供给侧改革的理论逻辑、学校武术教育与供给侧改革关系辨析)→②提出问题(供给侧改革背景下学校武术现状分析)→③分析和解决问题(学校武术教育课程体系、教学体系、师资体系、赛事体系、武术俱乐部与运动队和学校武术教育的可持续发展战略之探索)。

第二章　供给侧改革的理论逻辑与体系之概述

在经济学领域,需求侧与供给侧是两个较为常见的名词,在市场经济发展的条件下,人们消费各种产品与享受服务,离不开需求侧与供给侧的表现。当前,在我国社会主义现代化建设的背景下,供给侧改革成为社会经济改革的重点。因此,本章就重点阐述供给侧改革的理论逻辑与体系,以帮助人们更加深入地认识与了解供给侧改革。

第一节　供给侧改革之背景概述

一、供给侧改革的提出

2015年11月10日,习近平总书记在中央财经领导小组会议上首次正式提出"供给侧结构性改革"这一名词,自此之后,供给侧改革成为我国社会发展的重要研究课题。

2015年11月18日,习近平总书记在APEC会议上再次提到"供给侧改革",他指出,要解决世界经济方面的深层次问题,只依靠货币政策是远远不够的,还需要推进经济结构性改革,从经济内部去挖掘发展的潜力。

2015年12月22日,中央经济工作会议指出,我国社会经济水平的稳定发展与提高,离不开供给侧结构性改革与发展。

中央经济工作会议(2016)上指出:"党的十八大以来,形成以新发展理念为指导、以供给侧结构性改革为主线的政策体系,

结构优化：供给侧改革视域下学校武术教育的发展探索

引导经济朝着更高质量、更有效率、更加公平、更可持续的方向发展，提出引领我国经济持续健康发展的一套政策框架。"

2016年11月18日，中央财经领导小组办公室副主任杨伟民在财经年会上表示，作为中央"十三五"规划建议的灵魂，本质上体现的也是供给侧的结构性改革问题。因此，供给侧改革成为当今社会各个层面的重要研究课题。

二、供给侧改革的内涵

国家主席习近平曾经在中央财经领导小组会议上提出，加强供给侧结构性改革，增强经济增长动力。"供给侧改革"可以说是促进我国社会经济进一步发展的重要推动力。

所谓"供给侧改革"，就是从供给、生产端入手，通过解放生产力，提升产业竞争力来促进社会经济的进一步发展。具体而言，供给侧改革要求淘汰落后的产能不足的企业，将发展方向锁定在新兴领域、创新领域，创造新的经济增长点。如中国人口众多，随着近年来网络信息化的不断发展，中国人对手机的需求量巨大，但美国苹果手机在中国却甚是走俏。中国早有生产电饭煲、马桶等生活用品的能力，但中国人却不吝重金购买日本品牌。这说明我国的"供给侧"出现了一定的问题，产品供给端难以满足市场的需求。因此，这需要我国社会经济结构的转型，加大"供给侧"产品的投入与生产，提升"供给侧"产品的质量与服务水平，要创造出具有竞争力的产品，以吸引众多的消费者，这样才能促进我国社会经济的发展。

总之，"供给侧"改革是与原来的需求侧相对应的，需求侧拉动社会经济的增长在某一段时期起到了重要的作用，但发展到现在，这种单纯从需求侧来分析问题的做法已不可取，因为如今一般的供给是难以满足现代人们的各种需求的，因此需要从供给方面寻求发展的策略，从而为人们提供更好的产品或服务。

三、供给侧改革的本质与目的

（一）供给侧改革的本质

2016年5月20日，习近平总书记在中央全面深化改革领导小组第二十四次会议强调指出："供给侧结构性改革本质是一场改革，要用改革的办法推进结构调整，为提高供给质量激发内生动力、营造外部环境。各地区各部门要把依靠全面深化改革推进供给侧结构性改革摆上重要位置，坚定改革信心，突出问题导向，加强分类指导，注重精准施策，提高改革效应，放大制度优势。"[1]

（二）供给侧改革的目的

2016年5月16日，习近平总书记在中央财经领导小组第十三次会议强调指出："供给侧结构性改革的根本目的是提高供给质量满足需要，使供给能力更好满足人民日益增长的物质文化需要；主攻方向是减少无效供给，扩大有效供给，提高供给结构对需求结构的适应性。"

2016年的中央经济工作会议上指出："供给侧改革的最终目的是满足人民群众日益增长的需求，最为重要的途径就是深化经济结构性改革。"而要想满足广大人民群众的需求，就要深入研究市场经济的发展规律和特点，充分理解人们的现实需求和潜在需求，最终满足人们的多元化需要。要想加强供给侧改革，一个非常重要的方面就是提高供给质量，减少无效供给，扩大有效供给，促进整个社会供给体系质量的提升，改善社会的供给与需求结构。除此之外，还要建立一个完善的市场资源配置机制，深化行政管理体制改革，实现良好的资源配置。这样才能实现整个社会供给与需求的平衡发展，进而推动社会经济的健康发展。

---

[1] 乔春华.高等教育供给侧改革的财务视角[M].南京：东南大学出版社，2017.

第二节 供给侧改革之学科理论

一、唯物辩证法理论

在经济学中,供给与需求是最为常见的两个名词。供给与需求之间相互对立、相互发展。在社会发展过程中,经常出现供不应求或供过于求的情况,供求均衡是一种相对理想的状态,是处于动态发展之中的。要想实现社会各个方面的发展,加强供需改革是不可避免的。

(一)供给侧和需求侧需要共同发力

在社会经济发展的过程中,"需求"和"供给"两方面都至关重要,不能忽略任何一方面的发展,而应"需求"和"供给"两侧共同发力,否则就不符合唯物辩证法的基本理论,不利于社会经济的发展。

(二)从实际出发,深入分析供给侧改革与需求侧改革

1. 应该从不同时期的实际出发

社会是处于不断变化和发展之中的,因此在分析供给需求矛盾时要从不同时期的实际情况出发。如需求占据主要矛盾地位时,应着重加强需求侧改革;如供给占据主要矛盾地位时,应加强供给侧改革。需要注意的是,强调一方面矛盾并不是忽略另一方面,要将"需求侧"和"供给侧"改革统一起来进行。

2. 应该从不同地区的实际出发

我国幅员辽阔,各个区域之间的经济发展水平存在着一定的差异。因此,在促进区域经济发展的过程中,也要从不同地区的

具体实际出发,确定重点抓供给侧改革还是需求侧改革,这样才能促进当地经济的健康发展。

3. 应该从不同产业结构的实际出发

在当今社会发展背景下,在社会各项产业发展的过程中,也要从不同产业结构的实际出发,分析产业发展形势,以供给侧改革为主要矛盾,结合需求侧改革,加大我国经济欠发达地区的基础设施建设,满足当地人们发展的各种需求。

(三)在动态中注意主要矛盾的转化

毛泽东曾经说过,事物矛盾的主要和非主要方面是不断转化的,任何一个方面的转化,都会导致事物的性质发生变化,事物就是在这种不断转化过程中得以向前发展的。

2015年,我国中央经济工作会议中提出要加强供给侧结构性改革,还指出供给侧结构性改革不是长期或固定不变的任务,在改革的过程中还要十分注意主要矛盾的转化。

2017年,习近平总书记在中共中央政治局第三十八次集体学习时强调:"结构性问题,供给和需求两侧都有,但矛盾的主要方面在供给侧。供给侧结构性改革是一场关系全局、关系长远的攻坚战……要处理好供给和需求的关系。供给和需求是市场经济内在关系的两个基本方面,供给侧和需求侧是管理和调控宏观经济的两个基本手段。经济政策是以供给侧为重点还是以需求侧为重点,要依据宏观经济形势作出抉择,二者不是非此即彼、一去一存的替代关系,而是要相互配合、协调推进。推进供给侧结构性改革,要用好需求侧管理这个重要工具,使供给侧改革和需求侧管理相辅相成、相得益彰,为供给侧结构性改革提供良好环境和条件。"(资料来源于新华社新闻网)因此,在进行供给侧改革的过程中,要充分分析事物的两个方面,注意供给侧主要矛盾的转化,根据具体实际做好产业改革。

（四）注意一个倾向掩盖着另一个倾向

毛泽东曾经阐述过这样的观点,在历史发展的过程中,总会存在着一定的矛盾,矛盾有主次之分,各个时期有一种主要倾向掩盖着另一个倾向,要充分认识到这一点,避免重犯错误。

因此,我们在进行供给侧改革的过程中,还要注意需求侧发展的现状,以供给侧改革为主要矛盾,同时注重需求侧改革这一次要矛盾,这样的改革才有成效,才能取得理想的效果。

二、需求理论

（一）马克思关于消费的论述

1. 人类生存首先需要衣、食、住等

马克思曾经指出,人们每一天都在进行着消费活动,人类生存的第一个前提是生产生活资料,即生产物质生活本身。另外,他还指出吃喝是人们的消费形式之一,人吃喝就是生产自己的身体。由此可见,人类只有生存才能获得发展,而要生存必须要满足最基本的生理需求——吃穿住,这是人类生命存在的前提,而吃穿住这些活动都属于基本的物质消费。

2. 最基本的生存需求逐步满足以后追求精神生活

人们在满足自己的基本生存需求后就要往更高层次方向发展,即由追求物质资料发展为追求精神文化生活,如休闲、娱乐、教育等。

人们在进行生产活动的过程中,需要耗费一定的劳动时间,劳动时间就是指人们为了满足自身生存需要而进行物质生产劳动的时间。马克思指出,人的时间主要分为劳动时间和非劳动时间两种。非劳动时间即不被直接生产劳动所吸收的时间,它主要包括个人受教育的时间、发展智力的时间、履行社会职能的时间、进行社交活动的时间等几个方面。

马克思还指出,人的个性与自由的发展,并不是单纯地为了获得剩余劳动而缩减必要劳动时间,而是一种社会发展的必然。恩格斯也曾经指出,随着工业革命的顺利进行,人类的劳动生产力逐渐达到顶峰,不仅可以进行大规模生产以满足全体社会成员的物质需要,同时还使人们获得了充分的闲暇时间,人们在余暇时间可以从事自己喜欢的各项活动,从而丰富精神文化生活。

马克思还认为:"使用价值只对消费有意义,而且对消费来说,使用价值的存在,只是作为一种消费品的存在,只是使用价值在消费中的存在。喝香槟酒虽然产生'头昏'但不是生产的消费,同样,听音乐虽然留下'回忆',但也不是生产的消费。如果音乐很好,听者也懂音乐,那么消费音乐就比消费香槟高尚。"

综上所述,马克思主义的创始人认为,人类在社会中生存首先就需要衣、食、住等,在满足了这些基本需求后,人类开始追求更高层次的需求,即精神层面的需求,这就是人类需求的层次理论。

（二）马斯洛的需求层次理论

美国心理学家亚伯拉罕·马斯洛曾经在自己著名的《人类激励理论》论文中提出了人的需求五层次论,这一理论被称为马斯洛需求层次理论,它对于人类社会的发展产生了深远的影响和意义。马斯洛需求层次理论将人类的需求从低到高依次分为生理需求、安全需求、社交需求、尊重需求和自我实现需求,并详细阐明了每一种需求的发展情况。

（1）生理需求:这一需求属于人的最基本的需求,属于等级最低的需求,如人们的吃、穿、住、行等。

（2）安全需求:这一需求的等级也比较低,在正常的生活中受到人们的普遍关注,如食品安全、外出游玩安全等。

（3）社交需求:这一需求属于中等层次的需求,作为社会人,通过社会交往能满足人们的心理需求,从中获得友谊和爱情等都是这一需求产生的结果。

（4）尊重需求：这一需求属于较高层次的需求，如赢得比赛胜利、获得满足感和成就感等。在人们的认可与尊重下，自我价值能得到极大的肯定。

（5）自我实现需求：这一需求属于最高层次的需求，在以上四种需求实现的基础上，才能产生这一层次的需求。为国家、为事业献身的精神，积极参与公益事业和慈善事业等都属于这一层次的需求。

另外，马斯洛在晚期时又提出了超自我实现的理论，这一理论可以说是人的最高层次的需求理论。以上几个层次一般情况下依次由较低层次到较高层次排列，这主要是由人们的需求决定的。

（三）社会主义市场经济体制下的需求发展

在我国社会主义市场经济体制下，要认清需求结构与供给结构之间的关系，要充分认识到需求导向市场，需求结构决定着供给结构。

学者贾康、苏京春指出，人类社会不断发展的本原层面是人的需求，人们有需求才能有生产活动来满足这种需求，从而产生供给。在马斯洛需求层次理论中，人们的低级层次的需求得到满足后都要向更高层次发展。发展到现在，社会经济水平日益提高，人们的生活质量也得到了极大的改善，在这样的情况下，人们开始追求更高层次的需求，如参加健身、养生、保健等；参加体育旅游、外出休闲度假等；美容甚至整容等。在当前我国社会发展的背景下，各种新鲜事物和高科技手段的利用，为人们带来了极大的实惠和便利，如网上购物、快递公司、外卖公司等的发展深深改变着人们的生活，这一变化也是与人们的需求相适应的。在人们的需求背景下，供给市场也相应地发生了一定的变化，如游泳馆、健身房、养生堂、博物馆、展览馆等大量涌现，满足着人们的各种需求。

三、供给理论

在我国社会主义市场经济体制下,人们的社会化发展,社会经济的改革等都离不开供给侧方面的改革,分析供给理论与现状对于供给侧改革具有重要的意义。

(1)供给侧改革要符合我国的具体国情,要建立在马克思主义唯物辩证法基础之上,同时还要以一定的经济理论为指导,认真研究"供给"与"需求"之间的关系,结合我国特色社会主义市场经济的实践,不断加强理论、制度、科技、文化等方面的创新,不断发展和完善我国的供给侧改革理论。

(2)在市场经济中,供给与需求是最为常见的两个名词。在日常经济发展过程中,供不应求或供过于求都是普遍存在的现象,供求处于均衡状态只是相对和暂时的,供求矛盾时刻会发生着转变与变化。对于我国社会主义市场经济的发展而言,供给侧改革的重点在于减少无效和低端供给,扩大有效和中高端供给,增强供给结构的灵活性,加强供需结构优化与改革。

(3)进行供给侧改革的主要目的在于提高供给质量满足人民群众日益增长的各方面需求。在今后我国供给侧改革中,要尽量减少无效供给,扩大有效供给,提高供给结构对需求结构的适应性。

(4)供给侧改革的本质在于改革,只有改革才能保持供给侧与需求侧的活力,才能促进社会经济的可持续发展。供给侧改革需要一定的制度和政策做保障。在某种情况下,要以改革创新精神补齐制度短板,充分利用现有的制度和政策优势,加强改革与发展。

(5)供给侧改革也少不了需求方面的因素,二者是一个矛盾统一体。这突出表现在以下几个方面:第一,供给侧改革需要以需求为引领,注重需求方面的发展;第二,供给侧改革需要供给与需求两方面的协同发力,实现二者的有效平衡;第三,供给侧和需求侧改革要统一结合起来进行,这样才能满足人们的各种社会需求。

（6）当前,我国存在着经济发展不平衡的现象,并且呈现逐步加深的趋势,在这样的形势下,进行供给侧改革必须要从不同时期、不同地区、不同产业结构的实际出发,要注意供给侧与需求侧的矛盾转化。在具体的实践中不断完善和丰富供给侧改革理论与政策。

（7）在当前我国社会主义经济体制发展的背景下,要恰当地处理好政府和市场之间的关系,充分发挥和利用市场在资源配置中的作用。政府部门要制定相关的优惠政策,保障公平竞争,加强市场监管,维护良好的市场秩序,确保供给侧改革的顺利进行。

第三节　供给侧改革之理论逻辑

一、供给侧改革的逻辑起点

在人类社会发展的过程中,生产关系一定要适应生产力性质,这是普遍的经济规律,供给侧改革也要遵循这一基本规律。众所周知,有什么样的生产力,就应该有什么样的生产关系,这样才能促进社会的发展和进步。总的来看,生产力发展是一个从低级到高级、从落后到先进的过程,社会生产力是处于不断发展和变化之中的,具有一定的阶段性和层次性特点,它在一定程度上决定着生产关系的部分质变,要求人们针对生产力发展情况,及时有效地调整生产关系,以适应当前社会生产力的发展和变化。

综上所述,生产关系适应生产力发展的这一原理,对于我国社会经济的发展,对于供给侧改革都提出了客观的要求,这一理论也成为供给侧改革的逻辑起点。

第二章　供给侧改革的理论逻辑与体系之概述

（一）当前我国生产关系与生产力之间的矛盾

改革开放后，经过几十年的发展，我国经济得到了迅速的发展，农业、工业、第三产业等都有了不同程度的发展，这充分表明我国的社会生产力发展水平有了明显的提升，与以前相比已上升到一个较高层次。但需要注意的是，我们在取得进步的同时也存在着不少经济发展方面的问题，这突出体现在当前我国生产关系与生产力之间的矛盾。

1. 我国经济总量大，但人均产量较低，贫困人口众多

当前，我国已发展成为世界第二大经济体，经济总量巨大，但是人均产量却较低，还存在着不少的贫困人口。据国家统计局的调查，2018年，我国居民人均可支配收入28228元，比上年名义增长8.7%，扣除价格因素，实际增长6.5%。全年全国居民人均可支配收入中位数24336元，比上年增长8.6%。但是人均产量还比较低，尤其与发达国家相比差距还较大。我国目前还存在着一些贫困人口，需要今后大力发展。

2. 各地经济发展不平衡，东西部、城乡间收入差距依然较大

当前，虽然我国经济水平上了一个台阶，获得了快速的发展，但是存在着经济发展区域不均衡的现象。如东北经济陷入困境；西部地区经济稍有发展，但与东部差距依然较大。另外，城乡之间的差距也依然较大。这些都是制约我国社会经济发展的重要方面，同时也是社会生产关系与生产力之间的矛盾，需要今后全力解决。

3. 环境承载能力下降，不能满足人的需求

一般来说，水资源、大气资源等的承载力是非常有限的。十大流域的700个水质监测断面中，Ⅰ～Ⅲ类水质断面比例占72.1%，劣类水质断面比例占8.9%。十大流域水质总体为轻度污染。近岸海域301个海水水质监测点中，达到国家Ⅰ、Ⅱ类海

水水质标准的监测点占70.4%,Ⅲ类海水占7.6%,Ⅳ类、劣Ⅳ类海水占21.9%。在监测的338个城市中,空气质量达标的城市占21.6%,未达标的城市占78.4%。这些资源状况与发达国家之间存在着不小的差距,严重影响着我国社会经济的发展。

4. 社会产业结构不合理

近些年来,经过各方面的努力,我国社会经济得到了快速的发展,其发展成就令世人瞩目,我国已经由落后的农业经济向工业经济大转型,并已逐步跨入工业化中期阶段。但在各产业发展的过程中,还存在着产业结构不合理的情况。在产业发展的进程中,这些矛盾会成为下一阶段发展的重要制约因素。如三次产业结构发展不合理,农业基础薄弱,工业占比较高而第三产业发展欠缺,这是实实在在存在的问题,需要今后采取必要的措施和手段去解决。

5. 农业基础薄弱,直接影响其他产业的发展

(1)耕地等自然资源对农业发展的限制越来越大。近些年来,由于建设用地扩张、自然灾害频发,我国耕地资源每年都有一定的"流失",导致我国人均可耕地资源大幅度缩减,在这样的情况下,农产品的供给受到一定程度的约束。随着这种情况的恶化,农产品供需逐渐失衡,这对于整个社会的稳定发展是十分不利的。

(2)我国是一个农业大国,但是农业基础设施相对较为落后,在面对一些风险时难以有良好的应对措施,每年都会发生一定的农业生产损失。如当前我国水利建设不足,没有建立一个完善的农业灾害预警系统,在发生自然灾害时,抵抗力不足,补救措施也不到位,导致损失较大。

(3)当前我国绝大部分地区仍然采取小规模农户家庭经营模式,这非常不利于我国农业现代化的发展。很长一段时间以来,我国农业发展还停留在一个农业集约化经营程度较低的阶段。"家庭作坊式"规模占很大一部分,难以形成有效的规模经济,难以推广与发展产业化大农业生产方式,这与国际农业现代化和产

业化的发展是相违背的,不利于我国农业国际竞争力的提高。

6. 基础设施还不完善

经过多年的发展,我国高速公路和高速铁路建设取得了辉煌的成绩,但与东部沿海地区相比,中西部地区建设相对落后。一部分地区道路不畅通,拥堵非常明显。在信息化不断发展的时代,互联网和移动通信技术在这些地区的普及率较低,存在着极为明显的地区差异,这需要加强这一部分地区的基础设施建设。

7. 社会保障体制还很不健全

在社会保障制度方面,我国城乡之间存在着较大的差距,总的来看,农村社会保障的覆盖面过窄,城镇职工与农民工的待遇存在着不公平的现象,另外,不同部门也存在着不公平现象,我国还未建立一个健全和完善的社会保障体系。

8. 创新能力不足,有待提高

虽然近年来我国不论是在经济还是其他方面都获得了快速的发展,但在某些领域仍然发展不足,如我国的创新体系与国外发达国家相比仍然存在着较大的差距,并且这一差距在短时间内是难以弥补的。近些年来,我国在企业研发上的投入越来越大,但仍然比不上一些发达国家,在一些高精尖项目上更是如此。我国很多企业都面临着创新能力不足的情况,需要今后大力发展和提高。

9. 宏观政策调控框架还需要进一步完善

我国社会经济及各方面的发展离不开国家的宏观调控,但是当前总体来看,我国的宏观调控框架较为落后,效果逐渐减弱。货币政策还停留在以前,金融监管政策也滞后于金融体系发展,市场波动大,金融风险积聚,没有形成一个相对完善的财政政策体系,制约着我国社会的进一步发展。

综上所述,我国社会经济普遍存在着各种各样的问题,这些问题产生的主要原因在于生产关系与生产力不相适应,是生产关系与生产力之间存在矛盾的后果,因此在今后的发展中一定要解决生产关系与生产力之间的矛盾。

（二）当今社会生产力的发展要求生产关系改革

当前,我国社会经济的发展已经进入了一个新常态,经济增长的速度相对放缓,经济结构不断优化升级,要素驱动、投资驱动转变为创新驱动,这些变化都对我国生产力的发展提出了更高的要求,要求我国必须要改进生产关系,推动社会生产力向着更高级、更先进的方向转化与发展。而要想实现这一目标,就需要改革陈旧的生产关系,建立一个与现代社会发展相适应的生产关系。只有这样,才能展开供给侧、需求侧等方面的改革与发展工作。

二、矛盾主次方面的相互转化是供给侧改革的客观要求

党的十九大报告指出,当前我国社会主义已进入一个新的发展阶段,我国社会的主要矛盾也已经转化为人民日益增长的美好生活需要和不平衡不充分的发展之间的矛盾。但需要注意的是,这一矛盾的转变并不能改变我国仍然处于社会主义初级阶段的现状。我国的国情也没有改变,仍然是一个最大的社会主义发展中国家。

改革开放以后,我国社会经济得到了快速的发展,但在改革的初期,中国经济面临着一个非常重要的问题,那就是资源短缺,即供给不足,供给与需求之间存在着较大的矛盾,其中供给侧是主要矛盾。为了解决这一矛盾,经济发展模式是以量为主,主要目的在于满足人民群众的基本生活要求。这一时期受制度性安排、生产力发展水平等诸多因素的影响,经济供给模式呈现出粗放式的特征。在这一粗放式模式下,自然资源的过度消耗、缺乏创新的低水平模仿等方式来生产技术含量较低的工农业产品,经济增长表现为严重的出口依赖,这使我国的生产很长时间都处于全球产业链的中低端。

第二章　供给侧改革的理论逻辑与体系之概述

随着现代社会的不断发展,粗放式的供给模式受到了严峻的挑战,在当今社会新常态下,我国社会供给与需求的矛盾主要表现为有效需求不足,供给侧成为主要矛盾。在进行供给侧改革的过程中,也要将需求侧矛盾结合起来进行,实现二者的共同发展。

在我国产业发展的过程中,工业一直占据着非常重要的地位,在很长一段时间始终都处于产能过剩的状态,而要想解决这一问题,最直接的方式就是通过投资直接刺激那部分因为需求不足而导致的闲置生产力,通过拉动第二产业来带动整个社会经济的增长。但需要注意的是,大规模的投资会在一定程度上扭曲社会经济结构,阻碍产业间结构的调整,导致社会生产关系发生矛盾,不利于社会生产力的更进一步发展。

总之,传统的粗放式供给模式主要是由社会各种复杂的因素共同促成的。随着我国社会步入新常态,在供给与需求矛盾发展的过程中,供给侧成为主要矛盾,加强供给侧改革就显得势在必行。

（一）需求侧发展动力不足

（1）从需求侧来看,很长一段时间以来,一直困扰中国经济发展的很重要的一个原因在于居民消费需求不足,具体而言是指低水平上的有效需求不足。一方面,中国产业结构不合理,主要以低级化为基础;另一方面,中国居民收入水平存在较大差距。国家的财政政策没有很好地刺激居民消费,其关键是没有考虑不合理的产业结构对内需不足的影响,没有把握住内需不足的根本性所在。除此之外,伴随着人们生活水平的不断提升,消费已进入一个个性化发展的时代。在这样的形势下,对居民需求进行管理能很好地调节消费速度,从而稳定经济。在当前人们个性化需求发展的背景下,对居民的简单刺激需求已难以获得以往良好的效果,因此加强供给侧改革就显得尤为重要。

进入21世纪后,中国市场经济在欧美市场上的发展以及欧美市场总体规模的扩张,在很大程度上推动着中国制成品出口的增长,但是前者的贡献远大于后者。随着全球价值链条和地区性价值链条的形成,支撑中国制成品出口增长的最大动力来源逐渐消失,我国新兴市场的发展只能依赖于目标市场规模的扩张,这种做法只能在一定程度上稳定中国的制成品出口,但对于中国制成品的持续高速增长难以起到明显的效果。

多年来,我国大部分企业都在进行着粗放式投资,导致新增投资的资本边际效率降低,导致稳定内需企业的自发投资难以获得发展。而那些大规模财政刺激下的定向产业投资,则存在产能过剩的局面,这非常不利于我国社会经济的发展。

(2)从需求管理角度来看。管理总需求的财政和货币政策的不断变化,使微观经济主体积累了很高的杠杆,进而导致出现大量的金融风险,继续进行大规模需求刺激将会导致泡沫经济的发生。

在当前国内外金融市场日益紧密联系的环境下,货币政策的独立性大大降低,我国也面临着汇率贬值的压力,在这样的情况下有可能会带来国内资本的大规模外流。而要保持汇率的稳定,则会出现加息压力。受欧美等国货币政策的影响,我国独立使用货币政策刺激国内需求的约束越来越强。

虽然随着我国社会经济所呈现出的高速发展态势,但税收却进入一种低速增长的发展阶段。另外,因为企业增加值等指标的逐渐放缓态势,使得现有中国经济条件下难以支撑税收的高速增长,而在这种场域下,财政支出的刚性又不可缺少,甚至还在不断加大,财政支出的刚性需要就在很大程度上制约了财政政策的发展与变化。因为新型城镇化意味着大量人员市民化,必然导致民生支出大幅度增长;除此之外,我国社保、医疗的支出,失业保险的上升,"一带一路"等的实施,也需要大量的财政政策支持。如果政府采取大规模的刺激手段就会导致赤字大幅度攀升,对我国社会经济的发展是十分不利的。

第二章 供给侧改革的理论逻辑与体系之概述

（二）供给模式落后形成的制约性

1. 以往的粗放增长模式难以适应现代社会经济发展的要求

很长一段时间以来,我国经济增长的主要推动力凸显出:劳动力的廉价和国有固定资产的大量投资。伴随着中国经济的高速增长和人民生活水平的不断提高,中国"刘易斯拐点"不期而至。中国的劳动力受中国人口政策影响,出生率积极降低,人口老龄化现象正在加剧,因此这也进一步促使中国劳动力不在廉价,这也必然导致企业的生产成本不断增加;同时,国有固定资产的大量投资与不合理利用,导致了传统产业产能过剩、回报率递减,从而出现了企业效益的不断下滑与增长乏力的"新常态"。所谓的经济发展"新常态"就是各要素价格的上涨期及回报率下降期,而传统的经济发展要素(劳动力和固定资产投资等)推动的经济增长模式带来的产出增量变得越来越小。

2. 社会主义现代化建设要求必须进行供给模式改革

新常态发展背景下,要求转变旧有的经济增长模式,加强供给模式的改革。前面我们分析的中国改革开放以来一直以需求端来刺激经济增长在一定时期可以说起到了很大作用,但随之社会变迁,劳动力红利及大量资本堆积产生的经济增长已经不符合中国当前社会发展的实际状况,这就迫切需要通过调整供给模式来进行社会主义现代化建设,以此实现中华民族伟大的"复兴梦",反之亦然。

3. 生态环境的破坏及资源过度消耗,生态短板突出

我们知道,高污染、高能耗行业在中国占据较大比重,虽然这些产业带来了经济增长,但环境成本巨大,这使得我国的生态环境遭到严重破坏,生产环境和人居环境变得越来越差,这也进一步制约了供给能力的进一步提升,更为和谐的自然经济关系造成了巨大挑战。这也与现如今人们美好生活的期待中的"生活宜居"

目标相距甚远。也就是说,现如今生态环境已经成为了制约中国经济发展的重要短板,环境承载能力也成为了供给侧改革的硬约束。

4.粗放式发展制约全要素生产率提高

传统以产量为导向的供给模式热衷于铺摊子、上项目,这造成了各地重复建设,盲目生产,难以形成可持续和高质量发展的经济模式。尤其是我国一段时间或长期以来的众多低端、低水平的重复建设和盲从跟风、模仿遏制了整个社会发展所需要的"创新动力",这导致中国的全要素生产率在进入21世纪以来增长呈现出逐渐放缓趋势。

综上所述,在当前我国社会发展的背景下,以"需求侧"改革为主的运作空间已经十分有限,我国经济和社会发展的矛盾在"供需两端"已出现转化,"供给侧"现已成为我国经济和社会发展的主要矛盾,要想加强供给侧改革就需要通过创新供给来拓宽需求空间,保持经济中高速增长。因此,要想促进我国社会经济的更进一步发展,供给侧结构性改革势在必行。

第四节 供给侧改革之原则重点

一、促发展、提品质:供给侧改革的原则

《人民日报》从2016年开始刊登对我国供给侧改革进行解读的评论文章,其观点认为从马克思主义理论角度提出供给侧改革的根本仍然是解放和发展社会生产力,并将把握中国特色社会主义市场经济方向作为供给侧改革的基本原则。要实现供给侧结构性改革的目标,必须要坚持我国社会主义市场化的发展道路,削弱政府的力量,要将市场置于主体地位,发挥市场的决定性作用。我国是一个社会主义国家,整个社会经济的发展都要建立

第二章 供给侧改革的理论逻辑与体系之概述

在社会主义市场经济体制基础之上,加强供给侧结构性改革也是如此。社会主义的本质是解放和发展生产力,从而实现共同富裕。在实现这一目标的过程中要坚持创新、协调、绿色、开放、共享五大理念。以这五大理念为指导,坚持社会主义道路的大方向,就能实现我国社会的供给侧结构性改革的目标。

因此,我国社会主义供给侧改革就要紧紧围绕"解放和发展生产力,从而实现共同富裕"这一根本路线,在我国社会各领域的供给侧改革中,要实现"解决和发展生产力"的根本任务,其实就是各个行业都要坚守自身"质量提升","将"质量提升"作为发展理念,各个行业的"生产力"都会随之提升,进而也就实现了各个行业人的梦想,也就会自然实现"共同的富裕与共同的幸福"。我们还可以认为,从供给侧改革角度,就是通过"创造新供给、满足新需求"来解放和发展生产力,以此实现现阶段人们日益增长的物质和文化需求。也就是说,从经济领域把握中国特色社会主义市场经济方向作为供给侧改革的基本原则到"促发展、提品质"的我国社会各领域的供给侧改革原则的总体把握,其实都是始终围绕促进我国社会的整体发展而进行的。也就是说无论从微观层面的产品质量提升,还是中观层面的行业竞争力提升,最终到宏观层面的中华民族的伟大复兴,其实质都是各层级的发展与品质提升,以此来满足或实现全中国人民寻求美好生活的向往。

二、调结构、补短板:供给侧改革的重点

中央提出"供给侧改革",最初主要着力点在于优化经济结构,以避免潜在增速的大幅下滑。就中国当前经济状况而言,供给侧改革强调从供给侧入手,意在解决中国消费的升级换代需求与中国制造未能与时俱进的不匹配性。这种经济领域层面的供需不匹配及由不匹配引起的"供需"矛盾,广泛地存在于我国各领域、各行业中。如随着人们生活水平的不断提高,人们对各种产品的质量要求也越来越高。当前,我国各行业产品质量与发达

结构优化：供给侧改革视域下学校武术教育的发展探索

国家的产品质量与标准还有一定差距，时常会出现一些产品质量与安全问题，从而导致大量的消费行为与购买力向海外转移，这就非常不利于我国经济与社会的发展。因此，要想促进我国社会与经济的协调可持续发展，就必须不断地调整与优化各行业的结构，弥补各项短板，以此提高我国各领域的竞争力，从而建立各行业的良好品牌形象，从而吸引国内外朋友参与消费，这样也就无形中树立了中国良好的国际形象，更为我国的经济与社会的可持续发展提供了重要的保证，这也就是供给侧改革的重点内容。

经济新常态下，供给侧结构性改革对于完善我国的供给体系，提高供给质量与效率具有重要意义。随着现代社会的不断发展，社会结构转型非常迅速，其结构变化朝着更加多元化的方向发展。供给侧改革的目的是优化供给侧结构、解决供给结构的深层次矛盾，实现新旧发展模式的转换。新旧模式转换阵痛期增速放缓的同时，结构持续性调整与优化将经济增速维持在常态轨道。[①] 因此，本研究认为结构优化便成了"解放和发展生产力"中极其重要的或者说关键环节。结构优化应该说包括社会与经济领域的各个层面，从社会领域来看就诸如城乡结构、区域结构、消费结构、人口结构等方面。也就是说，无论经济范畴，还是社会范畴，其发展与进步的实质就是通过不断地在各个领域、层级的结构优化中所创造出来的。因此，在过去我国无论是在经济领域、社会领域，还是教育领域，在其发展过程中都过于注重增长的逻辑，而忽略了结构优化的治理逻辑。因此，当前我国社会各领域供给体系的结构扭曲、适应性与灵活性不足其实都是忽略结构优化治理逻辑的典型表现。这种结构性矛盾表现在：供给体系中有效供给不足与产能过剩并存，即低端产品产能过剩，高端产品供给不足。也可以这样理解，即"人们想要的产品我们提供不了，我们提供的产品看似很多，但群众不喜欢"。在新常态下，我国市场需求结构已经发生变化。居民消费呈现出从量的满足

---

① 张为杰，李少林. 经济新常态下我国的供给侧结构性改革：理论、现实与政策[J]. 当代经济管理，2016，38（4）：40-45.

第二章　供给侧改革的理论逻辑与体系之概述

向质的提升、从有形产品向服务消费、从模仿性、排浪式消费向个性化、多样化消费等一系列转变。尤其是我国现在对高品质物质和精神需求不断提升,但我们自身的有效供给却仍存在很大的缺口。同时,我国在全球价值链中还处于低端水平,产品与经济的附加值较低,缺乏产品的科技技术含量,造成了体验感差和国际核心竞争力疲软。

上面我们分析了结构优化作为供给侧改革的重点,"结构优化"作为供给侧改革的"三大发动"之一(另外两个是制度变革和要素升级),结构优化的重要性无须质疑,在这里也是直接回答了本书为什么要重点从结构优化的层面来研究学校武术教育的有关问题。我们谈到了结构优化,就不得不提到"补短板",补齐短板是新常态下着力解决的问题,有了结构优化,也就需要从"补短板"上来维持供给侧与需求侧的动态平衡,这也是供给侧改革中结构优化的精髓。[①] 补短板,也就是不断从加强优质供给,减少无效供给,扩大有效供给等具体结构不足之处找到具体问题,通过解决具体问题来提高供给结构适应性和灵活性,提高全要素生产率,使供给体系更好适应需求结构变化。正如,高端化产品供给不足是供给侧结构中的短板。那么我们就需要解决高端化供给不足的问题,以此来提高产品高质量的有效供给。有效供给不足的主要症结在于创新不足,主要是创新激励结构不健全或不完善。因此,面对结构优化问题,我们补什么、怎么补就成了一个非常现实且急需解决的问题。

通过上述结构优化的反思,补短板必须立足我国供给侧改革中结构优化的现实需要,要弥补供给结构的框架短板、体系短板、原理短板等。补短板应聚焦在影响供给结构体系质量和效率提高的突出瓶颈、影响全要素生产率提高的重点问题、影响供给主体结构活力释放等关键环节。因此,在我国社会经济平稳发展的背景下,加强结构性优化与改革是补短板的重要环节,也是供给

---

① 殷醒民.供给侧结构性改革中"补短板"的供需平衡效应[J].学习与实践,2016(4):5-16.

侧改革体系中必不可少的一个环节,这也能为我国各项事业的可持续发展奠定良好的基础。

第五节　学校武术要顺应供给侧

　　经济改革和社会改革是供给侧结构性改革的两大领域,教育既是经济领域供给侧改革的主体,也是社会领域供给侧改革的主体,教育的改革可以说是经济和社会两大供给侧改革领域极其重要的一部分。[1] 也就是说,学校武术教育作为教育的重要组成部分,其改革属于社会领域,虽然学校武术教育不能称为经济产业,但也具备了市场供求的属性。我们知道,学生作为需求方,需要的是学校教育的产品,但学校武术长期大量提供"学生不喜欢的产品",其实质就是落后与低端的武术教育供给过剩,无法适应学生日益升级的武术教育消费需求,这与经济上的供需关系也大致相同。同时,我们还应从产品视角看问题,学校武术教育作为一种准公共服务产品,为作为需求方的学生提供了关于武术知识、技能等相关的教育产品,那么学校武术教育理应为学生提供高质量的武术产品及优质的文化服务。也就是说,学校武术发展的困境,必须从其自身寻找解决问题的办法,这一思路才是正确的。因此,学校武术教育需要融入当今特定的时代场域之中,与时代和社会经济发展协调同步,以供给侧改革为引领,推动学校武术教育供给结构向合理化和高级化方向发展,从自身供给这一端进行结构调整,提高武术教育产品的质量,消灭或减少学校武术教育落后与低端的产能,以满足经济转型、学生需求升级等对学校武术教育产品的需求。因此,学校武术教育供给侧改革要树立"质量第一""以人为本"的发展理念,主动寻求基于自身逻辑的难题破解方案,从需求方学生们的身体"参与、体验"入手,真正实现

---

[1] 李玉华.我国高等教育供给侧改革研究[J].教育探索,2016(5):71-76.

第二章 供给侧改革的理论逻辑与体系之概述

学生在接受武术教育的过程中更具"获得感"。[①] 同时,我们也应注意,从供给侧改革要素角度来看,学校武术教育的供给侧改革又与经济领域供给侧改革有所不同,有其自身的供给侧改革逻辑体系。

我们知道,从经济领域来看,供给侧改革的"市场导向"是新常态下结构优化的最有效机制。那么,从学校武术教育的供给侧改革来看,"以学生为本"则是新时期学校武术教育供给体系和结构优化的基础。在"创新、协调、绿色、开放、共享"的五大新发展理念中,创新驱动理念居于首位。因此,在新常态下,创新驱动也是我国学校武术教育发展和质量提升的最根本途径。供给侧改革理论中,供需有效匹配是社会服务供给的基础,供给侧改革也是以需求侧的识别为前提,也就是说学校武术教育怎么发展、发展什么的前置条件就是问需于"学生",以此精准识别"需求侧"内容,这是补齐学校武术教育供给"短板"的关键,是优化学校武术供给结构的核心,也是提升学校武术教育品质的根本。因此,面对学校武术教育的诸多困境,学校武术未来的改革与供给侧改革的出发点、内在逻辑及其目标是一致的。也就是说,供给侧改革,学校武术教育发展理应有之。

[①] 赵岷,李金龙,李翠霞.身体:武术教育的原点与归宿[J].武汉体育学院学报,2015,49(3):53-57.

第三章 学校武术教育与供给侧改革关系辨析

当我们要了解学校武术教育与供给侧改革的关系时,首先要明晰学校武术教育和供给侧改革的相关理论及知识。供给侧相关概念与理论解析在前两章已经详细介绍,这里不再赘述。我们知道,武术是中华民族比较典型的文化符号,是中华文化瑰宝。那么,学校武术教育顾名思义,即在学校教育体系中开展的武术活动,也可以说是在学校范围内传播中华文化的一种身体活动。学校武术教育作为国家教育部门主管的各级各类学校中的一项重要教育内容,是武术教育者在遵循一定的教育规律、目的和要求下,以中华传统武术为载体,以武德、武技为教育内容,以教师传授、师生互动为主要手段,通过身体运动对学生进行全面的教育,进而促使学生的个体社会化和社会的个性化的实践活动。[①]

在明确了学校武术教育与供给侧改革的基本概念之后,那么我们就有必要了解与明晰它们之间的辩证关系。随着社会变迁和经济发展,我国的学校教育及学校体育都在不断发展,教学中各方面的关系都发生了一定程度的变化。作为中华文化的重要组成部分的武术,也在这个变迁过程中受到了深刻的影响。具体表现在武术教育上,就是学生对武术内容选择、教学形式需求,武术教学设施、武术师资力量对学生学习的支持等都在发生着变化。要想促进我国学校武术教育的更进一步发展,就必须顺应时代发展的主题与改革趋势。在我国各领域深化供给侧改革的同时,学校武术教育也需有应有之策。因此,厘清学校武术教育各方面的关系,深化学校武术教育改革势在必行。那么从供给侧改

---

① 胡平清.武术教育在学校体育中的功能研究[D].北京:北京体育大学,2013.

革的视角,学校武术教育又能够做些什么呢？它们之间如果进行结合是否可行呢？学校武术教育的供给侧改革可以成为未来学校武术改革的趋势或者说改革重点吗？带着这些疑问,本章就重点探讨武术教育与供给侧改革之间的关系,分析武术供给侧改革的必要性和可行性。

第一节 现实意义：学校教育体系供给侧改革亟待进行

在我国学校教育中,产生供给侧的问题主要是由于长期注重规模效益的外延式发展、缺乏内涵建设、积累了深层次结构性矛盾、供需错位。[①]因此进行供给侧改革是尤为必要的。供给侧改革的提出可以说是为我国学校继续教育改革提供了新的思路与方法。总的来看,加强学校教育供给侧改革的意义主要体现在以下几个方面。

第一,加强学校教育供给侧改革的研究,有利于供给主体提高教育理念的认知和思考,不断深化"以人为本"的现代教育发展理念,有利于认清供给侧改革与学校教育之间的关系,满足学校教育对人才的各种需求。

第二,加强学校教育供给侧改革的研究,有利于打破学校教育管理体制的阻碍,促进学校教育的进一步发展。供给侧改革要求学校教育以体制创新为着力点,加强制度改革与创新,利用供给侧改革理论指导学校教育资源的合理分配,不断完善学校管理体系和制度体系,为学校教育的发展营造一个良好的制度环境。

第三,加强学校教育供给侧改革的研究,有利于改革与完善学校教育供给结构。一般来说,进行供给侧改革的主要目的和核

---

① 辛曙杰.学校继续教育供给侧改革路径研究[D].北京：北京邮电大学,2018.

心在于增强供给结构对需求变化的适应性和灵活性,针对学校教育存在的各种问题,从供给端进一步调整和优化供给内容与供给形式,从而构建一个适合现代社会发展和符合现代教育理念的供给体系。

第四,加强学校教育供给侧改革的研究,有利于进一步促进学校教育市场化供给。进行供给侧改革的核心在于解决生产要素的合理配置问题,根据这一要求,学校教育应该引入市场机制,市场参与学校教育体系的共建共享,学校还可以与社会相关组织展开交流与合作,开展联合办学,从而刺激学校教育的发展。

综上所述,推进和深化学校继续教育供给侧改革,对于实现学校继续教育的高质量、高效率的有效供给、精准供给具有非常重要的意义。[①]因此,要促进武术教育的发展,加强武术教育的供给侧改革也是十分必要的。

第二节 教育影响:从学校教育市场化视角看供给侧改革

一、学校教育市场化的含义

根据学者吴华的研究,经过多年来的研究与探索,世界各国终于统一口径得出了"政府不是效率机制"的正确结论,这一结论将对社会经济及各方面的发展产生重要的影响。从20世纪70年代开始,原来的计划经济国家受当时社会环境的影响纷纷转型,政府对社会经济活动的直接干预大大降低,放弃了政府的"生产组织者"职能。1993年,我国也确立了社会主义市场经济体制,走上了社会主义市场经济发展的道路。"政府不是效率机制"这一结论也对我国产生了一定的影响,这一机制充分表明,公共资

---

① 辛曙杰.学校继续教育供给侧改革路径研究[D].北京:北京邮电大学,2018.

源一般不应直接用于生产活动,它进入社会各个生产领域是无效率的。

关于学校教育市场化的定义,1997年,经济合作与发展组织做过说明,那就是学校教育市场化是指把市场机制引入高等学校教育之中,使高等学校教育具有竞争、选择、价格、分散决策等市场特征。学校教育市场化既不是绝对的私有化,也不是绝对的公有化,而是一个引入市场机制的过程,在这一机制下,学校教育机构的竞争性、自主性和适应性越来越强,这对于学校教育的可持续发展具有深远的影响和意义。

关于学校教育市场化,史密斯认为,在市场化发展的背景下,顾客成为决策过程的中心,这能促进学校教育文化的转型。他把学校教育市场化看作一种文化现象,认为学校教育的市场化是一种新的学校教育的文化重建,这一重建过程对于学校教育的发展而言是尤为必要的。

汉斯·沃森斯塔则认为,学校教育市场化是一种学校教育走向分权化、增强竞争性和引入经营方法的趋势。在市场化条件下,学校教育市场的生产者和使用者之间的联系更加紧密,面对社会的各种需求,更能激励生产者改革与发展生产力,生产出更高级的产品来满足社会需求。

二、供给侧改革对学校教育市场化的影响表现

（一）市场发展的要求促使学校教育的供求均衡

《中共中央关于全面深化改革若干重大问题的决定》中指出:"推进公共资源配置市场化。进一步破除各种形式的行政垄断。建设统一开放、竞争有序的市场体系,是使市场在资源配置中起决定性作用的基础。"这一意见的提出为我国学校教育公共资源配置的市场化发展指明了方向,对于我国学校教育市场化的发展具有重要的意义。

结构优化：供给侧改革视域下学校武术教育的发展探索

学者路娜、夏永红指出："教育市场化是指将市场机制引入教育领域中，市场成为教育资源配置的主要方式，通过市场机制自发调节教育供求双方在市场中的行为，使教育达到供求均衡的状态。"[①]

学者惠迪曾经做过研究，教育的市场化改革一个非常重要的特点就是将教育服务的"需求方和提供方相分离以及需求方可在不同提供方之间做出合理的选择"。[②]

邬大光、柯佑祥指出："学校教育产业化过程的真正意义在于学校教育的发展必须建立在有效的学校教育供给和有效的学校教育需求之基础上，这是充分实现学校教育功能的前提。如何保证发挥现有的有效的学校教育供给的作用，减少浪费，满足有效的学校教育需求，是建立和健全学校教育市场、发展学校教育产业的当务之急。学校教育的发展过程也是不断实现有效的学校教育供求平衡的过程，有效的学校教育供求平衡是一个相对的概念，学校教育供求的相对平衡推动着学校教育供求关系日趋协调、完善。发展学校教育产业有利于充分调动社会资源，增强学校教育的供给能力，刺激有效的学校教育需求，推动学校教育成为提高个人生活水准和经济发展能力的增长点。最终，学校教育经过培养高质量的人才、适度的营利、大学经营理念和良好的大学经营机制等不断的积累和熏陶、完善，形成一个庞大的独立的产业，从经济社会发展的边缘走入经济社会发展的中心。"[③]

学者秦行音曾经指出，公立学校被广泛地认为低效、低质量和官僚；教育行政被认为平庸、对公众的需求反应迟钝、在运用公共资金上浪费和不负责任；更重要的是学校传授的知识过时，使毕业生离开学校的时候不能适应社会的需求。[④]

---

① 路娜，夏永红.教育市场化的内涵、机制及政策取舍[J].国家教育行政学院学报，2005（12）：46-49.
② 惠迪.教育中的放权与择校[M].北京：教育科学出版社，2003.
③ 邬大光，柯佑祥.关于学校教育产业属性的理论思考[J].教育研究，2000（6）：35-39.
④ 秦行音.教育市场化的比较研究：中国和世界[J].教育科学，2003（5）：53-56.

第三章 学校武术教育与供给侧改革关系辨析

另外,秦行音还指出:"但是所有的政府都把为其公民提供适当的教育看作是自己的责任。承载着重要社会功能的教育不能被放在一个自由市场上。即使是教育市场化的极力支持者也不会忽视这一点。教育的市场化是一个准市场,而不是一个自由的市场。关于准市场,有学者指出,从供需的双方看,引入学校系统的市场利益是根本不同于自由的市场的。从提供方看,教育机构不必要由私人拥有,或者把追求最大利益作为主要目的;另外,成为新的教育机构要经过严格的审查和接受严格的管理。从需求方来看,购买者不必要是消费者,最基本的,儿童事实上只有一次机会接受基础教育,如果做出了错误的选择,事实上不存在再选择的可能。"①

学者王善迈做过学校教育方面的相关研究,他指出,教育产业化讨论实质是在建立社会主义市场经济过程中,教育,主要是教育体制应如何改革,改革的方向和目标是否应当市场化。②

范先佐指出:"在当前社会发展的背景下,实行教育产业化,难以解决教育供求矛盾。教育供求矛盾的产生,其原因是多方面的,但归根结底是教育投资供给不足所造成的。"③

综上所述,在当前社会发展的背景下,以往靠政府垄断和行政干预来解决问题的方法已行不通了,这种做法很难解决现在学校教育的供求均衡问题。为解决学校教育的供需平衡问题,需要政府与市场充分结合,市场调整为主,政府配合为辅,其中市场化是当今学校教育发展的短板,需要大力发展。

(二)学校教育供需关系是学校教育市场化改革的重点

学者杨葆煜曾经指出:"教育供求是在市场经济之下派生出来的、对产生于生产过程以外的生产要素——'人力资本'的需求与供给的关系。这种关系的存在又构成了一个教育市场。在

---

① 秦行音.教育市场化的比较研究:中国和世界[J].教育科学,2003(5):53-56.
② 王善迈.关于教育产业化的讨论[J].北京师范大学学报,2000(1):12-16.
③ 范先佐.关于教育产业化的若干思考[J].广州大学学报,2000(2):10-18.

结构优化：供给侧改革视域下学校武术教育的发展探索

教育市场上，教育（机会与产品）的购买者提出需求，教育的销售者提出供给。当需求与供给的数量、质量、结构、价格要求相吻合，买卖双方的交换即达成，交换行为的完成也就是使教育的产品——各种专业的人才被输送或吸收到劳动过程之中，使教育的供给与需求达到了一般均衡。这种供需一般均衡的出现，意味着教育供给满足了社会需求，教育实现了为社会主义经济建设服务的方针与目的，教育供给与需求的矛盾得到解决。教育供给与需求矛盾解决的关键是在教育市场上出现或找到一种教育均衡价格。这种均衡价格是指教育的需求价格和供给价格相一致时的价格。"[1]

王旭辉指出："学校教育市场化是一个宏观概念，主要从国家学校教育体系层面来理解市场化问题，如学校教育制度环境变迁、学校教育管理体制和投资体制改革、契约、评估制度建设等宏观变革问题。相对而言，大学市场化更多地涉及中观和微观层面的问题，往往跟大学的某些与市场相关联的策略和行为有关，强调大学与市场的互动和耦合，如大学的市场化经费筹措和管理、市场化人力资源配置、人才培养模式的市场化、科学研究的市场化等。同时，学校教育市场化和大学市场化还不单单是宏观与微观、自上而下与自下而上的关系，更是整体与部分、系统与子系统的关系。"[2]

学者蒋国华通过研究发现，美国和许多西方发达国家一样，对公立大学历来也是在经费上实行大包大揽的政策，以适合学生低学费的标准，因此，公立大学大体上一直是与市场压力相绝缘的。尽管过去十多年来，公立大学的学习费用已远远高于通货膨胀水平，戏剧性地增长了许多，但它们向学生收的学费依然很低。主要原因是公立大学依靠州政府拨款增加或其他补贴而维持学

---

[1] 杨葆焜.教育经济学[M].武汉：华中师范大学出版社，1989.
[2] 王旭辉.学校教育市场化研究述评与研究展望[J].复旦教育论坛，2016（2）：58-64.

校开支的。[1]

学者卢乃桂的研究表明,随着市场经济的不断发展,中国学校教育中的公立大学也逐渐表现出更多的私营化趋势,如允许学校下设公司、收取学费、开设时下各种热门专业等,这种趋势在民办学校中表现得更为明显。[2]

综上所述,西方学校教育历来都非常重视学校教育市场中的供求变化情况,主张用市场化的手段来调整教育供求关系,并且非常重视学校教育的管理效率问题。西方诸多学者普遍认为,学校教育的改革都是通过机制作用解决学校教育市场发展的各种问题,其改革的重心在于组织变革。

(三)学校教育发展的全球化导致学校教育市场化

当前,全球一体化发展的趋势非常明显,一体化的发展体现在社会各个层面,如经济全球化、教育全球化等。教育全球化的情形直接导致了教育市场化的发展。在教育市场化发展背景下,世界上各个国家或地区都加强了教育的沟通与交流,都倾向于选择优质的教育资源来促进本国或地区学校教育的健康发展。

另外,网络化的发展也推动着教育全球化的发展,发展至今,全球各个层面呈现出趋同的趋势,表现在学校教育方面也是如此。教育全球化的发展也不断推动着学校教育之间的竞争与合作,推动着学校教育的市场化发展。因此,我国学校教育的供给侧改革也要顺应这一趋势,紧跟教育市场化发展的潮流,参与全球教育竞争,创立世界一流品牌大学。

总之,在学校教育供给侧改革的过程中,最为重要的一点就是要坚持学校教育的市场化发展,争取一切可能的机会参与国际间教育资源竞争与"智能网络"等新兴科技、民间力量、社会资本

---

[1] 蒋国华.西方教育市场化[J].全球教育展望,2001(9):58-65.
[2] 卢乃桂.中国改革情境中的全球化:中国学校教育市场化现象透析[J].北京大学教育评论,2003(1):48-53.

等全方位的合作,在竞争与合作中不断发现问题,解决问题,这样才能更好地推动我国学校教育的市场化发展。

第三节　结构优化:学校武术教育供给侧改革的主要任务

供给侧改革是一个非常复杂的供给管理改革问题,但供给结构的优化是龙头,比如人们就经常所讲产业结构、技术经济结构、区域结构等经济领域的诸多问题。所谓结构优化,从经济学角度讲,最看重的就是要通过优胜劣汰的市场机制来消化、排除落后产能,站在需求方的角度要明确"用户的体验升级"必须由供给方创新出多元化、个性化、定制化、智能化等特点的有效供给。因此以此为角度看学校教育,在人类社会发展进程中,学校教育担负着培养社会所需要的各类人才的重任,因此理应受到高度重视。学校教育作为我国教育的重要组成部分,要从规模、数量的发展转向为内涵、质量、效益等方面的发展。当前,我国出现了明显的各级各类教育体系"供需失衡或错位"的结构性矛盾。因此,我们必须要站在历史的新起点上攻坚克难,其中以供给侧结构性改革为引领,进行学校教育体系中的供给侧改革是尤为必要的。同样,在我国学校武术教育体系中也出现了非常严重的"供需错位问题",即我们提供的武术产品学生不喜欢,学生喜欢的或者说是想体验的武术我们又提供不上来,以至于"学生喜欢武术,但不喜欢武术课"。因此,以供给侧改革理论为指导加强学校武术教育的供需改革非常重要。学校武术教育的供给侧改革非常重要这已非常清楚,但面对学校武术教育发展"名存实亡"的发展现状,我们怎么改,从哪改,这些问题一直是诸多专家学者在致力解决的。

我们知道,随着现代社会的不断发展,社会结构正在逐渐转型和升级,在这样的形势下,相应的教育培养体系和人才培养结

第三章 学校武术教育与供给侧改革关系辨析

构也都会发生一定的改变。教育作为一门时代感很强的学科,每个时代的教育都显示出不同的时代特征,从庠序到私塾,从官学到公办学校,这都是时代变迁的产物。传统教育背景下的教育体系和人才培养理念已严重滞后于经济社会的发展需要,在未来的学校教育发展中,应加强教育供给侧的结构性改革,形成一个多层次、高规格、品质化的教育培养体系,也只有这样才能培养出高素质且对社会发展有利的人才。[①] 在人才培养的过程中,既要重视研究型、创新型、基础型等全面人才的培养,也要重视应用型、复合型、技能型等人才的培养。除此之外,还要加强学校教育改革,将普通学校教育、职业教育与研究生教育等结合起来进行,以培养出具有创新能力的高精尖人才。对于学校武术教育而言,各学校在培养人才的过程中,要能够结合各年龄阶段学生的身心特点和规律,为学生提供优质的文化传承与身体教育机会,还要建立一个多样化供给体系规格培养来适应不同阶段、不同人群、不同需求的教育体系结构。从相关研究我们知道,随着学生对现代武术认知思维、教学理念及教学话语等方面的关注,他们关注武术学习环境的优美与舒适、武术学习的乐趣与体验,呈现出对武术学习的参与、交流、健身、健心、健智、娱乐等品质化的一种变化,每位学生都希望在武术学习中有归属感和身份地位认同感。[②]

伴随着我国学校教育改革的进行,我国的学校教育近些年有了一定程度的发展和进步,这突出表现在学生数量和教学质量的明显提升、教育环境大为改观等方面。但是在教育结构的改革方面则存在着一定的问题,其中"结构性浪费"和"结构性缺失"是非常重要的两个方面,这非常不利于我国学校教育的发展。在学校教育供给侧改革的过程中,要综合分析各方面的因素,建立一

[①] 王鹏,王为正.高等教育:供给侧结构性改革[J].河北师范大学学报,2017(2):23-27.
[②] 王稳.错位与平衡:学校武术教育发展的供给侧探析[J].中国学校体育(高等教育),2018(11):76-82.

结构优化：供给侧改革视域下学校武术教育的发展探索

个合理和完善的学校教育供给结构体系。从学校武术教育供给结构体系来看，并未适应社会大环境的发展和进步，以致武术教育在学校中出现"学生喜欢武术，但不喜欢武术课"、武术在学校教育中"名存实亡"等尴尬境地。因此，从传承文化和教书育人的角度来看，学校武术教育的改革只有从内因上着手才是根本。也就是说，学校武术教育体系的供给结构优化应该始终围绕学校武术自身在课程建设、教学改革、师资培养、竞赛体系等方向进行。

武术是中华文化的重要符号，我们应始终围绕武术文化的自身要素来调整结构，这样才能进一步推动我国学校武术教育的升级与转型，提高其核心竞争力，才能吸引广大学子学习武术。因此，本研究将重点从学校武术课程供给结构、教学供给结构、师资供给结构、赛事供给结构四个方面进行阐述。

一、课程供给结构

在学校教育中，课程结构是课程活动顺利进行的重要依据。因此，一个合理的课程结构对于教学质量的提高具有至关重要的意义。课程结构在一定程度上体现了一定的课程理念，作为学校教育部门和教师，要重视课程结构的设置。当前，我国学校大部分体育课程还存在"多必修，少选修；重课内，轻课外；轻理论，重实践"等问题，这严重制约和影响着我国学校教育的发展。为保证学校各项教学活动的顺利开展，应建立合理的课程模块，并根据具体的教学实际进行及时的调整和完善，总体来说，就是要构建一个"综合素养、职业品格、专业知识、行业能力、创新发展"五位一体的课程结构体系。其中，综合素养主要包括道德品质、人文科学素养和社会责任感等几个方面；职业品格主要包括职业意识、敬业精神和职业素养等方面；专业知识主要包括系统理论、核心课程和岗位基础等方面；行业能力主要包括生产实际、技术更新和工作流程等方面；创新发展主要包括创新意识、创业能力和实践活动等几个方面。

在调整课程供给结构的过程中,课程中的各组成部分要形成一定的合力,从不同方面为实现培养目标服务。在现代教育不断发展的背景下,学校武术课程结构也要做出相应的调整和改变,学校武术教育课程供给结构改革一定要遵循教育规律,按照学校武术教育自身的逻辑来供给相关课程,以适应现代社会发展对武术课程的需求。比如,在当今"互联网+"发展背景下,学校相关部门要学会借助现代信息技术,构建优质课程资源平台,加快课程的数字化建设,构建与现代信息社会相适应的课程结构体系。这对于学校武术教育的发展具有重要的影响和意义。当然,学校武术教育课程供给结构改革并不仅仅局限于此,但只要能够满足提升武术课程品质的方法、手段、方案我们都应予以接纳,以开放的姿态接纳相关学科的有益路径来创新我国学校武术教育的课程供给结构。

二、教学供给结构

在学校武术教育供给侧改革与发展的过程中,教学供给结构改革是一个非常重要的方面。随着中国经济的发展,人民群众生活水平、质量的逐步提升,传统的教学供给结构模式已经不能满足学生需求,学生的学习需求正逐渐转变为更加多样与高质。[1]这种社会变迁使学生的教育需求变化转向为更加追求突出个性张扬、强调尊重、注重参与体验的品质感、重视教育过程的幸福感,不再是过去的只追求成绩、一味苦学、绝对服从的被动教育需求。[2]因此,在这种社会结构变迁的过程中,教师要改变以往过时的"知识灌输式"教学方式,必须树立"以学生为中心"的教学供给结构模式,要充分利用一切创新手段,将教学供给结构的理念

---

[1] 于颖,陈文文.智慧课堂教学模式的进阶式发展探析[J].中国电化教育,2018(11):126-132.
[2] 余胜泉,汪晓凤."互联网+"时代的教育供给转型与变革[J].开放教育研究,2017,23(1):29-36.

本质转化为以"注重学生教育过程的体验与感受",以此来真正激发学生学习的积极性。从学生运动参与的社会调查得出,学生群体对于身体活动则更趋向于"求新、求趣、求动、求知"的心理需求。[①]武术课堂也要尽可能地采用启发式、探究式等方法来调动学生的武术参与意识。另外,在具体的武术教学过程中,教师还要转变以往的教师"独白式"示范、讲解教学供给模式,而是应采用供给创新的视角,多创设情境,以对话、讨论、交互等手段,提高教学活动的趣味性。另外,还要充分利用现代信息技术,培养学生的自我观察、自主参与、自我创新的学习能力,通过创新具体的武术教学供给结构,真正在武术课程实践中提高学生的综合素质。

三、师资供给结构

在学校教育发展的过程中,教师队伍建设是非常重要的一方面,优化教师队伍结构,建设一支高素质的教师队伍对于学校教育的发展具有深远的影响和意义。那么,什么是真正意义上学生所需要的武术教师呢?这个问题可以说仁者见仁,智者见智。但有这样一个真实的案例就发生在作者本人的武术课堂中,我想这个案例也会给学校武术师资供给机构改革提供一个很好的借鉴。吉林化工学院1801英语专业学生邹某在一年的武术课程学习感想中这样写道:"兴趣是最好的老师,那什么是兴趣的根源呢?这种根源是一种成就感,而这种成就感就来自武术老师贯穿始终的对学生们之赞美,有了赞美的这种激励,同学们就多了些成就感,也多了些武术兴趣,也就有了课堂中所要表达武术的那种'干劲精神'。从而使武术学习不再是一种负担,而是一种对喜欢的事的一种追求。同时'实在、幽默、豪爽、痛快'的武术教师形象也让学生记忆深刻,'通情达理'则让同学们产生对武术教师的价值认同。幽默中渗透着文明并融合了武术知识与道义于一身

---

① 刘志红.学校体育教学评价体系构建与可操作性研究[D].石家庄:河北师范大学,2007.

的武术教师授课,使自己感受到了课堂的短暂与快乐。"我想这位同学的真情表达,便是对武术教师的一种要求,更是对学校武术价值的一种认同。因此,优化武术教师结构,让教师成为学生信赖与认可的那个人,武术传承将不再是难题。

因此,在当前学校武术教育师资结构供给改革的过程中,就需要采取一切可能的手段与方法培养一批有责任心、有使命感、有教学艺术性的复合型武术教育人才,这对于学校武术教育质量的提高具有重要的意义。因此,从现有的学校武术师资中要大力加强师资培训,教师通过培训后可以获颁培训合格证书和职业资格证书。同时,当前我国大多数学校在教师评价方面还存在一定问题,尤其对处于边缘学科的武术,武术教师评价的不公平性,或者说不受重视就是因为没有完善的教师评价制度。鉴于此,还要推动武术教师的评价与聘任制度改革,推进教师分类管理和岗位分级,实行学术型与实践型的评聘管理制度,教师既可以成为企业的培训师,又可以在学校中进行教学和研究,这就是所谓的专业性、复合型人才,让这些专业人才做事有回报,干事有认同,这样才能让武术教师有真正的工作幸福感和满足感。当然,前面我们也论述到,还要打破编制界限,要让有武术才能与教学经验的各类人才都能走进学校武术课堂,发挥他们的长处,弥补学校武术教育专业人才缺少的短板。因此,学校师资的供给结构改革是促进学校武术教育发展的重要方面,对此我国教育部门及各学校要引起高度重视。

四、赛事供给结构

赛事是体育运动的核心,是体育运动的高级组织形式,赛事成绩更是体育运动效果的直接体现。学校体育赛事作为学校体育教育的主要表现形式之一,也是推进学校体育教育工作更好开展的重要方法。通过相关的资料搜寻,现在的由教育部、教育厅等官方组织的学校武术比赛所采用的均是武术管理中心最新制定的《武术套路竞赛规则》,该规则更适合于高水平武术运动员进行的竞技武术比赛,而对于武术基本功比较差的普通学生而言并不合适,按照国家武术管理中心的新规则,很多学生根本达不到参赛要求,也就没有施展和展示自己的空间。[①]同时,武术格斗的主要呈现形式——"竞技散打"技术要求的重创性,一直没有在学校中很好开展,甚至中小学武术教学更难寻武术散打身影,学校武术格斗赛事更是因为"安全性"的顾虑,也很少在学校领域内开展。同时,依附于体育课之下的武术课程,在学校的各类运动会中也很难寻觅踪影。因此,学生没了参与武术、施展武术的空间也抑制了学生武术学习兴趣,同时也制约了武术在学校的推广与普及,也就很难体现出学校武术运动核心的"学生参与"。因此,打造符合学校武术教育自身逻辑体系的赛事供给结构势在必行。那么我们探寻学校武术赛事的供给结构改革,在遵循供给侧改革理论的基础上,也必须遵循"以学生为中心"的改革思路与理念,建立使学生具有一定"获得感"的服务型赛事体系,让学生想参与、乐参与的一种竞赛表现形式。也就是说,学校武术竞赛供给结构体系必须重新设计竞赛内容(多元化,以兴趣性开发为主)、革新竞赛组织方式、制定多元化的竞赛方法(针对不同项目,设定不同方法)、修订竞赛规则,才能满足学校武术教育改革的需求。

第四节 制度优化:学校武术教育供给侧改革的迫切需求

一、学校教育体系要努力实现制度供给优化目标来释放武术教育活力

(一)制度供给优化与学校武术教育供给侧改革的关系

在很长的一段时期内,学校教育系统的制度僵化与过度行政

---

① 吉洪林.学校武术竞赛研究[D].上海:上海体育学院,2015.

第三章 学校武术教育与供给侧改革关系辨析

化管理严重影响了学校教育适应市场需求的能力,这种制度的僵化在一定程度上影响了学校发展的积极性,制约着学校教育的创新与发展。在政府的过多干预与垄断管理之下,各学校缺乏一定的办学自主权,任何一个方面的发展都受到限制,不利于学校各项活动的开展。

对于学校而言,学校制度供给的僵化,尤其是体现在过度行政化干预,严重影响了教学、科研的积极性。去行政化就是去掉政府与学校无效和低端行政供给的一场改革。这样既有利于学校各项工作的顺利开展,也更加有利于激发学校武术教育供给体系活力,这对引领学校武术教育的各方有效需求,释放发展潜能,提高学校武术教育对学校教育系统与社会发展的适应性、灵活性,满足学生对于武术教学的需求都有很大益处。也就是说,学校教育的制度供给结构优化与学校武术教育供给侧改革的关系密切相关。

(二)从"去行政化"的教育制度供给来维护学校武术教育的地位

"去行政化"是指社会上各种单位,如学校、科研院所、医院等单位在一定程度上摆脱行政方面的限制而获得市场化发展的行为。具体而言,"去行政化"的一个非常重要的前提是"事业单位分类改革"。这是我国很长时间面临的一个重要难题,"去行政化"这一改革措施有着一定的难度,需要国家、人民及社会各个部门相互配合才能实现。逐步取消学校、科研院所、医院等单位的行政级是"去行政化"的一个非常重要的方面,这一方面通过各单位的密切配合和努力是可以做到的。对于学校而言,行政化主要体现在两个方面:一方面是指政府对学校的行政化管理;另一方面是指学校内部的行政化管理。

一般来说,"去行政化"主要包括学校教育体系外部的去行政化和内部的去行政化两方面的内容。

1. 外部的去行政化

在我国的计划经济时代,学校是在行政化的管理体系下运行的。在这一时期,学校作为我国行政体系的重要一部分,被纳入行政序列,由政府对其进行直接管理,其发展程度受政府部门的影响较大。2010年以后,在党和政府的带领下,我国明确提出"去行政化"的概念和策略,一步步加大了简政放权的力度,行政审批权等一些烦琐的制度被大量取消,"去行政级别""去直接拨款"等做法受到各学校的拥护,去行政化改革逐步深入进行。

在学校武术教育体系中,在去行政化的改革进程中,要处理好政府与学校之间的关系,进一步明确政府与学校的职能定位,要制定相关的制度来保障学校在行政管理中的定位,保证政府与学校各司其职,促使学校向着更为专业化的方向发展,这样才能为学校武术专业教育提供重要的保障。就政府而言,规范政府的行政权力,对学校进行有效指导、协调、监管和服务;就学校而言,要按照各级各类学校章程展开一切活动,并逐步提高自身的自主权,获得规范化与市场化发展。以上学校外部的去行政化改革,能保证学校拥有充分的自主权,学校教育部门就可以结合自身实际加强武术教育的各方面改革,促进学校武术教育的科学发展。

2. 内部的去行政化

潘懋元先生针对以往学校行政化的管理曾经阐明过自己的看法,他认为,我国现行学校管理体制最大的弊端就是行政权力与学术权力之间的失衡,学校受行政权力的管辖较为严格,这不利于学校的健康发展。学者张晓晶也曾表达过类似的观点,他认为,学校行政化的表现是一切运作都以行政权力为主导,做什么事都是靠行政命令,谁权力大谁说了算,而不是通过学者、专家讨论而达成专业意见。这充分说明我国学校的去行政化改革势在必行。

总的来看,学校内部的行政化主要表现在:学校管理不是遵

第三章　学校武术教育与供给侧改革关系辨析

循教育规律、科研规律办学;学校官员垄断资源分配权,用长官意志决定申报科研项目,申报教学、科研奖,评定职称等。学校行政化导致的一个严重问题是英雄无用武之地,这是我国学校行政化管理下遇到的一个重要难题。在这样的背景下,学校武术的地位、武术课程的地位、武术教师的地位并不能受到应有的重视,不论是武术学科在各级各类学校的发展,还是依附于体育教育门类之需的武术课程,还是校园武术队、武术赛事、习练武术的学生群体到处都受制于权力分配限制。因此,加强学校内部的去行政化改革对于学校武术教育的发展具有重要的意义。

学校在进行去行政化的过程中需要完善学校治理结构,厘清行政权力、学科发展权力和学术权力的边界。但需要说明的是,学校去行政化并不是绝对意义上不要行政管理,而是要去除学校行政化管理的弊端,实现学校的行政管理真正意义上的服务化,从而为学校武术的学科发展、课程体系建设、武术教师教学、学校武术赛事活动等营造一个良好的环境。

(三)从"去编制"的制度供给改革来激活学校武术师资队伍体系

"去编制"也是学校教育改革的一项重要举措,对于武术教育而言,也应顺应这一趋势,做好"去编制"的改革。在开展"去编制"的工作中,可以从以下几个方面展开。

(1)保留学校的事业单位身份,属于"公益二类事业单位"。

(2)对学校现有编内人员实行实名统计,随自然减员逐步收回编制;对新进人员实行聘用制度。

(3)伴随着学校教育的不断发展,结合学校具体实际逐步取消单位编制管理,转为全员合同聘任制。这种做法能使学校工作人员、管理人员等产生危机意识,以更好地精神状态投入工作之中。

(4)逐步实行机构编制备案制。备案制是指学校根据事业发展需要可自主聘任人员,不需上级主管机关审批,只需报送备案的制度。这种制度能保证学校的用人自主权,有利于提高学校管理的质量,进而解决优秀的武术教师无法进入教育体系,而现有的体育教师又完成不了武术教学任务的尴尬境地。

(5)各级各类学校应和专业院校、科研院所以及社会上有资质的武术教育培训机构加强交流与合作,可以设立一定比例的流动岗位,吸引有创新实践经验的武术专业人才到学校兼职,进而打破现有学校教育体系中人才流动僵化的局面。

(6)用预算管理代替编制管理。用预算管理制度来代替编制管理制度,主要表现在学校武术教育所涉及的各项经费活动由用人单位自主决定。这一变革能改变现有的学校教育财政资金拨款模式,建立以绩效为导向的拨款制度;改变过去以发论文为主要绩效考核指标,取而代之的是以满足社会服务需求,学校武术教师教学、社会服务与科技成果为绩效考核指标的模式。在这样的背景下,我国学校武术教育部门拥有更多的预算自主权,能有针对性地开展各项教育工作。

二、发挥优势,补足短板,实现学校武术教育制度供给优化的目标

着力推进供给侧结构性改革和着力提升供给体系的质量和效率,是我国社会各领域新时期改革的战略方针。我们知道,供给侧改革的原理就是要解除供给约束、释放需求潜力、获取创新动力,这也就事关怎么解除、从哪释放、如何获取的现实问题,这就需要我们清晰地认识先从哪改、先从哪破的改革逻辑问题。著名经济学专家贾康在其著作《供给侧结构性改革理论模型与实践路径》一书中提出"供给侧改革制度结构优化是龙头、是'纲举目张'的总纲"。也就是说供给侧结构性改革中"制度创新"才是最关键的。

大量的事实表明,当前我国学校教育体系还存在着不少问题,其中教育制度结构更是不甚合理,例如,各学科发展的不平

第三章 学校武术教育与供给侧改革关系辨析

衡、不充分;重智育,轻体育;重科学,轻人文;重现代,轻传统等。教育结构的不平衡、不充分成为制约我国学校教育的一块短板,急需进行改革,如果制度结构没有变革,一切再好的改革方案也很难落实。对于我国学校武术教学而言也是如此。著名的木桶原理告诉我们,决定木桶盛水量的关键不是最长的板块,而是其最短的板块,而学校武术教育制度结构改革则是当前学校教育发展的一块短板。要解决这个问题,必须建立起以制度创新为导向的学校武术教育改革激活机制。一是创新其治理模式,各学校必须全面贯彻武术教育方针,各学校要真正落实国家、教育部、体育总局的武术文化进校园政策,而且这种政策的推进要明晰政府、市场和社会关系同步,认识政府宏观调控、学校自主进行武术相关项目教学和市场积极参与的新型关系。还要必须通过政府权力清单、学校责任清单、市场负面清单等划定各方教育权责。二是创新学校武术教育的学制安排和成绩设定,建立如同语数外同等重要的学制体系,增设各学年段的必修与选修课程,并要求达到一定学分,以此推动武术的传承性教育和规制性教育的和谐统一。三是创新武术教师管理制度,上面已经略有论述。教师是武术教育推广与创新的主力军,要不断提高武术教师的地位、待遇,从制度上确保武术教师"愿意教武、愿意进行武术教学创新、愿意投身武术事业"。四是创新武术教育资源配置机制,在坚持教育公益性底线的同时,让市场充分参与,提供多层次、多样化、多形态的武术教育产品。

综上所述,为促进我国学校武术教育的进一步发展,加强其供给侧改革是势在必行的一个重要举措,实现学校武术教育的供给侧改革结构优化对于学校武术的发展具有重要的意义。

第五节 加大投入：学校武术教育供给侧改革的有力保障

一、优化教育系统财务供给结构，多关注学校武术教育资金配备

供给侧改革是从供给的角度，强调生产要素的高效运用，资金和人都是各级各类学校生产要素的重要组成，因此提高教育系统财务的资金管理水平，可以提升学校教育体系中各要素的供给质量。同时，提高教育系统财务管理水平，有利于学校资金更加合理地分配和使用，这对提高学校教职员工的工作积极性起着至关重要的作用，这也为促进学校武术教育供给侧改革提供了有力的物质与财力保证。

要实现学校武术教育需求与供给的协调和可持续发展，就教育系统财务管理体系而言，需要教育系统财务供给结构在不断投入与优化的过程中加大对学校武术的关注。俗话说"巧妇难为无米之炊"，学校武术教育的发展如果只停留在文件上、口头上，再好的政策也难以落实。因此，这里要从学校武术教育发展的经费预算、内部审计、内部控制等方面予以政策倾斜，真正做到资金有保证、落实能到位的财力支撑，最终实现保持学校武术教育资金配备的可持续发展，这对未来进一步提升学校武术教育供给体系质量和效率、增强其可持续发展是不可或缺的物质条件。当前，我国各学校对武术教育的投入还是相对较少的，为促进学校武术教育的发展，要多关注学校武术教育资金配备，同时必须要加大投入力度。

二、学校武术教育投入的供给侧改革

（一）扩大投资渠道

习近平总书记曾经指出："中国将坚定实施科教兴国战略，始终把教育摆在优先发展的战略位置，不断扩大投入，努力发展全民教育、终身教育，建设学习型的社会，努力让每个孩子享有受教育的机会，努力让13亿人民享有更好更公平的教育，获得发展自身、奉献社会、造福人民的能力。"这里的不断扩大投入就是指要寻找新财源，扩大教育投入的相关渠道。

2014年，国务院发布了《关于创新重点领域投融资机制鼓励社会投资的指导意见》，指出要采取一定的措施和手段鼓励社会资本参与教育、医疗、养老、体育健身、文化设施建设，鼓励社会力量兴办教育、促进民办教育的发展。另外，我国政府部门还指出要加大对教育、卫生等的投入，鼓励社会参与，提高供给效率。在这样的背景下，我国各学校应积极寻找新财源，不断拓宽投资的渠道，充分利用社会各种力量办学，为学校武术教育发展提供多种投资途径。

（二）多办、整合、扶持优质的民办武术教育学校与机构

经过多年来的发展，我国民办教育取得了一定程度的进步，但总体来看，民办学校教育仍然是一个短板，还需要今后大力发展。我国政府在很早之前就曾提出鼓励民间资本投入教育领域，不断拓宽学校教育的投资渠道。当前受各种因素的影响，我国民办武术学校在发展的过程中存在诸多问题，不仅数量较少，而且办学质量不高，因此必须要大力进行改革。表现在武术教育与培训方面，也应加强民办武术学校、职业武术俱乐部、业余青少年武术培训机构等各类武术教育机构扶持力度，增加政策、场地与师资的投入，这样首先为武术的弘扬与发展提供多渠道、全方位路径，同时也能为武术人才的培养提供良好的途径。补齐短板，促进学校武术教育的不断发展。

第四章 供给侧改革背景下学校武术现状分析

在当前社会背景下和我国学校武术发展的形势下,供给侧方面的改革与发展成为我国学校武术教育发展的重要影响因素。供给侧是相对于需求侧而言的,分析学校武术教育的供需错位问题,找到供给侧改革的方法与途径成为促进我国学校武术发展的重要内容。本章就重点研究与分析供给侧改革背景下学校武术教育的发展情况,从而为学校武术教育发展体系的建设提供必要的依据。

第一节 我国学校武术教育发展历程之概述

一、1901—1919年尚武精神的活跃时期

1901—1919年是我国学校武术发展的初级阶段,这一阶段学生、教师及工作人员等都非常重视武术教育的发展。相关资料显示,上海除精武会以外,还有中华武术会等30多家会社;北京除北京体育研究社,还有中华尚武学社等25家武术会社;天津有道德武术会研究会等十余家武术会社。这些会社的创立对于我国学校武术教育的发展具有极大的推动作用。此后,在中央政府的带动下,我国各省市也逐步建立了武术会社,对于我国武术的传播与发展起到了不可磨灭的作用。在民国时期,武术组织非常少,而武术会社的建立则为学校武术的开展提供了必要的师资力量,在这一时期有一部分拳师被应聘到高校中从事武术教学,

第四章 供给侧改革背景下学校武术现状分析

对我国武术的传承与发展做出了突出的贡献。1917年夏,全国各中学校校长会议决议以《中华新武术》列为全国各中学校的正式体操。1918年,《中华新武术》被定为全国正式体操。随着我国武术的革新与发展,学校武术也进行了相应的改革。在这一时期,武术基本上处于"新、旧"思潮之中,武术的兵操色彩比较浓郁,内容较为单一,其发展受到很大的限制。但无论如何,这一时期的探索与尝试为今后学校武术的发展提供了一个良好的开端。

二、1920—2010年学校武术的沉睡时期

1920—2010年是我国学校武术的沉睡时期。这一时期,西方竞技体育运动大肆入侵,受西方竞技体育的冲击,我国民族传统体育举步维艰,逐渐被边缘化,难以获得有效的发展。据相关调查统计,全国各级学校,列有国术课程,不过十分之一二。国家体育总局曾经做过调查统计,调查显示,在我国中小学体育课上,武术课程的存在感较低,学生学习武术的积极性不高,武术基本上沦为可有可无的内容。在教学计划中将武术列为教学内容的中小学比例高达83.7%,但是实际完成任务者不到21%,部分完成者比例为48.1%,另外14.3%的学校有计划、无教学,还有13.7%的学校计划中无武术课内容;据统计,2010年北京市从事武术教学的中小学共有60所,其中中学50所、小学10所,占北京中小学总数的比例不足6%。由此可见,在这一时期,我国学校武术教育的发展基本上处于一个沉睡状态,其发展受到严重的制约和限制。[1]

三、2010年至今学校武术的苏醒时期

2010年以后,在我国学校素质教育的改革下,我国学校武术开始逐渐复苏并获得快速发展。这一时期,国家武术研究院结合

---

[1] 杨刚. 学校武术百年历史发展历程回顾及发展路径研究[J].吉林体育学院学报,2017(4):103-108.

结构优化：供给侧改革视域下学校武术教育的发展探索

我国学校学生的身心特点和具体实际编创了小学生武术系列健身操。2010年8月,教育部办公厅、国家体育总局办公厅下发了《关于推广实施〈全国中小学生系列武术健身操〉的通知》,要求全国中小学校开展与实施武术健身操的工作,武术健身操的推广对于我国学校武术教育的发展具有一定的推动作用,为我国学校武术的发展带来了良好的契机。此后,教育部又组织武术专业人员编写和出版了《中国段位制系列教程》,在一定程度上解决了学校武术教育"教什么"的问题。随后又在全国133个大、中、小学校进行了武术教学实验,通过这一实验,各学校武术教师得到了很好的沟通与交流,充分解决了武术"怎么教"的问题。这对于我国学校武术教育的发展具有重要的作用和意义,是一次不错的尝试。

2014年,全国学校体育武术联盟成立,该联盟的成立揭开了我国学校武术发展的新篇章。该联盟根据我国学校教育的特点和发展实际,制定了学校武术教育的课程、教学目标、教学计划等,并对我国学校武术教育的发展做了前瞻性预测,促使我国学校武术朝着积极的方向发展。除此之外,武术段位制的实行,对于学生学习武术也是一个激励,能在一定程度上激发学生学习武术的兴趣。而中小学武术操的开展极大地促进了学生的身心健康,对于弘扬与推广我国武术文化也起到了重要的作用。

2017年5月,在上海举行了一校一拳武术教改研讨会,此次武术研讨会经过诸位专家的讨论,一致认为中国武术的未来在校园,只有学校武术教育发展了,我国武术才有可能获得健康、可持续发展。发展至今,学校武术已有多年的历史,在学校武术发展的历史进程中,既有进步又有一定的挫折,我们应清醒地认识到学校武术发展过程中存在的各种问题,采取可行性的对策加以解决。

总之,学校武术的发展不可能是一帆风顺的,在发展的过程中会遇到各种挫折和困难,作为学校教育部门,要结合学校的具体实际制定促进武术健康发展的相关文件或政策,解决学校武术发展中存在的各种问题,如学生学习武术的积极性不高、武术教师专业素质欠缺、武术教材内容陈旧、尚武精神缺失等。这些问题都在一定程度上制约着我国学校武术教育的发展,另外,受西方竞技体育的冲击,武术被挤到边缘化的角落,迫于升学的压力,有些学校的武术课甚至被抛弃,这一现状在某些地区的学校中是存在的,且不利于我国学校武术教育的可持续发展。

第二节 制约我国学校武术教育发展的因素

当前,我国学校武术教育的发展可谓举步维艰,造成这一问题的原因是多方面的,不仅有武术自身的原因,也有其他的外部因素。分析制约和影响我国学校武术教育发展的各方面因素,能有针对性地去解决问题,促进我国学校武术教育更好地发展。

一、武术教学内容设置缺乏开放性

武术进入我国学校教育的时间还是比较早的,最初武术作为一门体育专业课程被列入教学计划之中,在我国各级学校之中得到了宣传与推广,武术课程也因此逐步发展起来。总体来看,我国各学校武术课的内容主要有手法、腿法等基本功的学练指导方法,武术套路的图解与注释等。总之,武术课的内容设置还存在着一定的问题,这与武术本身庞大的系统相比显得极为不协调。[1] 受西方竞技体育的影响,体操化的武技学习成为重点。过于重视武术技能学习,不注重武术内容多元化的这一情况严重制约着武术教育的发展。因此,在今后学校武术发展的过程中,要创新与改革武术教材,促进武术在校园中的快速健康发展。

---

[1] 韩亚非. 制约学校武术教育发展的因素分析[J]. 价值工程, 2011(30): 163.

二、武德教育缺失

学校武术教育的内涵非常丰富,其中身体素质、运动技能、武德精神等都是非常重要的方面。武德是人们在参加武术活动中所表现出来的道德规范和优良的道德品质。因此,加强学生的武德教育至关重要。需要注意的是,武术中也存在一些与现代社会发展不符的地方,需要我们去伪存精,摒弃"杀富济贫""三纲五常"等消极因素,继承以礼待人、见义勇为等传统武术思想。当前,我国大部分学校都比较重视武术技艺方面的教育,而关于武德教育的内容则是少之又少,武德教育严重缺失,破坏了武术教育的完整性,因此需要学校教育部门领导及武术教师重视起来,注重培养学生的武德与精神。

三、学生学习积极性不够

很长一段时间以来,我国学校武术教学的内容主要是套路教学,套路在武术教学活动中占据了绝大部分,但是武术套路内容一般都比较枯燥乏味,通常情况下都是武术教师做示范,学生跟着模仿练习,反反复复地进行,这种教学方式难以激发学生学习的兴趣。武术之所以能流传至今,与其自身的本质功能是分不开的,武术的核心内容是技击,因此,我们在进行武术教学中也应强调武术技击的重要性,增加武术的对抗性和游戏性,充分激发学生学习的兴趣,让学生从被动式学习变为主动性学习,如此才能有效促进学校武术教育质量的提高,进而推动我国传统武术的可持续发展。

四、学校武术文化建设滞后

武术的内涵非常丰富,同样的,在学校武术教育中,教学内容也应是多方面的。除了武术套路教学、高水平武术队的训练外,还应包括武术文化教育的内容,要将武术文化教育看作学校武术教育体系中的重要组成部分。但调查发现,当前,我国很多学校,包括中小学、大学阶段的武术教育大都只重视技术教学,对武术文化教育的关注太少,对武术文化的认知不够,这严重影响到我国武术文化的传承与发展,因此要想促进我国武术文化的可持续发展,就要将武术文化建设与整个学校文化建设进行统一起来。

第三节　中、韩、日学校武技供给体系区别

我国武术文化源远流长,在世界上有着广泛的影响力,"功夫"成为中国武术的代名词。在亚洲,韩国的跆拳道及日本的空手道同样在世界范围内占据着重要的位置,将我国武术教育的发展与韩日两国武术放在一起进行研究与对比,能很好地发现我国武术教育中存在的不足,并能借鉴对方武术发展的先进经验,为我所用。

一、中国学校武术与韩国学校跆拳道开展情况对比

（一）我国学校武术与韩国跆拳道开展现状

1. 我国学校武术开展现状

当前,我国学校武术教育的发展现状不容乐观,据康戈武教授的研究,武术在我国中小学学校中的开展情况很不乐观。

在武术课的开设方面,我国大约有70%的学校没有开设武术课,有些学校不仅没有开设武术课,反而是用跆拳道等域外项目代替了武术课,这对于我国武术文化的传播与发展是非常不利的。

在武术认知方面,学生对武术的认知还存在着一定的偏差,有相当一部分学生认为跆拳道和拳击就是武术。

在习武动机方面,绝大部分学生学习武术的动机在于强身健体和防身自卫。

在武术精神方面,大约1/3的学生不了解民族精神的具体内涵,75%的学生认为武术课可以培养自己的民族精神,剩下的则不以为然。

在武术教师方面,大部分学校并没有专业的武术教师,而是由一般体育教师来担任。

在武术教材方面,我国绝大部分学校都以《体育与健康》为主,武术的教材选用比较杂乱,缺乏符合学校具体实际的武术教材。

在武术教学内容方面,教学内容基本上以套路为主,另外格斗和功法等内容受到学生的欢迎,在一些学校获得了良好的开展。

在武术组织方面,我国主要以业余体校和武术学校为主,有着较大的规模,这是其他国家所无法比拟的。社会上也有大规模的武术学校和培训机构,但这部分学校或培训机构的对象并不是普通学校的学生,有时会造成一定的资源浪费现象。

2. 韩国跆拳道开展现状

在韩国,跆拳道有着广泛的影响力。在学校体育中,跆拳道也是必修科目之一,在韩国每年都会有大量的跆拳道比赛和表演,参与跆拳道运动的人数非常多,在社会上能形成一股热潮。根据学者张继生的研究,韩国大约有90%以上的大中小学开设跆拳道课程。全国正式注册或未正式注册的跆拳道馆有上万个。这个庞大的跆拳道组织与学校之间也存在着一定的联系,跆拳道馆与学校跆拳道教学的交流与合作为学生提供了良好的武术习练途径,有利于学生跆拳道技能的发展和提高。

另外,韩国的跆拳道馆经过一定的考核就可以取得级别证书,学员只要通过考试就能获得相应的证书,这对于学生是一个极大的鼓励,这样的举措促使很多学生都加入跆拳道馆的习练中,这也成为韩国学生课外体育锻炼的良好途径,也就是说韩国的学生除了在学校中学习跆拳道外,还可以在跆拳道馆中学习。而反观我国学校武术,一是学校中本来就开展得不好;二是现在

第四章　供给侧改革背景下学校武术现状分析

学校外的武术培训机构也不多,都被跆拳道馆所包围,学生想在课后锻炼身体选择武术类的项目,也优先选择了跆拳道项目。因此,韩国学校跆拳道的发展状况对于我国课外武术习练具有一定的借鉴意义。

另外,韩国跆拳道的考核形式比较灵活,在评价学生学习成绩时主要通过学生在校学习、跆拳道馆锻炼以及运动竞赛成绩来综合评定学生的学习成绩。这一考核方式还是比较客观和准确的,能客观地反映学生的跆拳道水平。

韩国政府和教育部门为促进跆拳道的发展,也制定了相关的优惠政策为学生学习跆拳道提供便利。如各个学校在跆拳道考核中对于每个项目每个学期都设有跆拳道专项奖学金,成绩优异的还可以选拔到校队或上一级的运动队进行深造。同时,韩国学校里的跆拳道比赛开展得也很丰富,既有校内的,也有学校与学校之间的,这些举措对吸引学生参与跆拳道锻炼起到了很大作用,也推动着跆拳道运动在韩国学校教育中的进一步发展。

（二）中国学校武术与韩国学校跆拳道发展方略比较

1. 学校体育教学大纲对武技的要求[①]

中韩学校体育教学大纲对武技要求的对比见表4-1。

表4-1　中韩学校体育教学大纲对武技要求的对比

我国学校体育教学大纲对武技的要求	韩国学校体育教学大纲对武技的要求
水平一：无	学生要掌握跆拳道基本理论知识、品势套路等内容,熟练掌握腿法,掌握跆拳道实战技能和表演技能
水平二：会简单动作	
水平三：初步掌握一套武术套路	
水平四：能顺利完成一套武术套路	
水平五：能完成难度较大的武术套路	
水平六：能顺利参加武术比赛	

[①] 周义义.中、韩学校体育教育中本土武技开展方略的比较研究[J].体育与科学,2009（5）：37-43.

通过表4-1的对比可以发现,中韩两国的体育教学大纲各有优点与缺点。我国武术教学大纲的优点在于内容丰富,阶段性教学的目标比较准确和合理;缺点在于能体现武术本质的技击内容较少,学生学习的积极性受到抑制。而韩国跆拳道教学大纲的优点在于教学内容明确而具体,跆拳道作为必修课能最大限度地提高学生跆拳道运动水平。

2. 中韩两国高等学校体育教育中本土武技考核评价要求比较

中韩高校关于武技的考核评价要求对比见表4-2。

表4-2 中韩高校关于武技的考核评价要求对比

我国高校武术考核评价内容	韩国高校武术考核评价内容
套路课程:简化太极拳、身体素质练习	品势练习
散打课程:身体素质练习、拳腿组合动作练习、实战练习等	横踢、旋风踢、前踢、后旋踢等各种踢法练习
	实战练习
	身体素质练习

通过表4-2的对比可以发现,中韩两国的武术教学存在着明显的差异。我国学校武术存在打、练分离的现象,导致学生的部分武术需求无法得到满足,学生学习武术的个性受到压制。而韩国高校的跆拳道将品势和竞技统一起来进行学习和评价,能激发学生学习的积极性。另外,韩国学校制定了非常严格的跆拳道考核标准,对学生学习跆拳道提出了较高的要求。

3. 中韩高等学校体育教育中教授本土武技的师资岗位要求对比

中韩学校师资要求对比见表4-3。

表4-3 中韩学校师资要求对比

我国高校武术师资要求	韩国高校跆拳道师资要求
具有武术运动相关方面的经历,具备硕士或以上学位	世界冠军或具有较高水平的教练,跆拳道权威人士
上课过程中,对武术教师的运动量没有特殊要求	要求教师在上课过程中达到一定的运动量

第四章　供给侧改革背景下学校武术现状分析

通过表4-3的对比可以发现,与我国相比,韩国高校对于跆拳道教师的要求更高,这种高要求往往能带来高质量的教学。而反观我国,武术师资水平参差不齐,对武术教师的要求不高,这制约着我国学校武术教育水平,值得我们反思。

综上所述,韩国人从小就能接触到跆拳道,这一运动项目已深入韩国人的骨髓,在学校教育中,都将跆拳道作为必修课,对学生学习跆拳道提出了较高的要求。同时,学校跆拳道教学与跆拳道馆的结合丰富了学生的课外跆拳道锻炼内容,极大地提高了学生的跆拳道运动水平。另外,韩国学校对于跆拳道教师的综合素质要求较高,这种高标准、严要求为韩国跆拳道的健康发展提供了坚实的后盾。

与韩国跆拳道的发展相比,我国学校武术的开展难以令人满意。我国学校武术教学内容基本上是套路与散打的结合,其中套路占据绝对地位,由于武术套路相对枯燥乏味,学生学习的积极性不高,因此教学质量也难以得到保证。另外,政府相关部门也没有关于学校武术发展的硬性规定或专门的制度。因此,韩国跆拳道的发展为我们提供了宝贵的经验,我们可以借鉴为我所用。

二、中国学校武术与日本学校空手道开展情况对比

（一）日本学校武道供给体系

日本对体育教育的重视贯穿于整个教育阶段,是真正的"从娃娃抓起"。一段日本幼儿园"身体素质课"的视频曾刷爆了网络,反映了日本对各年龄阶段体育教育的重视。日本作为亚洲体育和教育强国,在拳击、田径短跑、足球、网球、棒球、F1、高尔夫、英式橄榄球、美式橄榄球、冰球等世界最具影响力的十大竞技运动中,都位居前列。那么,日本如何实现对体育的重视,如何具有如此高的竞技体育水平?我们可以从日本"提高青少年体力"政策

的基本措施,包括学校教员指导能力、充实青少年体育设施、提高青少年运用能力与习惯、改善学校运动部活动四个方面来了解,下面具体从武道项目的发展进行解析。

(1)武道场馆的专门投入:由于政策着重加强对初中武道场的投入,初中武道场整备率和学校整体武道场整备率都有明显提高,设施水平有所提高。

(2)武道必修并贯彻执行:针对初中学生体育运动参与两极化现象,针对性地提出了武道和舞蹈必修化等内容,并已经在修订后的体育振兴基本计划和2012年体育基本计划中得到贯彻。

(3)增加课时:"提高青少年体力"基本措施中还提出了"制定有利于提高青少年体力的新学习指导纲要"这一重要内容,2008年和2009年分别修订了中小学新学习指导纲要。新纲要的最大特征就是把中小学武道(体育)课时从90课时提高到105课时。

(4)跨校武道运动的开展:日本各学校经常开展校内外武道比赛,而且丰富多彩,如空手道比赛、剑道比赛、柔道比赛等。日本青少年的武道技术掌握得比较扎实,而且战术素养水平也较高。事实上,日本的学校武道课更多地呈现出游戏化、竞赛化的特点。而反观我国学校武术课基本上是堂堂练技术,却并没有把学生的运动技术培养好,战术素养就更成为奢谈,这也就无从谈起多样的跨校武术比赛了。这就需要对我国学校武术教学内容与教学方法进行反思,要在日常的武术教学中强调趣味性、竞赛性内容与方法的充实。

(5)武道俱乐部:以指导者培养学生兴趣为主旨,大力开展武道俱乐部活动,与体育场馆形成有效衔接,确切提供武道活动信息,避免资源浪费,这非常符合学生参与武道锻炼的需求,同时也能够有效实现培养学生兴趣的基本目标。

(6)建设与充实专用学校武道教育的内外部环境。第一,日本学校武道教育目标明确而具体。如将武道教育目标划分为健康、人际关系、语言、表现、环境"五个领域"。第二,日本学校武道教育的理念非常新颖。日本学校武道教育秉承重视学生的自主性和自发性的教育理念,关注学生个性的发展与社会性的培养,因材施教,注重学生们的亲身体验。第三,日本学校武道教育的内容丰富。日本武道体系繁多,如空手道、柔道、剑道、合气道等,同时,日本学校武道教育不枯燥、不古板,丰富的内容与严谨的技术体系使学生们无论是技术学习,还是战术对抗,其互动性非常强。第四,学校专门的武道场馆设施设备充足与环境宽松。第五,学校武道活动的时间充裕且有整齐、统一的武道服装。

(二)日本学校武道教育供给体系对我国的启示

1. 努力促进青少年武术团体发展

学校体育团体活动,不仅有利于促进青少年身心健康成长,还有利于青少年体育价值观的形成,关系到体育事业将来的发展。第二次世界大战后日本学校运动部迅速完成了民主化改造,完成了从准职业体育俱乐部向业余体育组织的变身,在更低年龄层次上成立了遍布全国的体育少年团。从此,主要包括体育少年团和各级学校运动部的青少年体育团体成为日本青少年体育政策一贯的重点。青少年体育团体活动的广泛开展,不仅为青少年们提供了沟通联络的平台,在他们成长过程中起到了至关重要的作用;也培养了青少年体育运动的技能与习惯,为各类社会体育团体和职业体育"观客"等提供了源源不断的有生力量;当然也提高了青少年的体力与运动能力。我国青少年体育团体政策及发展与日本体育政策着重引导学校运动部发展形成了鲜明对比,学校体育以教师主导下的体育课和课外活动为主体,体育团体活动除了在高校有一定规模发展外,中小学基本没有类似的体育开展形式。这不仅无益于发挥体育在青少年成长社会化过程中的天然平台作用,更是体教结合迟迟未能深入推进的原因所在,甚至关系到若干年后社会体育团体的有效发展。日本学校体育团体活动的发展经验给予了我们很大启示,应该将促进我国各级学校自主型武术团体活动发展作为我国青少年武术政策的重要抓手,以便从源头上为武术事业发展打下良好的基础。

2. 努力落实现有政策,促进学校武术设施资源共享

体育发展与传播以学校为基地、政策实施以青少年为优先是日本体育发展的重要特征,基于这些特征的体现,日本在其政策实施方面的结果之一就是学校体育设施占比都很高。而且由于大型体育设施往往建在较大规模的城市地区,学校体育设施是绝大部分中小规模城镇与农村地区体育设施资源的主体。因此,中日两国体育事业的真正发展都需要实现学校体育设施资源的共享。日本在开始注重社会体育发展后不久,就注意到了学校体育设施开放的重要性,文部省在 1976 年连续出台了两个重要的政策文件。经过数次政策调整后,从 20 世纪 80 年代中期开始公立学校体育设施开放率稳定在 80% 以上,以后收到了比较好的政策效果。目前,我国政府及体育职能部门也十分重视通过政策来促进学校体育设施对外进行开放,但由于各方面原因,实际开放效果却不是很理想。正式基于此,本来就很捉襟见肘的武术项目,其场馆建设更是少之又少,甚至很多学校都没有固定的武术场馆,更何谈开放。因此,如何有效执行落实现有政策,加大武术场馆投入,并实现其它各级各类学校体育设施安全、有效地对社会开放已经成为我国体育事业更是学校武术发展必须尽快解决的一个政策难题,日本相关经验值得深入研究与借鉴。

3. 努力创造安全的学校武术环境

健康、安全和体力提高是日本学校体育政策的三大目标,对安全的追求甚至比提高体力还要重要。20 世纪 90 年代以前,主要着重于通过学校给食、交通及保险等内容措施强化学校安全问题。20 世纪 90 年代中后期以来,围绕学校体育软硬件安全环境的创造出台了很多针对性的体育政策。比如,政策支持学校运动场草坪化改造、夜间灯光照明改造、体育馆耐震化改造等,2010年以后更是从普遍配置 AEC 设备配备、向青少年学生普及各种

健康和运动安全知识、配备牙套等运动护具等出发注重建设安全的体育软环境。当前我国社会正处在转型发展时期,加上经济全球化和信息化的影响,各种因素叠加使人们对社会缺乏信任、风险意识高涨。学校体育环境的安全问题逐渐被放大。以至于因突发性事件而改变了学校体育教学计划的报道屡见不鲜,出现了诸如因为一个学生在中长跑活动中猝死就取消一个地区所有的中长跑教学计划等不正常现象。这些现象的出现也给武术教学工作造成了很大影响,因为毕竟武术项目的对抗性与竞技性存在一定程度的危险性。虽说我国政府及学校也意识到了相关问题,在有关方面做出类似改变体育教学计划,以致取消了对抗性及竞技性较强的项目,学校的武术课演变成了一种温柔的体操课、套路课、养生课等,而最能体现武术本真的对抗性项目不见踪影,当然这些决定也是有其充分的理由,但这里着重要从根本上解决的是学校武术教育的安全问题。借鉴日本在其学校体育安全保障这方面的发展经验,我国学校武术政策应该从普遍建立起完善的相关保险和理赔制度入手,鼓励有条件的地方改善学校武术设施及软硬件条件,努力创造出更加安全的学校武术教育环境。

从日本学校武道供给体系的教育理念与实践方面来看,坚持"以人为本",发展学生自主性,坚持素质教育,促进学生全面发展等是我国学校武术教育发展的坐标和趋向。

第四节 学校武术教育供需错位的问题分析

目前,我国学校武术教育供给和学生对武术的真实需求脱节,无效供给大量产生,出现了结构失衡、供不应求等诸多现实问题,同时学校武术教育供给的增速滞后于学生需求升级的速度,无法充分满足学生接受高层次、高质量的武术需求,这些问题抑制了学生有效的武术教育需求,同时有效需求的低迷又加剧了有效供给的不足,从而呈现出有效需求和有效供给不足并存的矛盾

结构优化：供给侧改革视域下学校武术教育的发展探索

形态,即学校武术教育的"供需错位"。本人于 2018 年 11 月在中国学校体育(高等教育)发表了题为《错位与平衡:学校武术教育发展的供给侧探析》对此做了详细论述,具体如下:

一、产品内容方面出现供需错位

（一）结构单一、质量不高:学校武术教育产品内容供需错位的主要表征

通过实地调查,了解到学生对武术课的需求是更简单、更快乐、更轻松。然而现有的武术教学供给内容以套路为主,首先武术套路动作相对复杂,而且缺乏实用性和娱乐性,这与青少年学生喜欢竞争、对抗、激烈、时尚、活力的体育项目的需求不符,造成供给内容结构单一、供给质量不高,严重阻碍学校武术的发展,[①]同时武术在服饰、音乐等外在包装方面缺乏时尚感和时代性;[②]武术教材内容单一,很多学校还是以 24 式太极拳、初级套路(主要在普通高校开展,如吉林化工学院、北华大学、中国人民大学、衡阳师范学院等)、武术操(主要在小学中开展,调研到的学校有吉林市吉化第一小学、吉化第二小学、吉化第九小学、清华附小等),虽然武术段位制教材较以往内容更为丰富,而且国家也在大力推进武术段位制进校园,但从推广效果来看,武术段位制进校园的效果并不理想,学生喜欢与想学的内容在武术段位制教材中并未充分体现,教材内容与教学对象需求产生矛盾,造成教师不认可、学生不满意、需求难满足。[③]这些现象的出现很大程度上是现有武术教育产品内容供给并未根据学生的需求进行设计,出现了严重的"供需错位"。

---

① 杨宝雷.高校公共体育武术课供给体系创新研究[J].商丘师范学院学报,2017,33(6):103-106.
② 王岗,李世宏.学校武术教育发展的现状、问题与思考[J].成都体育学院学报,2011,37(5):84-87.
③ 杨亮斌.建构主义视阈下中小学校武术课程研究[D].上海:上海体育学院,2017.

第四章 供给侧改革背景下学校武术现状分析

（二）内容陈旧、与时未进：学校武术教育产品内容供需错位的主要原因

1962年由教育部重新修订并实施了新的中小学体育教学大纲：从小学三年级起学习武术基本功、武术操、初级拳；中学阶段为初级长拳二路、青年拳、青年拳对练等，有关武术攻防格斗的内容在大纲中不见踪影，教学大纲的硬性规定将学校武术进行了彻底的"套路化"改造。[①] 在随后的40余年间，套路化的教学成为主流，教材内容也一直是老三样（初级拳、初级剑、简化太极拳），如吉林化工学院、北华大学、吉林医药学院、吉林农业科技学院、中国人民大学、衡阳师范学院等公体课程仍在开展"老三样"教学，包括体育院校的普修、专修专业这些套路仍是必修内容，如沈阳体育学院、天津体育学院、北京体育大学、上海体育学院等。尽管2001年颁布《体育与健康课程标准》后，武术教学改革经历了突出"淡化套路、突出方法、强调应用""整合拳种、优化套路、强调应用、弘扬文化""一校一拳，打练并进，术道融合，德艺兼修"等指导思想的一系列变化，教材内容也有了很大丰富，[②] 但在实际的推广过程中，以套路为主的教学内容仍是主流，时至今日学校武术课程改革依然收效甚微。究其原因，首先，国家武术推广的重心在于"武术入奥"，"唯套路化"的主体思路没有发生太大改变。其次，学校教育的整个大环境，由于学生体质健康的不断下滑，"温柔体育"在各级各类学校已成事实，以至于武术课以"套路"的形式开展并未有多大改变。再次，这三种指导思想的变革未能彻底解决学生"实际应用""实际需求""实际情况"的矛盾，改革的重点还是放在了通过青少年来传承武术，即强压式对学生

---

① 宿继光.学校武术教育的当代困境与出路[D].太原：山西大学，2016.
② 赵光圣，戴国斌.我国学校武术教育现实困境与改革路径选择——写在"全国学校体育武术项目联盟"成立之际[J].上海体育学院学报，2014（1）：84-88.

群体供给武术文化遗产,但青少年的习武需求并非武术传承。[①]因此,诸多关于学校武术改革思想观点出现了本末倒置、顾此失彼现象。

二、方法手段方面出现的供需错位

(一)仪式感差、缺乏技击:学校武术教育方法手段供需错位的主要表征

从实地调查的相关学校了解到,其学校武术教育产品供给的方法手段主要依靠课堂讲解,多侧重于基础动作的简单重复训练,理论讲授少,同时缺少核心的武术文化元素,没有将抽象的传统文化有效具象性,教师大多采取填鸭式的教学方法,一味依靠模仿示范、重复训练等单一化教学手段,而很少采用仪式具象、时尚动感、武舞结合、竞技对抗等教学模式,导致学生难以获得全面深刻的武术认识,降低了学习主动性与兴趣度,以致供给方法手段的枯燥乏味,与生活脱节。从而造成了"学生喜欢武术,但不喜欢武术课",也就造成了相当一部分学生的学习态度就是应付考试。通过访谈沈阳体育学院武术系于海教授、上海体育学院武术系范铜刚博士,他们认为武术课程被主学科挤占,应试教育的影响很大,学校的武术课已经被"边缘化",学校武术教育停留于表面,流于形式,教师对武术教学方法手段的研讨、研究也就很少进行,致使武术教学的效果进一步恶化,"学生喜欢武术,但不喜欢武术课"的状况不断加剧。

(二)教材陈旧、套路过繁:学校武术教育方法手段供需错位的主要原因

不论何种教育,都遵循传递知识、培养兴趣、提升能力、塑造

[①] 杨建营.普通学校武术教育改革理念探析[J].沈阳体育学院学报,2016,35(4):128-133.

第四章 供给侧改革背景下学校武术现状分析

价值的基本准则。从学生成长和发展的角度来讲,培养兴趣尤为重要,通过接受知识,激发求知欲、好奇心,引导其独立思考,培养其辨别能力,塑造正确的价值观,促进人的全面发展,而这些教育目标的实现就需要教育供给手段的多样化、先进化来引导学习动机、提升学习兴趣。然而在调查中我们了解到,许多高校都开设武术课,如吉林化工学院开设24式太极拳、初级长拳、青年长拳、初级刀术、初级剑术、散打等,中国人民大学开设24式太极拳、太极剑、散打等,这些院校大都有专业体育院校武术专业毕业的教师,都有自己擅长的项目,但教师只能按大纲计划进行教学,教师自身特长没有充分发挥,年复一年地教着这几套教师都认为枯燥乏味的武术套路,打击了教师积极探索教学手段方法的积极性,也就无从谈起创新,滋生了教师们的惰性,严重影响教学效果。因此,学校武术教育供给手段的变化必须建立在教学内容的改变上,同时要与时代的发展相结合,教学内容多样化、教学方法多元化,把复杂的套路简单化,把专业的武术知识口语化、平常化,把武术技击内容生活化、实际化。武术技术体系化繁为简,化难为易,利用多元素、多渠道、信息化等手段来满足学生个性化的需求,让学生真正对武术感兴趣、想参与、主动学,这样学校武术才能红火开展,真正实现武术在学校受欢迎、成时尚、得发展。

三、实施主体方面的供需错位

(一)主体单一,自主权差:学校武术教育实施主体供需错位的主要表征

学校武术的教育过程是教育者和受教育者双重主体相互影响的互动过程。从教的方面来看,教育者在武术教育中作为主动者,是主体,处于实施教育的地位;从学的方面来看,受教育者根据自己的需要,确定自己学的态度、方法等,也是主体。当前,政府承担着学校武术教育主要供给者的角色,学校武术教育总体还

结构优化：供给侧改革视域下学校武术教育的发展探索

是由教育部门宏观统筹、指定文件，由各级各类学校负责推进，相关体育教师具体执行。在调研中吉林市、北京市等地区的小学都在推进"旭日东升武术操"，这正是教育部门指定文件，各类学校具体执行的案例。由此可见，学校武术教育自上而下的供给主体力量过于单一，实施武术教育的主体自主权较差，未能加强对多重主体供给力量的引导统帅，学校武术教育主体供给力量的合力尚未形成。

（二）思维僵化，供给单一：学校武术教育实施主体供需错位的主要原因

由于学校教育的公益性，其供给主体一直是依靠政府或学校，同时体育教师作为供给主体的直接实施者，其自身绝大多数并非武术与民族传统体育专业，受过专业武术训练者较少，由于自身水平的限制，其发挥的作用也就相当有限。在调研中我们首先了解到，吉林市吉化第一小学、吉化第二小学、吉林市万达实验小学、吉林市吉化第九中学没有专业武术教师，高校的专业武术教师也并不多，吉林化工学院1人、北华大学2人、吉林医药学院1人、清华大学4人、中国人民大学3人，这些高校在校生规模都在万人以上，武术教师所占比重可想而知。其次，体育院校专业武术教师、专业运动员、武术培训机构、武术健身俱乐部、社区武术工作者的力量没能纳入学校武术教育供给力量之中，从而造成学校武术教育供给主体过于单一。学校武术教育供给主体错位的根本原因就是传统教学理念没有及时转变，长期以来以学校自身资源为基础来开展武术教学的模式一直没有发生太大改变，"以学校为主体"的传统供给模式理念根深蒂固。然而随着时代的发展，学生多样化的需求在不断变化，以学校为主体的供给很难满足学生的多样化需求，也就必须寻求"多维供给"的突破。

四、教学平台方面的供需错位

（一）资源匮乏，平台窄化：学校武术教育教学平台供需错位的主要表征

在教学平台的供给方面，通过调研得知经济欠发达地区，如东北省市学校开展第二、三、四课堂情况相对较差，教学平台的供给主要集中在第一课堂。但在北京、上海等经济发达地区由于资源优势，开展较好，如清华附小设有学校武术队，训练场地设置在清华大学武术馆，教师也是聘请的清华大学与北京体育大学的专业武术教师，每周能保证4学时的专门训练，而且还会利用清华大学的一些重要活动进行武术表演，利用武术参与一些社会活动。经过实地考察和走访，现有的武术教育供给平台还仅限于第一课堂的课程教学，第二课堂在学校、社会、家庭等形式多样、生动活泼、丰富多彩的课外活动就相对很少，第三课堂的实践课程与第四课堂的网络课程更是少之又少。学生在第一课堂上获得基本武术技能，除此之外并没有丰富多彩的第二、第三、第四课堂的课外活动、社会实践和网络课堂的活动可供学生们选择。相应的武术教育资源开发较少，实践锻炼机会又相当匮乏，以致学校武术教育供给平台窄化，学生像关在笼中的小鸟一样，被局限在学校这一片小小的空间内，个性难以施展，也就造成了学校武术教育供给平台的错位产生。

（二）平台虚设，难以联动：学校武术教育教学平台供需错位的主要原因

学校武术教育供给平台主要基于课堂教学，而在应试教育的影响下，体育课、课外体育活动等开展的并不好，能够落实每天锻炼一小时的校园体育活动不足30%，甚至40%的学生达不到平均每天半小时的活动时间。[①] 经调查,2018年3月吉林市中小学放学时间由原来的15:30推迟到16:00,中学的时间由原来的17:00推迟到18:30,放学时间的推迟本来是件好事,可以开展更多的体育活动,但现实却是各科教师以上课或写作业来占用这些时间,以致学校武术活动的第二、三、四课堂更难落实。教育者和家长在急功近利思想的左右下以牺牲学生的身体健康为代价,造成教育价值观念出现严重偏差,致使学校武术教育供给平台形同虚设。[②] 然而武术作为一项独具中华传统文化特色的运动项目,其在传播文化、健体防卫、修心育人的系统性工程中具有不可替代的地位,在这个过程中仅靠学校供给的平台显然是不够的,这就需要协调政策、制度以及社会、学校、家庭等各方力量,统一思想、明确目标,构建家、校、社联动的供给平台模式。

五、教育环境方面的供需错位

(一)重文轻武、效率至上:学校武术教育教学环境供需错位的主要表征

学校武术教育的成效与学生武术意识的培养在很大程度上取决于其所处的环境。这种环境有外部社会环境,也有武术自身的内部环境。外部社会环境中,由于市场经济奉行的实用主义、效率至上等思想,"重文轻武"的实用主义、武术修炼效率至上的"短、频、快",整个社会都很现实而又浮躁,人们对习武的认识也发生了很大改变,需求也越来越多样化。在研究过程中我们还调查走访了一些武术俱乐部,如吉林市的王中王国际武道教育学院、沈阳世纪武道教育连锁、北京吴静钰跆拳道俱乐部等。通过了解,学习跆拳道的人数要多于武术,当问及家长为什么选择

[①] 曲宗湖,马保生.我国学校体育必须"转型"[J].中国学校体育,2014(1):10-12.
[②] 党挺.体育强国进程中我国学校体育的困境与发展[J].西安体育学院学报,2011,28(6):752-755+764.

第四章 供给侧改革背景下学校武术现状分析

跆拳道而不选择武术时,大部分家长觉得跆拳道看起来很时尚,电影电视经常看到酷酷帅帅的表演,而且跆拳道课堂比较吸引孩子,孩子挺喜欢。还有一部分家长认为武术不实用,他们的目的除了锻炼身体,同时还要学点防身技能,最好是能够短期见效,还有部分家长认为武术馆训练环境没有跆拳道馆好,至于弘扬民族传统文化方面,家长很少关注。诚然,在这种需求多样化的大环境下,人们对武术的认识也发生了很多改变,但武术自身的内部环境,甚至学校武术在教学理念、教学思想、教学改革、技术体系等核心内容却没有发生太大变化,虽然武术也进行了相当大的改革,也在寻求这种环境适应,但这种改革并未触及核心。在举全国之力进行武术申奥的过程中,重竞技武术、轻学校武术的局面一直没有发生太大改变,以致在这种供需环境中,造成了相当一部分教育工作者对开设武术课的必要性产生认识偏差,认为学校武术教育可有可无,致使校园武术文化一步步走向衰落,学生的尚武精神难以寻觅,也就很难在社会、学校、家庭中形成正面的尚武精神,武术教育在学校中的受重视程度降至"冰点",学校武术教育内外部环境都不理想,错位严重。

(二)社会变迁、结构失衡:学校武术教育教学环境供需错位的主要原因

我国经济转型期产业结构升级,社会发展变化过于迅速,势必影响学校武术教育供给环境的变化。从宏观角度讲,其供给环境包括一切与学校武术教育相关的政治、经济、文化等因素。[1] 从政治层面,国家一直倡导民族传统体育文化的弘扬,但在很长一段时间内国家职能部门对武术的重视更多的体现在竞技武术,并以武术入奥为最终目标,但参与竞技武术运动的毕竟是少数人,这就很大程度上阻碍了武术的传播力和影响力。尤其是在过度重视竞技武术的供给环境下,学校武术教育的发展状况一直令人

---
[1] 王俊杰.学校体育教学环境的现状与优化[D].烟台:鲁东大学,2015.

忧心忡忡,政府不重视、学校领导不支持、专业武术师资缺乏、武术教材陈旧单一、教学模式竞技化、教材内容套路化等问题都制约了武术在学校的推广。①经济的发展并没有促进社会的全面发展,我国经济、社会等各个方面出现供需结构失衡、供需错位;在整个社会变迁的大环境下,这些现象在武术教育领域也同样出现,学校武术教育供给增速远滞后于学生需求升级的速度,以致学校武术教育结构失衡、供不应求等诸多现实问题此起彼伏,学生接受高层次、高质量的学习需求无法充分满足。因此,供给环境调配错位是造成学校武术教育供给结构失衡的重要原因。

第五节 供给侧改革与学校武术传播及发展

发展到现在,我国社会各个层面,包括政治、经济、文化、体育等都获得了快速的发展,各个领域在世界上的影响力也日益扩大,但是我们在看到发展的同时也应看到其存在的各种问题。当前,我国青少年的体质水平呈逐年下降趋势,这一情况不容乐观,需要采取相关政策与手段来维护青少年的身体健康。而在新的时代背景下,供给侧改革为解决青少年体质健康问题提供了新的思路。

目前,我国在教育领域方面还存在着各种各样的问题,其中优质教育资源的缺乏及资源的不公平是一个最大的问题。因此,加强教育领域供给侧改革也就成了一个重要的研究课题和热点话题。在进行供给侧改革的过程中,要以质量为本,从各角度推进经济结构的调整,不断扩大有效供给,提高供给结构的灵活性,提高全要素的生产效率,以此满足广大学生日益增长的各种需求。表现在学校武术教育供给侧改革方面,就是要提高武术产品供给的质量,优化配置武术教育中的各个要素和结构,提高武术

---

① 邱丕相,吉灿忠.对北京奥运会后中国武术发展的思考[J].首都体育学院学报,2009,21(2):134-137.

第四章　供给侧改革背景下学校武术现状分析

教育的有效供给,满足学生学习武术运动的需求。

一、供给侧改革与学校武术传播的多角度分析

加强学校武术教育的供给侧改革对于我国武术文化的传播与发展具有深远的影响和意义。下面主要从三个角度来分析供给侧改革与我国的学校武术传播。

（一）从教师角度考虑

教师在学校武术教育中扮演着至关重要的角色,从教师角度来考虑,主要考虑的是如何提升高质量、有水平师资的供给能力,这在很大程度上决定着学校武术教学的质量。作为武术教学活动的指导者,学校武术教育质量的好坏在很大程度上是依赖于武术教师的,俗话说"名师出高徒、严师出高徒",说的正是教师与教学质量的关系。因此,提升学校武术师资质量,培养高素质的武术教师是学校武术教育推广与发展的重中之重。

作为一名高素质的武术教师必须要具有扎实的武术理论知识,高超的专业技能和良好的武德修养。目前,我国有很多学校尤其是在经济相对落后的地区,都没有配备专业的武术教师,而配备有武术专业教师的学校,其专业能力和教学水平也很有限。据调查,大部分武术教师都是体育教育专业的学生,他们在大学期间学习武术时课时量极其有限,很多体育教育专业的学生武术的功底极其有限,也就很难在教师岗位上供给出特别出色的武术专业技能和武术课程,他们宁愿教其他项目也不愿意教武术。[1]这使武术在学校中的推广举步维艰,难以获得好的发展。总之,武术在学校的推广,一方面得不到学校领导的重视;另一方面得不到学生的欢迎。[2]这一情况对于我国学校武术教育的发展是十

---

[1] 汤立许.建国60年来学校武术教育发展的嬗变与走向研究[J].西安体育学院学报,2010,27(4):449-452.
[2] 洪浩.供给侧改革与学校武术推广[J].武术研究,2016(12):2.

分不利的。因此,从武术教师角度出发,应加强高质量武术教师的引进、培养与培训,逐步提高在职武术教师的专业能力和业务水平,将其培养成为一名复合型的武术教师。

(二)从学生角度考虑

学生是教学活动的重要主体,在教学中要"以学生为本"促进学生全面素质的发展和提高。在学校武术传播与供给侧改革中,从学生角度考虑,主要是考虑如何拓展学生的供给空间。在学校教育中,学生是供给侧改革中最大的"收货方"。随着现代信息化社会的发展,学生获取信息的渠道和途径越来越多。在这样的形势下,我们不能以旧有的眼光看问题,而应与时俱进充分尊重学生的个性发展,满足学生多样化的武术教育需求。据调查分析,在学校武术教育中,学生喜爱的武术与教师教授的武术之间存在着较大的差异。受电影、电视宣传等方面的影响,学生所接受的武术比较虚幻,他们对武术的理解比较肤浅,而面对现实中的武术会产生一定的失落感,这一情况值得我们深思。鉴于此,我们应积极利用各种传播媒介,尤其是网络媒介,为学生开辟良好的供给空间,还原武术的真实面目,激发学生的探索欲,提高学生学习武术的积极性,这样才能促进学校武术教学质量的提高,进而推动我国武术文化的传播与发展。

(三)从教学内容角度考虑

教学内容是武术教学活动开展的重要载体和保障,没有了教学内容,武术教学活动也便无法开展。从教学内容角度考虑,其重点在于夯实武术教学的供给基础。武术要想在学校中得到良好的推广与发展,必须要解决教学内容方面的问题,因为教学内容是武术教学活动开展的重要基础和保障。目前,总的来看,我国大部分学校的武术教学内容都比较陈旧,难以激发学生学习的兴趣,武术在学校中的推广受到严重的打击。因此,革新武术教学内容就成为学校武术传播与发展的重要环节。在革新武术教学内容的过程中,应注意以下两点要求:第一,注重学生的个性化需求,为学生提供多样性的选择;第二,选择的教学内容要符合不同学生的身心特点与技能水平。

综上所述,学校武术教育承载着传承中华民族文化的伟大历史使命,我们应秉承培养学生终身体育的教育宗旨来促进学校武术教育的发展。在今后的发展过程中,我们要从学校武术教育的每一个环节入手,以供给侧改革为动力,努力提高武术教学质量,从而为传承与弘扬我国武术文化做出应有的贡献。

二、供给侧改革背景下我国武术传播、推广的动力与挑战及对我国开展学校武术的启示

(一)供给侧改革下我国武术传播与推广的新动力

由于我国武术在品牌、技术、推广等方面的竞争力较其他国家的武道具有一定差距,造成了武术在国际市场和国内市场的萎缩。此外,由于我国居民收入的增长带来了对物质文化的需求越来越高等原因,国内武术市场需求没有相应增长,国际和国内武术市场的相对萎缩造成了我国武术推广的相对"滞涨"。从现有的情况分析,武术的发展出现不可持续的原因主要在于供给侧,即使政府利用财政政策或资源投入等需求侧管理手段进行大规模的刺激总需求,也只能是短期效应,不能转变"滞涨"发展的"新常态"。要推动我国武术国际化发展方式的转变,供给侧结构性改革是其改革的新动力。

1. 结构优化的带动力

供给侧结构性改革的目标是要实现经济的协调发展与可持续增长,主要以机制创新改革为切入点,以结构优化为改革侧重点,其结构的改革具有非常明确的含义,主要包括产业的结构、供给主体的结构、发展要素的结构等,结构改革的实质是通过转变

结构优化：供给侧改革视域下学校武术教育的发展探索

发展方式释放经济发展成果的社会效应。[①] 在国际武道市场上，武术的推广流于浅层，传播广度和推进深度等局限性致使武术正面临着诸如"跆拳道""空手道""拳击""柔道""泰拳"等武技的强烈冲击，武术显得无所适。[②] 因此，中国武术国际推广要实现协调与可持续发展，必须对其推广结构进行优化，增加驱动力，走内涵式发展道路，才能改变流于表层的武术国际推广现状。因此，根据供给侧结构性改革统领全局的层面出发，从供给端着手，以机制创新，结构优化引领我国经济可持续健康发展。[③] 因此，在"供给侧改革"的大背景下，武术的国际推广必须认清世界体育发展形势，把握供给侧结构性改革的历史机遇，在劳动力、资本、土地与自然资源投入受限的情况下，加大制度与供给主体的结构优化，从供给侧优化的驱动力改革武术国际推广产品的供给结构和政府供给结构，加快武术的国际化、产业优化，努力在基于质量和效益投资规模的基础上加大武术在全世界范围内的推广力度；从各个方面推动竞技武术和传统武术的共同进步；强调武术国际推广过程中的政府和市场双到位。这样才能实现武术国际推广的供求良性循环，最终实现可持续、跨越式的发展。

2. 制度供给的推动力

在西方经济学理论体系中，完全市场是指市场机制在经济运行中不受其他因素干扰、高效率地配置资源，相当于亚当·斯密时期"看不见的手"自行调节自由经济的一种理想方式，是不需要政府职能干预的，政府只是在市场长期失灵的地方发挥作用，提供公共产品和公共服务。供给侧改革的制度供给含义就是要充分发挥市场经济的决定性作用，重视新制度供给，建立以市

[①] 邓磊，杜爽. 我国供给侧结构性改革：新动力与新挑战 [J]. 价格理论与实践，2015（12）：18-20.
[②] 康庆武，何春燕. 基于全球孔子学院的中华武术国际推广 [J]. 山东体育科技，2016，38（5）：85-89.
[③] 贾康，徐林，李万寿，等. 中国需要构建和发展以改革为核心的新供给经济学 [J]. 经济研究参考，2014（1）：35-56.

第四章　供给侧改革背景下学校武术现状分析

场为基础的经济和社会管理制度。①同时,制度资源是供给侧结构性改革的主要目标之一,要立足改革的现实,树立改革的理念,明确改革的方向,把握改革的重点,确定核心制度的牵拉作用。②习近平总书记在十九大报告中指出,为适应"新时代"中国特色社会主义市场经济体系,要进一步深化机构和行政体制改革,转变政府职能,深化简政放权,建设人民满意的服务型政府。③基于上述背景,必须认识到,供给侧结构性改革涉及一系列的制度革新,包括行政管理制度、财税制度、价格制度、金融制度、产权制度、国有企业、土地制度、社会福利制度、生态制度改革等。④强化制度改革作为发展推动力,通过制度供给和变革,降低经济发展的制度成本,激发市场主体的创新活力,提高要素的流动性和配置效率,扩大资源优化配置空间,使经济发展中的风险和收益有效匹配,提高制度要素供给的有效性,进而实现市场经济发展的效率与效益目标,从而释放经济增长潜力和活力,增强企业发展的市场竞争力。因此,新时期,武术国际推广的制度供给改革,要在尊重国际体育市场规律的前提下,以实现推广人群受众面的最大化为目标,通过政策、法律、行政等手段,不断完善制度供给的规范,更好地发挥武术组织机构的作用,建设服务型的武术国际推广组织,引导武术国际推广市场的主体行为,才能推动武术国际推广实现内生式发展,实现武术资源配置的效益和质量。

3. 技术创新的驱动力

科学技术的进步是我国经济发展方式转变的突破点,只要科学技术水平提高,具备创新能力并能够应用到各行业,一定的投入就会产生更大的价值。创新资源要素的有效供给,对释放市场

---

① 沈贵银.创新驱动推进江苏农业供给侧结构性改革的探讨[J].江苏农业科学,2018,46(13):324-327.
② 王家宏.我国体育资源配置市场化改革中政府职能作用的实现路径[J].体育学研究,2018(3):132-134.
③ 习近平.决胜全面建成小康社会 夺取新时代中国特色社会主义伟大胜利[N].人民日报,2017-10-28(001).
④ 李佐军.欲跨中等收入陷阱必推要素升级[N].中国经济时报,2015-04-08(005).

结构优化：供给侧改革视域下学校武术教育的发展探索

主体发展动力、增强企业发展的市场竞争力的作用不言而喻。也就是说，在诸如劳动力、资本、制度、创新等资源要素投入一定的条件下，经济增长动力的核心要素是技术创新，也是供给侧结构性改革的关键要点。[①] 伴随着人们日益增长的物质文化需要，通过优化与创新各技术要素，为改造企业技术提供支持，把减少无效产能和降低过剩产能作为重点，进而提升企业核心技术含量，实现供给与需求的有效匹配，提高产品质量是增加有效供给的最基本手段，进而提升经济发展质量和效益，促进经济发展的高效性和共享性。因此，我国供给侧结构性改革的核心目的在于提升产品竞争力，进而实现全要素生产率提升的目标。[②] 同时通过技术创新的竞争力所带来的市场收益，使企业成为创新主体，进而有持续动力进行技术创新。因此，通过技术创新有效提高了相关产业的核心竞争力，从而促进产业结构和消费结构的同步升级。另外，供给侧的技术创新对需求侧也具有改善作用。同样，技术创新的竞争力这一目的，将为武术国际推广在供给侧结构性改革提供明确的方向。我国武术国际化之路发展至今，核心技术缺乏、品牌质量不高是限制武术国际推广的主要因素之一。[③] 因此，基于供给侧结构性改革，可为中国武术国际化推广重新定位和明确改革目的，以发挥和引领技术创新路径来提升武术产品的核心竞争力，满足世界各国家大众对武术的需求，以此为我国武术国际化发展注入新的活力。

（二）供给侧改革下我国武术传播与推广的新挑战

在强有力的政府推动下，中国武术国际化推广之路任重而道远。从长远来看，从实现中华民族伟大复兴、建设世界体育强国

---

① 张永韬，黄芳.我国体育产业供给侧结构性改革的动力、方向与路径[J].四川体育科学，2018，37（2）：17-21.
② 王晓芳，权飞过.供给侧结构性改革背景下的创新路径选择[J].上海经济研究，2016（3）：6.
③ 郭发明，赵光圣，郭玉成，等.中华人民共和国成立以来的武术对外交流及启示——基于武术家口述史的研究[J].上海体育学院学报，2018，42（5）：72-78+86.

第四章 供给侧改革背景下学校武术现状分析

等角度,政府推行的需求侧改革,在很大程度上不利于武术的健康与可持续发展。习近平总书记在十九大报告中提出,我们走出一条质量更高、效益更好、结构更优、优势充分的发展振兴之路,要着力解决问题、求实效,要在补齐短板上下功夫,争当高质量发展的领跑者。[①]供给侧结构性改革为推动武术向高质量的国际化发展指明了方向。

1. 资源分配失衡、推广组织结构不合理的问题急需解决

武术国际化推广不能仅仅只注重规模、质量、品牌等方面的建设,在供给侧结构性改革的前期建设上要从战略高度审视武术的国际化发展,首先要有理念的转变。从投入来看,政府主要将"竞技武术入奥"作为扶持重点进行武术的国际化推广,大量的政策、人力、物力、财力涌入"竞技武术",而使具有代表深厚中国文化的"传统武术"获得的资源越来越少,武术国际推广的项目资源两极分化越来越严重,影响中国武术国际推广的生态建设。从资源分布来看,"竞技武术"占据了武术国际推广的大部分优质资源,而"传统武术"的国际推广与发展却远远落后于世界人民对优质的中国"搏击""健身""文化"资源的诉求。从文化多样性来看,由于不当的激励机制,所有的中国武术国际推广都向"竞技武术"看齐,导致了中国武术国际推广技术体系单一,风格千篇一律。以致作为一种风格多样、功能多元,可以满足不同国家、不同地区、不同受众需要的中华武术在国际传播中出现"技术同质化、单一性趋向",最终导致了中国武术不能适合国际社会发展的需要。[②]同时,政府长期将"竞技武术进奥运"作为武术国际化推广的终极目标,导致武术的文化传播缺乏强而系统的武术国际推广组织结构,也就很难合理地调配有效的资源进行合理配置。也可以说,从供给侧结构性改革的角度,中国武术国际推广在政策、

---

① 习近平.决胜全面建成小康社会 夺取新时代中国特色社会主义伟大胜利[N].人民日报,2017-10-28(001).
② 杨建营.武术拳种的历史形成及体系化传承的研究[J].体育科学,2018,38(1):34.

人力、物力、财力等资源方面就会产生诸多不合理性,甚至出现投入错位,造成了中国武术国际推广的资源分配失衡。因此,优化中国武术国际推广体系的内部结构和合理安排推广重心布局,这才是保障武术能够持续产出有效供给的前提。所以,在战略层面需立足于现有条件,依据内在市场经济体制逻辑和体育体制改革实情,对资源分配失衡,推广组织的不合理从体制、政策制定、法规完善及市场体系健全等方面进行科学顶层设计,这是推进武术国际推广供给侧结构性改革既定目标实现的基础。

2. 内涵建设不够、武术品牌缺乏竞争力的情况迫切需要改进

需求侧改革,注重于需求拉动和资源投入,以至于武术国际推广的步伐过快,数据上的国际武术联合会吸纳的会员国呈井喷式增长,武术大步走进了世界五大洲,武术进入孔子学院的数量按照政策计划要求每年百分比式增长,以华人华侨为主体的在国外开展的各类武术俱乐部越来越多。这些看似繁华的数据表象其实都是停留在武术国际推广外延式发展的结果上,其内涵建设却没有实质性改变。如较之奥林匹克运动所倡导的"民主、自由、公正"理念基础上所提出的"更高、更快、更强"的自我超越精神的普世价值观,中国武术国际推广的理念纷繁复杂、观点不一,甚至不易理解。[1]中国武术所表现出的"抽象化""朦胧化"等特点,对于有着不同文化根源的人们而言不容易被理解和被接受。[2]散手作为自己的主流格斗技术,在世界顶级格斗赛事中也难觅散打的技术形式,武术在格斗技术方面明显落后于其他武道项目。[3]同时套路化的运动方式又过于复杂,与崇尚实用简洁的普遍价值需求的时代潮流形成反差,其核心竞争力与跆拳道、空手道、柔道、泰拳等世界其他武道项目有较大差距。具有独特的养生健身

---

[1] 丁旭,韦见凡.奥林匹克精神在我国传播的意义[J].体育文化导刊,2005(5):31-33.
[2] 孙鸿志,王岗.中国武术国际化传播的核心问题:理念的缺失[J].中国体育科技,2011,47(3):80-83+88.
[3] 白蓝.中泰武术文化比较及泰拳国际化的启示[J].体育学刊,2015,22(4):132-134.

第四章　供给侧改革背景下学校武术现状分析

功能的太极、健身气功等项目又受到印度瑜伽的猛烈冲击。武术比赛的观赏性、竞技性不强，难以吸引国外观众，影响武术运动的职业化推广。也就是说，中国武术的国际推广如果没有很好的研究推广体系、项目包装、技术品质等内涵式提升，那么，武术国际推广繁华的数据表象也就很容易理解了，这也是造成武术与国际主流市场的武道项目脱节，难以满足大众需求的重要原因。由于我国武术的国际化推广过于重视外延发展和规模效益，忽视了内涵建设，导致武术产品与国外同类武道产品相比总体水平不高，出现了技术含量偏低、产品单一、服务质量低、品牌效应不强等现象，再加之我国武术国际推广制度建设的不完善，监管制度的缺失，以致在国际同类市场上竞争力持续弱化。在中国国际地位提升和经济高速发展的新时期，这种外延扩张和内涵滞后的矛盾也越来越突出。对此，武术的国际化发展必须转变观念，认清目前制约武术国际推广的主要原因并不是有效需求不足，而是有效供给不良和无效供给过多。

3. 效益质量不够、高质量武术产品短缺的状况务必改善

由于在政府主导下的武术国际推广资金的主要来源是国家财政，武术在国际上推广得好与不好，都由政府埋单，并没有建立严格的质量评估体系。回顾武术的国际化推广，其推广的主要模式是"技术输出"，同时还采取"请进来"的战略方针，这对武术国际推广起到了很大的推动作用，但自武术的国际化实施以来，在过去的近40年间，时至今日在各类国际性武术比赛中，教练员绝大多数仍是中国人，这虽对各国武术技术水平的提高有着很大帮助，但作为一项国际性运动项目却没有很好地完成本土化的转型，这无疑大大影响了武术国际推广的效益。反观韩国的跆拳道、日本的空手道、泰国的泰拳却在世界各地非常好地完成了本土化转型，本土教练员执教占绝大多数，反映了它们在世界各地推广的效益非常高。[1]因中国武术段位制起步晚，在国际推广过程中

---

[1] 吕韶钧.全球化的武术要"走进"世界[N].中国体育报，2013-06-07（006）.

结构优化：供给侧改革视域下学校武术教育的发展探索

遇到许多问题,考评的系统性、科学性与国外相对成熟的跆拳道、空手道等武道项目的段位制比起来还有一定差距,没有一个严格等级考核标准,武术在国外推广的质量和认可度也就不可能同日而语。[①] 同时相关研究还指出,在国外传授武术的老师因没有资格认证和等级区分,在推广武术过程中以所传授拳种、流派内部的拳谱排名来决定其地位,更有甚者,有个别武术传播者在国外打着某某传人的旗号开馆授徒,师资方面出现的良莠不齐现象严重地损害了中国武术的声誉,导致中国武术在世界上的"公信力"受到质疑。[②] 因此,在国家大力倡导的武术国际化推广过程中对武术的输出质量、技术水平提高、培养质量提升、高素质教练员人才培养方面,究竟有多大实质性的贡献呢？ 这值得武术国际推广的管理者思考。武术的国际化也就成了借需求推动改革,只注重资源投入,但是资源的投入,如何使用？ 质量怎么样？ 效果如何？ 却很少有评价。也就是说就武术国际推广的实际情况,抛开政治上的因素,从短期行为来看,其推广的效益和质量都是很低的,武术所谓的"国际化"并未真正走向国际。因此对于武术国际推广的一系列产品,政府在资金支持、运营管理、监督政策、市场宏观调控等方面的职能不可或缺。如何发挥市场在该领域的决定性作用,提升武术国际推广产品的效益、质量势在必行。

4. 创新能力不够、难以适应多元化需求的情况亟待改变

供给侧结构性改革主要是通过不断的技术创新驱动来提升效率和水平,实现经济、社会的协调与可持续发展。武术作为中华民族传统文化的主要代表,是对外传承传统文化的重要"名片",在推动中国文化走出去的过程中应该起到推动或引领的作用。从需求侧改革看武术国际推广的现实状况,武术的国际推广在创新方面做得似乎不够好,这固然有外部环境的原因。但从推广武术的内因来看,由于武术在国际化进程中的文化的核心理

---

① 朱东明.江西省武术段位制发展的传播学分析[D].南昌：江西师范大学,2017.
② 张勇.中国武术研究（2010年·国际传播卷）[M].北京：人民体育出版社,2010.

第四章 供给侧改革背景下学校武术现状分析

念、文化的体现形式、体制机制结构、推广传播手段、技艺技术方法上并没有真正地进行科学化、精细化设计,呈现出一种粗放式发展模式,过度强调"竞技武术进奥运"的终极目标,抑制了武术在细节推广方面的创新动力。反观韩国跆拳道在技术、服装、品牌时尚化的创新能力上做到了极致;美国的拳击在职业推广的创新上做出了品牌;空手道、泰拳、柔道、巴西柔术等突出格斗特色,格斗技艺不断创新,成为格斗爱好者最为青睐的武技品牌。[1]即使是我们极力推广"入奥"的"竞技武术"所提倡的以满足观赏需求的"高、难、美、新"理念也陷入了大众对其"竞技欣赏"的能力不足的困境,以致武术比赛场地观众寥寥无几。[2]武术看似所能提供的产品很多,无论是格斗、表演、健身等武术都可以供给,但我们所提供的武术产品往往消费者不喜欢,或者说看似提供的产品很多,但没有特色和精品,出现同质化现象。"一位美国社会学家说:"全球化将世界的每一个国家都变成了一个车站,全球化的列车在这些车站中间不停穿梭,如想让乘客在你的车站下车,则你的车站必须要有足够吸引力和特色,这种吸引力和特色就是民族文化的独特性和差异性,如果民族文化都同一了,那么你的车站和别人的一样就没有吸引力可言。"[3]因此,武术作为中国文化的典型代表,在其国际化传播过程中必须改变格调单一、特色不明、千篇一律的现状,没有创新动力的武术产品,也就难以满足各国丰富多样的文化需求,也就导致了武术国际推广陷入了低效能的发展模式。从创新来看,武术存在研发投入水平不高、创新机制不完善,研发人才严重匮乏的现象。因此,面对世界各国丰富多样的文化需求,武术只有通过创新才能供给出更多的新技术、新产品、新服务以满足多样化的市场需求。

---

[1] 栗胜夫,栗晓文.全球价值链视域下的中华武术对外发展战略思考[J].体育科学,2011,31(3):13-21.
[2] 袁兰军,吴松.中国武术回归大众生活的思考:从"体育化"走向"艺术化"[J].成都体育学院学报,2011,37(11):37-40.
[3] 郑国华等.北京奥运会对中国文化产业的影响[J].天津体育学院学报,2006,21(5):397-400.

三、供给侧改革下我国武术传播与推广的策略

武术的国际推广改革和经济改革相似,同样可以分为需求侧改革和供给侧改革两种方式。但是,武术国际推广领域的供给侧结构性改革不能照搬经济领域模式,因为两者的区别是十分明显的。首先,目的不同。实现潜在经济增长是经济领域供给侧结构性改革的主要目的,而武术国际推广的供给侧结构性改革的目的则是更好地传播中国传统文化、丰富世界多元文化,促进人类健康。其次,性质不同。经济领域供给侧结构性改革追求的是经济增长的最大化,而武术国际推广的供给侧结构性改革追求的是高品质的服务。基于此,武术国际推广的供给侧结构性改革务必遵循其改革的目的和性质,才能为其正确的改革指明方向。

(一)以化解主要矛盾为指向,强化制度的优先供给

"当前经济与社会发展中总量问题与结构性问题并存,结构性问题更加突出,要用改革的办法推进结构调整。"[①] 也就是说,"优化结构"是"供给侧结构性改革"的重点,即利用什么样的社会资源配置来实现经济发展。按照格雷戈里的划分方法,经济制度结构包括决策组织、激励机制、调节机制等。[②] 要解决中国武术推广的制度结构问题,必须要建立起以制度创新为导向的改革激活机制。一是创新武术国际推广的治理模式。以激发武术的活力为出发点,制定类似《体育法》的相关法规,重构政府和市场关系,明晰政府、国际武联等武术决策组织和市场的新型关系,通过制定政府权利清单、国际武联和中国武协责任清单、市场负面清单等划定各方权责。二是创新武术推广人员的管理制度。成立专门的武术国际推广从业人员培训中心,为相关从业人员创造好

---

① 蓝庆新,姜峰.新常态下供给侧结构性改革理论解析[J].上海经济研究,2017(2):17-23.
② 李翀.论供给侧改革的理论依据和政策选择[J].经济社会体制比较,2016(1):9-18.

第四章 供给侧改革背景下学校武术现状分析

的发展途径与制度保障,建立激励机制,确保待遇,从制度上确保相关从业人员"以武为乐,以武为业,以武为荣,成就大业"。三是创新资源配置机制。要在武术国际推广的负面清单中明确国家形象底线,以及当地国家"非准不入"的领域或者事项,其余则放开,让市场调节机制充分参与,提供多层次、多样化、多形态的武术产品。要实现这些目标,政府一定要解放思想,坚持以化解主要矛盾为指向,强化制度的优先供给,为武术国际化发展提供制度活力。

(二)以遵循发展规律为准绳,推动内涵的稳步提升

一般来说,变化是事物发展的客观规律,事物的整体发展也是在不平衡的环境中实现的。[①] 短板与长板、弱项与强项,都是可以相互转化的,但这一过程,必须尊重客观规律,葆有"时间耐心",切忌政绩冲动、搞短期行为、急功近利。武术国际化推广的规律应该包括制度规律、管理规律、推广规律、传播规律、技术规律、人才成长规律、教育教学规律和事业发展规律等。武术国际推广的供给侧结构性改革就是要让武术供给遵循其特定的发展规律,按照武术自身的发展逻辑来供给武术的一系列产品。要真正将其落到实处,关键是要健全以遵循市场推广规律为导向的武术国际推广管理机制。首先,要健全武术国际化的标准推广体系,将武术国际化传播规律外化成具体的行业标准体系,这个标准体系至少包括:建立推广从业人员的成长标准,通过制定各类培养目标的基本标准,确保人才培养达到基本要求;建立教练员专业标准,通过制定教练员的基本标准,确保具备专业水准;建立国外推广的段位制标准,完善考评标准与考评机制体系,制定一套因人而异的考核标准,提高学员练习的积极性。其次,健全各标准的修订机制。由于经济、社会和人的需求是不断发展变化的,对武术国际推广的各类标准也要进行完善,确保与时俱进。最后,

---

[①] 许海兵.准确识变 科学应变 主动求变[N].中国纪检监察报,2018-11-15(008).

结构优化：供给侧改革视域下学校武术教育的发展探索

建立武术技术标准体系，确保每一个国家、每一个地区武术文化内涵、技术动作要达到基本标准，使武术国际推广的国家形象底线得到保障。通过一系列标准体系的建立，揭开武术国际推广的内涵。

（三）以技术创新发展为核心，促进效益质量的提升

创新是经济发展的动力，技术进步是经济增长的源泉。[①]大众化是推动武术可持续发展的活水、源头，但竞技武术过度追求难度技术，同时又偏离了武术的技击核心，导致竞技武术将脱离大众成为空中楼阁，而传统武术的纷繁复杂又让大家望而却步，因而无论是竞技武术还是传统武术在大众推广方面困难重重。[②]传统武术的国际化发展道路绝不能随从于竞技武术的技术体系，过度追求套路的高难度与艺术性。武术国际推广的大众化的技术路线应该走以"简单化"为原则的路线。首先，要创新推广的技术体系。推广体系方面，制定新的发展战略，改进竞赛规则、裁判方法和经营管理；技术体系方面，基本功、套路、体能、专项辅助训练、功力功法、实战等技术的重新创编整理，推广简单、易学、易练的武术，适合大众需求。其次，文化理念创新包装。坚持创新与传承兼顾原则，对武技、武礼、武德进行传统与现代文化的有机融合，创新具有适应共同价值观、共同文化理念的文化传播体系，重视武术的文化特性，保持武术技术创新与文化传承同步。再次，创新训练程序。武术在长期流传过程中形成了由功法入手，进阶套路，过渡实用的基本程序。[③]但这种训练程序过于繁杂，以至于短时间难出成果，效率不高，不太适合武术在国际上的推广。因此，武术训练程序的创新可从传统武术的训练中挖掘整理，将

---

① 李翀.论供给侧改革的理论依据和政策选择[J].经济社会体制比较，2016（1）：9-18.
② 李成银，林志刚，李宁.传统武术发展应坚持三个方向[J].体育文化导刊，2007（5）：60-62.
③ 武冬.传统武术评价、整合和推广发展战略研究[J].北京体育大学学报，2008（8）：1051-1054.

别具一格的功法技术、练功器械进行现代化改良,形成特色鲜明的训练程序。最后,兼容并包的创新思想。借鉴、吸收其他武技有益的成分,坚持不断地推动体系、制度、技术、品牌完善,才能不断缩小与世界高水平武技的差距,并尽快接轨,加速武术国际技术、品牌等创新。相信当武术自身有源源不断的创新能力时,其国际推广的效益和质量就会迅速提升,武术在世界各国的认可与普及也就指日可待。

四、供给侧改革下我国武术传播与推广对我国学校场域内发展武术的启示

我们知道,现如今的中华武术已不仅仅只是一种技击术,随着时代变迁,人们对武术的需求也呈现出多元化倾向,历史的发展也证实了这一点。这也就出现了中华武术文化的绚丽多彩的一面,武术的价值功能不断丰富与衍化,武术内容形式不断变化与创新,逐渐发展为具有健身、防身、竞技、教育、修身、养性、娱乐、表演等多重价值功能的现代体育运动项目。上面我们已经分析到,武术的推广在资源分配、推广组织结构、武术内涵建设不够、武术品牌缺乏竞争力、武术推广的效益质量不够、高质量武术产品短缺,还有武术的创新能力不够,难以适应多元化需求等,其实这些短板也直接反映武术在我国学校场域内的推广上。武术所具有丰富的价值内涵和多样的表现形式并未在学校中真正体现,武术推广与经济改革相似,因此通过供给侧改革可为武术的推广提供很好的思路,学校武术的推广虽与整个武术的推广有所区别,但是作为武术推广的下位概念,武术的推广成功与否,学校武术的开展可以说起到了决定性作用。因为,学校是普及知识、传播文明,有计划、有组织地对人实施教育的专门场所,因此,武术只有在学校中得以广泛开展,并使学生真正参与进去,武术才能真正得以发展,中华民族尚武精神才能真正得以弘扬。那么,武术在学校教育场域中的传播,也要弥补武术推广中的短板问

结构优化：供给侧改革视域下学校武术教育的发展探索

题,在武术的传播与传承方面,一定要改变只是少数学生、少数学校学习与开展的局面。因此就要破除武术的体育化、竞技化所带来的在现有学校教育场域内所呈现的单一化武术供给样态,也就说前面分析的千百年来所形成的多样形式、多样形态、多样功能的武术在学校场域中并未真正地体现出来。而现有的学校武术教育供给形态仅仅是简化的竞技武术套路形态,在竞技武术规则的标准下,本来风格各异的武术逐渐失去了差异,趋于同一,被整合成千篇一律的"中国式体操"。由此,武术在学校中开展得不好,甚至"名存实亡"的局面也就不难理解了。

因此,供给侧改革给学校武术推广的策略启示就是一定要从武术自身逻辑来推广武术,摒弃依附于竞技体育之下的单一化途径。利用供给侧改革的大环境,从学校武术教育主管部门的顶层设计,优化学校武术的制度结构、内容结构、课程结构、师资结构、竞赛结构等,要在现代社会场域之下赋予武术新的时代特征,留下时代烙印,进而使学校武术教育体现出这种武术价值功能的不断丰富与衍化,要使学校教育中的武术内容形式不断变化与创新来提升学校武术自身内涵,吸引学生参与,以此来扩大武术在学校的影响力与传播力,进而扩展学校武术教育的生存空间。

第五章　学校武术教育课程体系结构优化探索

　　武术作为中华民族的重要文化符号,武术的传承一直备受教育界关注,那么在学校场域内传承武术,首先要解决的就是武术课程体系的设置问题。因为,在武术教学中,课程体系设置得是否合理将直接影响到武术教学的质量和效果,质量与效果的如何又决定了武术的传承和是否能承担更好地传承中华民族文化之重任。因此,作为学校教育管理部门,要认识到武术教育在整个学校教育体系中的重要地位,或其他体育项目的不可替代性。因此,只有根据实际情况做好武术课程的设置,以供给侧改革为引领,加强学校武术系统中各项课程的建设与发展,以质量和内涵提升为目标,以"学生需求"为核心,才能吸引更多的学生投入武术学习与锻炼中,从而更好地传播、弘扬与发展我国的武术文化。

第一节　学校武术课程结构设置及发展探索

　　当前,我国学校武术课程的建设与发展还存在一定的问题,其中很多学校在课程结构方面大都存在不合理的情况,这是非常重要的一方面。学校教育相关部门一定要认识到这一点,结合我国学校教育的具体实际合理设置武术课程,为师生的武术教学活动提供各方面的帮助。

一、学校武术课程结构设置情况探讨

（一）武术课程设置的现状分析

为了解决学校武术教育发展中的相关问题，我们实地调研了吉林、沈阳、天津、北京、上海等地区的大中小学校，通过调研了解到学校武术教育在各大中小学校开展的状况确实令人担忧，与诸多研究所表述的"名存实亡"处境没有太多差别。

由于本人长期在高校工作，而且对高校系统武术教育接触的比较多，下面主要以吉林省高校武术课程设置为例来大致了解我国学校武术课程的设置情况，以便从多方面分析我国武术课程设置存在的问题，找出制约我国学校武术课程设置发展的因素，从而采取有针对性的措施加以解决。

1. 高校武术课程设置的基本情况

据调查，与中小学相比，高校武术开展的状况要好很多，在高校系统内能够将武术放在与竞技体育，如田径、球类运动等同等重要地位。为了便于研究，本课题在实践教学的基础上也搜集了大量关于武术课程设置的相关研究，对吉林省25所公办本科高校武术教师做了一定的问卷调查，得出了武术课程设置情况（表5-1）。

表5-1 吉林省高校武术课程设置情况调查表

	必修	选修	总数
高校数（所）	3	22	25
百分比（%）	12	88	100

调查发现，在25所高校中都开设了武术课，说明吉林省各高校都比较重视武术课的教学，这也符合我国高校体育课教学大纲的规定。从大一开始就开设有武术选修课，部分学校将太极拳设为必修课，如北华大学、长春中医药大学、吉林化工学院等。但是，

第五章 学校武术教育课程体系结构优化探索

受客观因素的影响,每一所学校的武术课时分配存在着一定的差异,并不是每所学校强制要求学生上武术课,可以说吉林省大部分高校的武术课程是选择性的必修课。也就是在大学一年级阶段,足球、篮球、健美操、武术等都是选择性必修课程,学生可以依据自己的爱好自由选择,与足球、篮球、健美操相比,大部分学生对武术的了解不够深入,也没有一定的武术基础,因此选择武术课的学生不是很多。而选择武术课的多为被动选择,如吉林化工学院,因为学生要在开设的诸多项目中必须选择一项,很多学生会因为诸如网速慢、没有别人选得早等原因,错失了选择喜欢的项目,最后只剩下武术(套路类)项目,为了拿学分也就不得不选,不得不上这门课,因为体育是必修,学生还要体育分来拿奖学金。

据调查,现如今吉林省高校常见的武术课程主要有初级长拳、太极剑、24式太极拳、散打等几种,其他具有地域代表性的武术课程很少。总体来看,武术课程在高校开设情况还是比较好的,吉林省各高校对武术教育重要性的认识还是比较高的。

2. 高校学生对武术课程的选修情况

前面我们已经通过调研了解到,吉林省高校的武术开展情况还是令人满意的,应该说基本上都开设了武术课。从相关的资料搜集也证实了这一点。如李君华在其论文中阐述,当前,我国大部分高校都开设有武术课程,尽管武术课受到一部分武术爱好者的喜爱,但很多学生对武术课程的态度并不是很好,这在一定程度上制约着学校武术教育的发展。[1] 本研究也对吉林化工学院的学生选修武术的情况做了调查,调查结果见表5-2。

表5-2 选修过武术课情况调查

	未填	是	否	总人数
人数(人)	21	186	468	675
百分比(%)	3.1	27.6	69.3	100

---

[1] 李君华. 北京普通高校大学生武术课程设置现状研究 [D]. 北京:北京体育大学,2006.

在我国高校中，武术课程主要分为必修课和选修课两种，这种课程设置形式有利于学生自主性的发挥，学生可以根据自己的情况选择，体现了"以人为本"的教学理念，这能有效激发学生学习的积极能动性，但同时我们又发现，部分高校虽然名义上是选修课与必修课同时开设，但其实并不是真正意义上的选修课。以吉林化工学院为例，虽然是选项课，但是由于各科目设置了班级数也设置了人数要求，一旦选不上喜欢的课，那么为了拿体育的必修成绩，也不得不被迫选择自己不喜欢的课。也就是说这不是严格意义上的选修课，并未充分体现出以人为本的理念。由于国家教学大纲的要求，被调查的高校中全部开设了武术课，由此可见，高校对于武术课程的设置还是非常重视的。从表5-2中的数据调查显示，675名参与调查的学生中，只有27.6%的人选修过武术课，69.3%的人没有选修过武术课，可见选修武术课的学生不是多数，由此可见，即使在国家教育部门的规定下，武术课的开展也并不是很好，武术课程结构的设置还需进一步优化。

那么，究竟有多少学生是真正喜欢武术并参与课程学习呢？关于这个问题，本研究在笔者所教的2018—2019学年2018级大一4个武术选项班120名学生中进行了对武术套路学习（吉林化工学院武术套路开设了三路长拳、初级刀、太极剑、太极拳、八段锦、马王堆导引术等）态度的具体调查，结果见表5-3。

表5-3 对选修武术课程（套路类项目）学生的态度调查

	无所谓	不喜欢	喜欢	总人数
人数（人）	81	15	24	120
百分比（%）	67.5	12.5	20	100

通过表5-3的调查可以发现，在武术类课程中，喜欢武术套路课的有24人，只占总人数的20%，也就是说大部分的学生对武术套路的课程是不太喜欢的，至少说明武术套路课并未真正吸引他们。但在实际的调研中作者也发现，虽然学生不太喜欢武术课，但是在老师充满激情的武术课堂氛围中也是有很大收获的。但

第五章 学校武术教育课程体系结构优化探索

这仅仅是个案,不具备代表性,因为笔者本人是专业武术出身,同时专注于武术课的教学与科研,在教学中有笔者一套独特的调动学生学习兴趣的方法,即使是这样学生们也只是对我的课堂比较感兴趣,而对于武术套路他们本质上是不喜欢的,因为学生们认为我们所教的武术套路三路长拳和太极剑的课程,与他们印象中的武术差别太大,但为了完成教学任务,只能按照教学计划与进度进行,所以学生想要的那种使他们能够厉害的武功并不能予以传授。学生通过一学期的武术套路课程学习并未使他们真正喜欢上武术课程,具体调查结果见表5-4。

表5-4 武术课程的再选择态度调查

	下学期继续选择武术	下学期不选择武术	下学期再看看	总人数
人数(人)	12	61	47	120
百分比(%)	10	50.8	39.2	100

从表5-4中,我们可以清楚地了解到,即使是在武术教师具备一定专业能力和教学水平的情况下,学生对武术套路的再选择的态度依然很低,只有10%的比例,其中有50.8%的学生明确表示不会再选择武术套路。这是不是意味着武术课真的"名存实亡"了呢?其实不然,这一调查结果是在期末最后一堂课的理论课中,以深入访谈或者说深入沟通的情况下得出的。其实学生对武术还是充满期待的,他们也知道武术的文化价值,更知道武术是中华民族的文化瑰宝,也了解到武术课与其他体育课的不同,但真正影响他们不选择武术课的不是武术本身,而是我们提供的武术课程出现了严重问题,因为学生喜欢的技击对抗或者说喜欢的具有互动性的武术,我们现有的武术课堂并未提供。笔者也教武术散打和跆拳道,像武术套路课这种学生几乎整体性选择失语的情况并未出现。当笔者在传授武术散打与跆拳道技术动作时,首先从笔者个人多年的教学经验与考试状况来看,武术散打与跆拳道的教学成果与效果明显要高于武术套路。首先,学习武术散打与跆拳道的学生单个动作掌握得快,教学效果好。其次,学生

学完了,只要简单的战术教学,学生就可以互动起来了,尤其是单个动作学完之后的脚靶、护具对练,学生兴趣度很高。最后,只要稍加调动,学生就可以进行简单的实战了。

当然这只是笔者的教学实践的调查,是否与整个武术教学状况的开展一致,还需进一步调研与实证。同时,我们还发现,学生在最开始选择武术项目时,分不清武术套路和武术散打,认为它们是两个不同的概念,认为武术就是套路,散打就是散打。甚至更有学生将跆拳道也归为武术,而且持这种观点和片面认识的学生还占据着不小的分量,这说明武术的宣传不到位,导致相当一部分学生没有深刻认识到武术的内涵,这对于我国学校武术教育的发展将产生不利的影响。因此,加强武术课程结构设置的合理性和武术文化传播要同步进行。

3. 高校武术课时所占的比重

近些年来,在实现中华民族伟大复兴的中国梦背景下,弘扬民族文化与提升民族自信方面,在国家层面得到高度重视。尤其是国家有力推进了民族文化进校园等一系列重要举措,促使我国各教育主管部门高度重视起学校武术这一弱势民族项目。当前我国高校武术开展得并不好。这其中固然跟课程设置结构有很大关系,但课时量的多寡也在一定程度上影响了教学质量和学生对武术的进一步了解。由于各个学校之间师资力量以及学校自身传统特色都有一定的差异性,受此影响和制约,武术课程在学校体育课中所占的比重也是不同的,通过对这一方面的调查和分析,得出了高校大学生所上体育课课时与武术课课时的对比。

根据国家规定,高校课程的一个学时为45分钟,一节课为2学时,9节课即18个学时。一般情况下,一周安排一节体育课2学时,也就是36学时18节课为18周(1学期),以此类推。也就是说,我国各高校的武术课时相对较少,国家教学大纲规定武术课时不少于36学时,但实际上在36学时内,学生不可能完全熟练地掌握武术各项技术,主要有两个方面的原因:一是武术技术

第五章 学校武术教育课程体系结构优化探索

复杂,对习练者的要求较高;二是学生武术基础较差,课时间隔时间过长不利于巩固记忆,难以获得理想的学习效果。同时我们还应了解,即使是36学时也很难保证课时的完整,因为现在学校体育场馆非常有限,而且相当一部分学校没有专用的武术场馆,学生都是在风雨操场中习练武术,遇到恶劣天气情况,课时也就耽搁了。还有就是考试和理论课还要用掉4个学时,也就是说即使安排18周36学时,但最终能真正落实到课堂的有效学时可想而知。鉴于此,学校相关部门要根据学生的兴趣和具体实际合理设置武术课程,在课程内容、授课时间、教学形式等方面都做出具体、合理的说明和要求,以充分满足学生学习的需要,尤其是要降低学习难度,将不适宜或者不利于推广的初级武术套路继续精练,要让学生在36学时以内有收获,有感触,这样才能进一步提高学校武术教育水平。

4.对学生选修不同武术课程项目的调查

在体育教学中,学生是教学活动的主体,学生接受知识的水平如何将直接影响到课程质量的好坏。武术课程的设置要建立在学生特点、兴趣、运动能力和学校具体实际基础之上,要能促进学生的身心健康发展,而不是培养专业的武术运动员,因此在武术课程设置的过程中,必须要遵循一定的规律和原则,课程设置尽量从简,简单易学,这样能有效激发学生学习的兴趣。笔者根据吉林化工学院武术课程设置进一步了解学生选择武术项目的大致情况,这个调查也是在学期末的18级120名武术套路专项班理论课程进行的调查,设置的问题是"如果下学期还是选择武术,你们会选择哪个项目",以通过这样的问题设置及调查来探寻未来我们的武术课程设置如何改进。具体调查结果见表5-5。

表5-5 吉林化工学院学生选择武术课程项目调查表

课程名称	选择人数(人)	百分比(%)
太极拳	9	7.5
太极剑	6	5

续表

课程名称	选择人数(人)	百分比(%)
散打	73	77.5
初级拳	12	10
养生功	0	0
合 计	120	100

通过调查可以发现,学生对武术套路类项目并不太接受,尤其是养生功这个课程,很多同学认为这个课根本不适合大学生,他们认为这是老年人的项目。这里选择性最高的项目是散打,这又一次证明了前面的分析,现今的大学生对武术的喜欢普遍来自对格斗的认同。因此,武术课程设置中技击格斗类项目要予以扩充或者说武术套路类项目必须融入格斗,将套路学习难度降低,重新革新武术套路类课程供给方式。

5. 武术项目设置对课程的影响

经过长期的发展,武术项目内容越来越丰富,这就为学生选择武术学习内容提供了广阔的空间。由于各个高校选择的武术项目不同,因而武术课程的安排呈现出一定的差异性,这样会对学生学习武术的兴趣产生一定影响。正如上面分析的,吉林化工学院学习武术散打的兴趣明显高于武术套路,学习武术套路的又明显高于养生功。由此可见,学生上课的兴趣主要取决于学校如何开设课程,开设什么样的武术项目。吉林省高校开设的武术课程情况见表5-6。

表5-6 吉林省高校主要开设的武术课程统计

课程名称	课程设置
太极拳	必修或选修
初级拳	必修
散打	选修
太极剑	选修
棍术	选修

第五章　学校武术教育课程体系结构优化探索

续表

课程名称	课程设置
双节棍	选修
太极扇	选修

高校设置的武术课程中,主要包括太极拳、初级拳、散打、棍术、太极剑、太极扇、双节棍等。除了专业体育院校或具有武术高水平招生的大学,如东北师范大学、吉林体育学院、长春中医药大学等会涉及其他拳种武术课程外,普通学校共同课的内容基本大致相同,而这对于一些有特殊需求的学生就造成了一定的影响,对于这部分有特殊需求或有特殊专长的学生也就难以激起学习兴趣,不利于武术的推广与教学质量的提高。因此,为更好地促进学校武术课程的发展,各学校应结合具体的实际,增设能激发学生学习兴趣的项目,舍弃不利于教学又难以引起学生学习兴趣的项目。

（二）高校武术课程设置的问题分析

综上所述,我国高校武术教学课程设置还存在各种各样的问题,在一定程度上制约着我国武术教学的进一步发展,因此加强学校武术课程设置的改革就显得尤为重要。具体而言,我国学校武术课程设置主要凸显出以下问题。

1.没有充分体现出武术的精髓

大部分学生对武术是什么的概念相当模糊,对武术的了解也仅是从电影、小说中得来。在对武术文化的认识上存在一个误区,如有一种倾向认为:武术技能动作是武术的精髓、武术就是要能打的、武术很厉害有很多神功等。其实我们知道,这些并不能代表武术,而且有很多认识从本质上是对武术的一种曲解。因为,武术运动本身所彰显出的精神文化内涵、对人的精神修炼与身体修为才是武术运动的精髓。因此,在学校武术课程设置的过程中,不仅要重视武术技能和身体素质等的培养,还要将武术文化内涵和尚武精神放在明显的位置,因为没有中华之精神文化内涵的武术就不是真正意义上的武术,也就无法体现中华武术的真谛。

2. 教学方法的灵活性和多样性较为欠缺

武术教学质量的提高需要建立在一定的教学方法基础之上,当前在武术教学中,教学方法方面还存在一定的问题,突出表现在教学手段单一、教学方法较为落后、难以引起学生学习的兴趣等方面。另外,理论与实践的结合度不高,在这样的形势下,也就很难激发学生的武术学习动力,更难以真正传播武术技能,这样也就很难从身体运动中规训学生的精神文化内涵,那么传承中华文化之精髓也就无从谈起,最终将不利于学生综合素质的发展。鉴于此,武术教师必须要结合学生的特点与武术项目特点来实事求是的设计科学、合理的教学方法、教学手段,真正以自身的教学魅力进一步提升学生的武术满意度,最终促进武术教学质量的提高。

3. 武术课程的教学模式存在缺陷

当前,我国学校武术教学中,太极拳、散打、长拳等都是比较重要的武术课程,虽然其学时能得到基本的保障,但课程教学模式设置仍然存在一定的缺陷,严重影响到学校武术课程的开展。造成当前这一现状的原因有很多,突出体现在以下几个方面。

(1)教材专业性和实用性较为欠缺。经过一段时间的发展,武术教材的内容越来越丰富,这在一定程度上满足了学生的学习需求。但专门研究武术的教材或专著较少,并且绝大多数教材都不具备实用性。《大学体育与健康基础教程》《体育与健康理论教程》都是与武术课程理论设置较为客观的教学模式,但是,这两本教材也不是万能的,并不算是真正意义上的武术类教材,因此在今后改革的过程中需要加强武术教材的研究与改革。

(2)教师的专业水平较低。据调查发现,我国绝大多数学校的武术教师几乎来自体育院校,但并非是武术专业出身。这些武术教师具备一定的理论与技能素质,但专业性不够强,而武术又是一项技术含量较高的运动项目,因此,武术教师的专业素质与武术教学质量之间就存在着一定的矛盾。要想进一步提高武术教学的质量,保证武术教育水平的提高,武术教师必须要加强自身的培养和培训,进一步提升自身的专业水平,这样才能引领学生向着更高层次方向发展。

（3）教学目的不够明确。开展学校武术教学的主要目的在于增强学生素质,培养学生崇武尚德精神,提高学生武术技能。但是目前来看,我国各高校距离这个目标还存在一定的差距。我国大多数学校都将完成教学任务作为武术教学的目的,在教学课上只注重机械动作的习练,而忽略了学生武术精神、情意表达等方面素质的培养,这对于学生综合素质的提高是非常不利的。

4.配套设施还有待进一步完善

目前,我国绝大部分学校都开设了武术课程,但在具体的教学实施中还存在不少问题。武术仅仅被看作一门简单的体育课程,很多学校都没有独立的武术教学场地,武术课场地与其他体育场地共用,武术教学课的配套设施很不完善,这严重制约和影响着学校武术教学质量的提高。目前,这种状况在短时间内不会得到改善,但是,为了更好地促进武术教学的发展,应该从长计议,尽可能缓解这一现象。

二、学校武术课程设置的评价

（一）收集和整理武术课程设置评价的资料

1.收集武术课程设置评价资料

武术课程设置的评价也是武术教学活动的重要组成部分,通过这一方面的评价与反馈,能帮助武术教师很好地了解武术课程设置是否合理和有效,能否有利于学生学习。

在评价武术课程设置之前,首先要从各方面收集评价的资料,然后对收集到的资料进行归纳、分析与总结。一般情况下,收集评价资料的过程为根据评价方案进行试教,在试教的同时做好密切的观察。具体步骤如下所述。

(1)向被试者说明须知。在收集资料之前,收集者首先要大体了解被试者的武术课程教学设计方案,了解的内容主要包括试用目的、试用程序与时间、被试者活动与注意事项、主要收集哪方面的资料等。

(2)试行与观察。

①试行武术课程教学。试行是指具有实验性质的武术课程教学,这一教学方式比较接近于正常的教学过程,往往能取得理想的教学效果,因此值得推广。在试行教学的过程中,要尊重客观现实,不要以人为设置来取代,否则就难以创造逼真的教学情境,不利于预期目标的实现。

②观察武术课程教学。观察也是武术课教学的一个重要步骤,观察者在进行观察的过程中要做好详细的记录,以供日后进行分析。记录的内容应包括以下部分。

第一,武术课程教学的时间。

第二,武术课堂教学的方式。

第三,学生武术课堂学习中的大体表现。

第四,教师处理学生问题的方式。

第五,学生武术课堂中的情意表现。

第六,学生掌握武术知识与技能情况。

(3)后置测试和问卷调查。在执行以上步骤后,还要进行一定的测试与问卷调查工作。在开展这一方面的工作时,主要收集学生学习结果相关方面的资料,问卷调查涉及教学过程的各个方面。

2. 整理武术课程设置评价资料

在收集到必要的材料后,还要进行细致的归纳、整理与分析,从而得出相应的评价结果。为了保证评价结果的准确性和可靠

第五章 学校武术教育课程体系结构优化探索

性,要掌握一定的归纳与总结的方法,学会分清资料的价值大小,要找准事物的主要矛盾,做出准确的分析与判断。

在进行资料分析时,分析的内容主要包括:对比各种资料,分析其相互关系;科学解释相关问题;将分析结果与专家学者的评价结果综合起来进行研究,然后根据相应的反馈修改原有方案。

(二)武术课程设置评价方案的制订

《国家基础教育课程改革纲要(试行)》指出,要"建立促进学生全面发展的评价体系。评价不仅要关注学生的学业成绩,而且要发现和发展学生多方面的潜能,了解学生发展需求,帮助学生认识自我,建立信心。要发挥评价的教育功能,促进学生在原有水平上的发展"。基于国家对评价理念的界定,在学校武术供给侧改革的过程中,我们绝不能忽略教学评价这个过程,这也是基于供给侧理论中提高质量与内涵重要理念的有效手段。因此在学校武术教育的发展过程与实践教学中,要时刻关注武术教学评价这一环节。基于《国家基础教育课程改革纲要(试行)》对教学评价的界定,也为了发挥评价的教育功能,我们可以将教学评价的对象界定为:武术教师、学生、教学内容、教学手段、教学模式、教学过程、教学组织与管理等方面。在具体的评价过程中,要对以上方面进行综合性的分析与判断,然后得出相应的结论。

一般来说,武术课程方案的评价主要包括过程评价与结果评价两个方面。在开展评价活动时,武术教师要根据实际情况改进评价方法与手段,制订出科学、合理的评价方案。

1. 资料类型的确定

在对学生进行测试,观察学生学习情况,了解学生的一切发展状态时,需要应用多种评价工具,综合利用各种评价工具,能保证收集到准确而可靠的信息,从而为评价方案的制订奠定良好的基础。

2. 制定评价标准

在收集必要的资料和信息后,还要针对这些信息制定相应的标准。在制定标准的过程中,还要分清主次,统筹兼顾,综合分析各方面的因素,进行深入细致的研究与分析,然后制定一个相对客观和合理的评价标准。总的来看,武术课程设置的评价标准主要包括以下几个方面。

(1)教学目标:教学目标要合理和具体,要突出武术的文化特色,要与一般的体育项目教学目标有一定区别,其中如何在教学中体现民族文化和民族精神是重要方面。

(2)教学内容:武术内容要符合学生实际,各年龄阶段有各年龄阶段的不同爱好,要在充分调研的基础上,以满足学生最合理的关切点,将学生不喜欢的内容予以精减或重新设定,保证教学内容的合理安排。

(3)教学方法:俗话说"教学有法而无定法",武术教师首先要对武术有自身的认知,要将武术的文化与精神内化于心,用武术人独特的尚武精神之魅力来感染学生;其次,要有能够随时调动学生积极性的肢体语言和人格魅力,以此有效激发学生学习的积极性;最后,教学方法要体现出互动性,不要以"模仿—示范—练习"的枯燥手段一直贯穿于课堂之中,这样很难提高学生学习的兴趣,要在最基本的方法之上有延伸,有拔高,即使最基本的"模仿—示范—练习"教学法,也可以在实施过程中运用语言、肢体的表现将教师与学生互动起来,使之产生一种"学生开心的模仿—教师优雅的示范—学生自发的练习"的提升。因此,武术教师平时上课要勤于思考,形成自己独特的上课表现形式和教学方法,武术教学不可人云亦云。

(4)教学活动:武术教学要体现多形式、多元化的基本要求。因为我们前文已经分析过,新时期学生不再满足于苦学苦练,他们更希望在学习中有体验感、有获得感。因此,武术教学活动除了要保质保量地实现课堂教学之外,还要延伸到校园武术俱乐部、校园武术队、校园武术文化节、校园武术比赛，甚至参观、游学知名的武术基地、武术博物馆、武术高等专业院校等，以此通过灵活多样的教学活动促进学生全面素质的提高。

（5）教学媒体：选择适当、有效的教学媒体。随着"互联网+"的兴起，原有的社会结构正受到冲击，工业革命以来所建立的教育体系已不适应时代发展，依靠标准化体系来批量生产人才的模式难以为继，社会转型必然会对教育发展提出新的要求。因此，学校武术教学媒体，"互联网+"可提供新支持。时下极为盛行的基于智能APP运动软件就打破了人们参与运动的思维习惯。通过云、网、端一体化的智能技术与设施，利用互联网的全覆盖特点，各类运动信息、运动知识的获取无处不在，使运动变得不再拘泥于传统的死板模式，使以往人们认为简单枯燥的体育运动通过"智能软件"的链接将运动变得如此时尚、欢快，使人们体验到别具一格的运动狂欢之感。因此，学校武术的教学媒体选择可以借鉴。

（6）教学过程设计：学校武术的教学过程设计受教材、学时、教师、场地等诸多因素影响，但我们通过前文的分析已经了解，一定要遵循"以学生为本"的核心，在教学过程设计中一定要符合学生的身心特点、学习规律和学习需求，脱离了学生、偏离了基本需求，再高级、再花式的课程设计都无法真正吸引学生参与武术，而这种高级与花式只能一时吸引学生眼球，这不利于武术教师组织与开展武术教学活动。

（7）教学效果：基于供给侧改革理念，我们对学校武术教学效果的界定也要有清醒的认识。现有的教学效果评价多基于政绩的考虑，一项武术比赛、武术表演甚至运动会中大型团体操的宏伟壮观场面，教育主管部门的领导就认为学校武术开展的好了，其实不然，有一些活动是强制学生参与的，是通过一些行政手段予以干预的，其实学生参与这些活动也是被迫的，他们并不真正喜欢这种形式，可能还会适得其反，让那些有想学武术的同学，再也不愿意接触武术了，这也与武术推广与实现武术在校园弘扬的目标相背离。同时,教学效果的文件式评比,更是会影响教师武术教学的积极性,如果只是几个领导,或者不相关领域的专家基于材料的评比,得出教学效果显然是不恰当的。因此,形式化的教学效果评价要予以避免,教学效果评价一定要以事实为标准,走进课堂,走进学生,以事实的调查作为教学评价结果的重要依据。

3. 选择适宜的被试对象

一般来说,在设置武术课程的教学评价方案时,要把握武术课程的特殊性,不能随便将参与活动的师生设为被试人员。在选择被试对象时,要有一定的针对性,不能"眉毛胡子一把抓",所有人都测试或没有经过思考的盲目性选择测试对象,这也不符合科学实验的原则。因此,要选择适宜的测试评价对象,在武术课程形成性评价中,要选择具有代表性的实验对象,而不是随机选择。在选择的过程中还要注意不同层次、不同年级学生的选择,另外选择的被试人员还要有一定的语言表达能力。

4. 教师阐明试用教学方案的背景条件

在制订武术课程评价方案的过程中,武术教师首先要明确试用教学方案的背景条件,这样才能做到心中有数,最主要的是要注意以下两个方面。

(1)向被试者说明前提条件。向被试者阐述说明必要的前提条件,其内容包括:试用课程教学设计方案的具体条件;课程设计方案有哪些优势;课程设计方案受到何种条件限制等。

(2)阐述说明课程设计方案的试用过程。在进行武术课程教学方案设计的过程中,教师还要对整个试用过程进行详细的阐述和说明。例如,试用武术课程的方式是什么;试用教学方案包括哪些环节;师生在试用武术课程中应注意事项等。

5. 评价方法的选择

在武术课程设置评价方案的设计中,评价方法的选择非常重

第五章 学校武术教育课程体系结构优化探索

要,评价方法的选择合理与否将对评价方案产生至关重要的影响。通常情况下,主要有以下几种评价方法可供选择。

(1)测试。测试法是指通过运用相应的器材,制定相应的试题和项目要求,对学生学习状况进行测量的一个系统程序。这一方法广泛适用于武术课程评价方案的设计中,有着非常广的适用范围,在学生平时的达标考试、模拟考试中也经常使用。如笔者在吉林化工学院武术教学课中就将学生每学期的课程感想与表述作为理论试题予以考查,同时辅以教学大纲中的武术考核方案进行综合性测试评价。

(2)调查。一般来说,调查法主要包括问卷法和访谈法两种。相对于访谈法,问卷法更为容易操作。在利用问卷法展开调查时,首先要以书面形式向学生提出各种设计好的问题,然后从中获取有效信息。访谈法主要是通过高超的谈话和沟通技巧,以面对面的形式或座谈的形式来直接获取信息资料的方法,这一方法对访谈者的综合要求较高,所取得的效果受访谈者的能力影响较大。笔者在教学中就广泛实施了这一方法,实施的方法就是课程中、课程后包括考试环节都可以对学生进行调查,尤其是随时可以进行,在课前早到一会与一位或多位同学,都可以进行聊天式访谈,这样访谈的效果会很好,不会让学生产生某种压力,因为特别正式的访谈反而让学生无话可说,因为会有顾虑。

(3)观察。观察也是一种重要的评价方法,通过观察体育教师与学生的各种行为,并将所观察内容记录下来的方法就是观察法。观察法在武术课程设置评价中也是较为常用的,这一方法具有一定的目的性和针对性,对观察者的要求较高,如果观察者具备较高的能力和素质往往能取得理想的观察效果。这种观察法,应该一直持续整个课程,因为只有观察得仔细,才能真切了解学生的感受,从而调适教学方法、手段。因此,通过教师观察来评价学生的学习效果,既有效又实用。

（三）武术课程设置评价方案的实施

要想取得理想的教学效果,就必须要结合具体的教学实际及时调整和完善课程设计方案,以适应不断变化的教学情况。需要注意的是,武术课程教学方案的评价活动并不是短时间就能完成的,需要一个完整的实施过程。

1. 简要操作流程

在上武术课之前,武术教师首先要深入了解学生的基本情况,包括兴趣、爱好、个性特点、武术基础等方面,可以采用观察、检测、调查等方法进行,在调查学生基本情况的过程中,要做好详细的记录,以备后续的研究与分析。武术课程设置评价贯穿整个教学过程,武术教师要引起高度重视。

2. 具体记录标准

（1）武术课程成绩的计算方法。武术课程成绩（100分）＝武术文化知识的论文、感想等的文字表述（20分）+专项技能成绩（50分）+出勤（10分）+武术参与成绩（20分）。

（2）武术专项技能成绩的计算方法。武术专项技能成绩（50分）＝课堂活动过程评价（10分）+成绩进步奖（10分）+项目考核（30分）。

（3）武术参与成绩的计算方法。武术参与成绩（20分）＝俱乐部活动（10分）+武术比赛（10分）。

3. 评价总结

教学评价的主要目的在于为教师和学生提供客观真实的教学效果反馈,除此之外,还推动教学方法、教学内容等方面的改革与发展,对学生学习形成一种激励。因此,教学评价非常重要,应贯穿教学活动的始终。总的来看,评价对学生学习武术积极性的促进作用主要表现在两个方面:一方面,提供通过相应的努力便能够达到的目标方式;另一方面,向学生提供学习成绩的反馈,帮助学生客观认识自身水平,促使学生加强学习与锻炼。

在武术课程设置评价过程中,武术教师扮演着非常重要的角色,武术教师要选择和利用合理、有效的评价方法,指导学生完成整个评价活动。

综上所述,评价总结是武术课程设置评价的最后一个环节,通过总结教学评价中的各种不足,能发现存在的各种问题,然后针对这些问题采取必要的措施和手段加以解决,从而优化武术课程结构设置评价体系,促进武术教学质量的提高。

三、学校武术课程教学模式的构建与探索

（一）武术课程教学模式的构成要素

由于学科中存在不同的教学内容,因此,需要用不同的课程模式,如果把这些不同的模式根据教学内容分别综合应用于课堂教学,那一定会提高课堂效率,起到预想不到的效果。因此武术课程教学模式的构建对于教学质量的提高具有非常重要的意义,所以提出一套行之有效的课程教学模式,对于指导教学很有帮助。由此我们就必须了解武术课程教学模式的构成要素是什么。通常来说,武术课程教学模式主要分为教学思想、教学目标、操作程序、实现条件、评价五个要素,那么充分发挥这些要素的功能,对于武术教学质量的提升将具有重要的意义和作用。

1. 教学思想

教学思想被学界公认为课程教学模式的灵魂、精髓和核心,因此任何好的教学模式都必须以先进的教学思想为指导,体现先进的教学理念。武术教学也遵循于此,武术教学模式的新颖性也必须要体现在以先进的教育思想、教育理论为指导。而要实现新颖性的武术教学模式,就需要教师具有一定的理论知识和专业技能,同时武术教师还受不同因素的影响,所建立的教学模式也存在着一定的差异。如20世纪80年代我国学校教育的奉献吃苦

教育模式与日本所倡导的快乐教学模式之间就存在着一定的差异,二者都是在不同的文化背景下和教学环境下形成的,都能有效激发学生学习的积极性,在充分利用这两种教学模式时要根据学生的具体需求进行,二者在学习态度和情意表达方面存在着一定的差异。在如现如今国家提倡的核心素养培养、民族传统文化弘扬、课程思政等其教学思想肯定大不相同。那么,我们中华武术的教学到底采取一种什么样的教学思想,这可以说仁者见仁智者见智,还是如上面所说,在以弘扬民族文化与精神的纲领下,教师必须根据自身的武术技能、知识储备和所教学生的现实情况设计教学思想。如一位专业是散打的教师,那么设计教学思想就多以弘扬中华民族拼搏之精神进行教学思想的架构,当然在课程体现中也要通过教学来体现或引导学生朝着这个目标努力。因此,武术教学思想的界定无须统一,可以发挥教师的自主性。

2. 教学目标

通过上面对武术教学思想的阐释,我们构建武术教学模式的意义和目的就在于通过一定的武术教学思想来实现既定的武术教学目标。当然,如果没有设定一定的教学目标,武术教学模式的建构就显得意义不足。因此,武术教学模式所能实现的教学效果就在于武术教师要对某项教学活动能在学生身上将产生何种效果做出一种预先性评估。

教学目标是各课程教学模式的核心内容,一切教学活动都要围绕教学目标进行。如技能教学模式在武术教学中的应用,其目标主要是培养和提高学生的武术技能,一切活动都要围绕提高学生的武术技能来服务。

3. 操作程序

操作程序主要是指武术教学中的各个环节或相关步骤。对于武术教学模式而言,其在教学过程中的应用也要依据一定的操作程序进行,这一操作程序是相对稳定的,在某一段时间内不会发生变化,只有这样才能保证教学活动的稳定性,促进教学质量的提高。也就是说,武术课要有武术课的范式,如武德的贯穿,那么抱拳礼的课堂植入就要有相对固定的操作程序,这样也能达到武术文化的最基本植入。同时,我们也应注意到,操作程序并不是一成不变的,只是相对固定,要体现武术教学范式。如果这个范式不适合学生、不利于教学质量提升,那么我们就得进行变革,以此形成一种活态的操作程序结构,从而促进武术教学质量提升和学校武术的整体发展。

4. 实现条件

在武术课程教学模式中,实现条件是指其所采用的各种策略、方法或手段,是对操作程序的一个补充说明。在武术教学模式中,其实现条件主要包括人力条件、物力条件和动力条件三个方面,具体而言,就是师生、教学内容和教学设施设备等。是否具备良好的实现条件对于武术教学模式的设计和教学质量的提高都具有重要的影响和意义。

5. 最终评价

时代变迁,社会进步,教学模式也就变得越来越丰富和多样化,不同的教学模式有不同的评价标准,如果将不同的评价标准应用于同样一种教学模式中,那样就会导致其评价不具备科学性,其评价结果就会丧失说服力。例如,球类运动的经常采用的群体合作教学模式的评价标准则所采用计算个人和小组合计总分的评价方式,就要与武术讲究的体悟教学模式中注重以修为与感知为导向的评价标准完全不同,也就是说武术所体现出的体悟教学模式与群体合作教学模式就不能置于同一层级进行评价,而是采用一种评价并辅以另一种评价来实现评价结果的一种客观性与准确性。

综上所述,教学思想、教学目标、操作程序、实现条件、最终评价这五个要素是相互联系、有机结合的,使之构成了一个相互作用的整体性教学模式。因此,在教学实践中要具体分析武术教学的每一个问题,并根据教师自身特征,学情状况不同,灵活选择最佳的教学模式,以此来保证武术教学效果。需要注意的是,武术的教学模式不能固化或者说模式化,因为教学现象是千变万化的。因此,不能照搬书本和他人的经验,而是在借鉴书本和他人经验,并通过教师自身的不断反思与凝练,在具体的武术教学实践中进行不断的创新、改变与融合。

(二)武术课程教学模式的设计

1. 明确教学模式的结构

教学模式是由一个个不同要素所构成的固定结构,这一结构是相对稳定的,只有这样才能保证系统的稳定性。这就如同汽车的发动机,只要其结构没有改变,其运转就能够得到基本保证。由此可见,在一个系统中,结构决定着功能,结构设置是否合理将直接影响到系统功能的开发。而武术教学模式就是将涉及武术教学的诸多因素合为一个理论化、系统化、稳定化的一种结构体系。因此,在设计武术教学模式的过程中,设计者首先就要充分了解教学模式的基本结构,了解组织结构内的各项要素,明确各项要素之间的关系,充分发挥各要素的功能以实现武术教学模式的整体功能。

2. 分析教学对象的特点

在分析学生的特点时,要对学生的生理特点、心理特点、个性发展等进行充分的分析,根据学生的实际情况来具体设计相对合理的教学模式。一般来说,不同年龄阶段的学生要选择不同的教学模式。

在小学阶段,选择的教学模式要能提高学生的身体素质和武术基本技能(不宜难度化),要选择那些侧重于非运动技能类的教学模式,如快乐课堂的教学模式、情景课堂的教学模式和游戏化的教学模式等。

进入中学阶段,学生的身体素质与运动能力都有了明显的提高,在这样的形势下,武术教学就可以选择一些先进的技能训练

第五章　学校武术教育课程体系结构优化探索

模式来促进学生武术技术能力的提高,如小群体教学模式、启发式教学模式等,同时,我们也要注意,这一时期还要将坚持发展学生的身体素质作为一项重要的目标,当然传统武术训练中就有很多好的身体素质训练方法,如武术的柔软训练可提高柔软素质、武术的功力训练可提升身体素质等。

进入高中阶段后,学生的身体素质和各项运动水平又上了一个更高的台阶,一般都能承受较大的运动负荷。因此这一阶段武术教学所选择的教学模式可采取一些竞技性、对抗性的教学模式,这样有利于学生的耐力训练、肌肉力量训练和提高学生活动机能的训练等。

3. 分析武术教材内容的特点

在武术教学中,教学内容的选择要有一定的灵活性,不能固定不变,否则就难以激发学生学习的兴趣。武术课程教学要求选择的教材内容要最大限度地激发学生的学习主动性和积极性,尽量选择那些具有良好健身效果、有利于学生个性发展的教材。武术教师可以根据学校的具体实际和当地传统体育的特色有选择性地增删体育教学大纲内容,其目的在于获得可操作性的武术课程,以此达到良好的教学效果。

不同的教学模式存在较大的差异性,对教学效果也有不同的影响,因此在选择武术教学模式时首先就要分析教材内容的特点,根据武术教材、学生特点和教学实际合理选择。

4. 制定某项目单元教学思想与目标

在设计武术教学模式的过程中,要以先进的教学思想为指导,教学模式的设计与选择要有利于教学目标的顺利实现。需要注意的是,在设计教学模式之前还要细致分析教学指导思想,在一定的武术教学思想指导下,值得注意的是一定要与其他体育项目指导思想相区别,要体现武术教学的特殊性,以此来确立切实可行的武术教学模式。

在武术课程教学中,教材内容的选择首先要遵从国家教育部门的文件和规定,然后根据学生的特点和学校实际合理选择。从选择武术教学内容的角度而言,可以分为两类不同性质的教材内容,即重点技能类教学内容与介绍类教学内容两大类。通常情况下,重点类技能教学内容的单元目标是以传授运动技术为主,其教学模式应围绕提高学生的武术技能展开;而介绍类教学内容的单元教学目标则主要是向学生介绍武术基本常识与理论知识,了解中华武术文化的独特魅力等,这个过程主要是文化的熏陶和进一步深入指导学生如何科学地参与武术学习,并在体验和感知武术的同时提高自己的身体素质和运动技能。

5. 规划单元教学的学时、课次及每课次的教学重点

在武术课程教学模式的设计中,要根据武术项目的特点和学校具体实际确定相应的单元教学的学时、课次。另外,为保证武术教学的质量和效果,应细致地分析武术教学中的重点和难点,武术教师在课堂中有所侧重地进行教学。

6. 设计每次课的具体教学操作程序

设计武术课堂教学方案要遵从一定的操作程序,通常来说主要包括以下几个部分。

(1)实物设置。在武术课堂教学设计中,实物设置这一环节非常重要,设置的合理与否将直接影响到教学的质量。在设置的过程中,教师要针对学生具体情况提出相应的问题,并让学生进行初步练习,而这两个步骤皆与所设置的实物有关。因此武术教师要充分利用可利用的学校资源,合理地设置与安排教学过程,选择的内容、方法等能有效激发学生学习的积极性,能有效培养学生的想象力和创造能力。

(2)提出问题。根据学生的身心特点及具体实际,武术教师可以向学生提出相应的问题,提出问题时要讲究一定的方法和策略,不能打击学生学习的积极性,不要指责学生,要善于引发学生的创造性思考,对学生每一次的提问要予以鼓励(无论对错,因为学生不是专家,即使错了,也要予以耐心解答),也就是说从教师提

问,到学生提问,从解决问题中促使学生积极主动地投入武术学习与锻炼之中。

（3）让学生在设置的特异情境中参加初步的尝试性练习。在具体的教学与练习中,在武术教师的指导下,学生练习各种技术动作,在做动作的过程中会遇到各种问题,有时会出现一些错误动作,这是不可避免的,进行尝试性练习的主要目的在于让学生熟悉动作、体验动作和改进动作。武术教师在教学中一定要避免对技术动作过度标准化的教学,这里所指的不是不需要精雕细雕,而是对于普通学生而言,让他们参与进来比雕琢动作更重要,也就是说先调动参与尝试性练习,让学生们练出来,表达出来,错了没关系(尤其是学生做错动作,教师就予以批评,这是要不得的,因为学生也不想做错,可能是因为身体条件、学习能力等主客观因素限制,作为教师我们更多地要给予学生最大的耐心),要多练。当学生们都能积极参与到武术活动中,再慢慢指出一些细节问题,然后再尝试、再练习,往复循环的在这种参与性、尝试性的情境中不断提高、不断进步。

（4）讨论与分析问题。在武术教学过程中,教师要对各种武术技术动作进行典型分析,做好正确的示范,要让学生参与到武术的课堂教学中。而不是教师自说自话式的个人表演。教师要在课堂中积极创设各种问题,来引发学生思考与讨论,无论何种课程教学都是要学生"累"而不是教师"累",教师要善于利用引导学生如何在课堂中"累"而进行教学。当然武术教学也不例外,甚至武术课堂更需要学生的"累",只有真正的"累"才能收到良好的教学效果。因此,学校武术教学课堂要在讨论与分析的情境下,要让学生多做示范,武术教师只需起到主持与点评的作用,分析完演练,演练完讨论,讨论完再演练,始终让学生成为课堂的主力军,把课堂交给学生,把时间留给学生,以此来高效地利用课堂。

（5）提供具体的练习方法。武术课程中的练习方法都是针对正确的技术形成规律而设置的,练习方法的合理与否将直接影响到教师的教学水平和学生的学习效果。武术教师要结合学生特点和具体实际合理选择与应用练习方法,以取得理想的教学效果。教学方法的提供上,还是要根据"教学有法而无定法"的基本规律,供给侧改革理念的核心就是"增质、提效",在上面第4点"讨论与分析问题"中笔者已经提到的要让学生"累",那么这种累确实需要方法的支撑,否则都把学生练跑了,武术又会成为枯燥古板的代名词。那么前面4点中所讲的实物设置、提出问题、尝试性练习和讨论分析都是具体方法的一种提供。当然,这只是针对普通学生的教学,那么还有稍稍需要拔高的武术俱乐部、武术队训练等,那么这种具体方法的提供,我认为就是细节的把握,教师有没有足够的专业水准来把握细节、研究细节,只有了解细节那么再遵循上述方法,尤其是调动学生让他们"累",也就是说通过这些细节的把握就可以"增质、提效",这样对于学生武术技能水平提高、教师武术教学水平提升肯定会大有帮助。

(三)武术课程教学模式的发展趋势

1. 目标趋向情意化

在供给侧改革背景下,要使广大学生具有学习的获得感是其中一个重要的改革方向。学生不再需要以往的那种一味苦学的课程模式,他们更希望武术教育供给内容少而精、易掌握,总结起来便是喜欢更简单、更轻松、更快乐的武术,以缓解课堂学习的压力,释放青春的活力,而不是从课堂的学习压力又转向为一种课外锻炼的压力。大量的实践表明,学生学习质量的提高,智力因素和非智力因素都起到非常重要的作用。随着现代教育的不断发展,以往忽视非智力因素的状况得到了明显的改善,并取得了良好的教学效果。在现代教育理念下,除了运动技能的提高外,教学模式的选择更倾向于学生个性、情感和学习态度等方面的培养,除此之外还更加注重人格教育、品德教育与知识教育等的结合。其中,学生的情感陶冶日益受到重视,通过学生情感方面的培养,能有效提高学生的独立性、情感性和独创性。如情境式教

第五章　学校武术教育课程体系结构优化探索

学模式在当今学校教学中得到了广泛的利用,武术教师通过创造良好的教学情境,增添了课堂教学的趣味性,能使学生产生强烈的学习动机,从而提高学习与锻炼水平。

2. 形式趋向综合化

武术教学形式的综合化是指教学模式向着课内和课外一体化方向发展。由于受时间的限制,课内的时间不能充分培养和发展学生自动化的运动技能与锻炼身体的习惯。无论是韩国的学校跆拳道,还是日本的学校武道,他们都非常注重课内外一体化教学,关于这个论述在第四章第三节有专门论述。因此,我国学校武术教育要想实现全面发展,也需要有充足的课外时间进行武术各种动作的习练,这样才能巩固和提高课内所学到的运动技能。也只有这样才能实现个体运动技能的自动化发展。但需要注意的是,目前我国大部分学校都忽视了课外活动的发展,仅将上好武术课作为一项教学任务,课外活动放任自流,这不利于武术教学质量的提高。

近些年来,我国提出了"课内外一体化教学模式",这一模式对于学校体育教学质量的提高具有重要的意义,但在实际的操作过程中却不甚理想,需要今后结合体育课程的具体特点丰富和完善这一模式,实现武术教学的快速发展。

3. 实现趋向现代化

近些年来,随着信息化发展和智能终端设备的不断普及,学校教育教学手段与方法越来越完善和丰富。那么,我们武术教师也可以根据信息化时代特点,并结合学生们网络化的学习与需求的特点上来具体实际合理的选择。当前各种教学实践活动呈现出明显的现代化特点,因此革新那些传统的不符合现代教育理念的教学手段势在必行。如吉林化工学院就专门编写了一部《"互联网+"立体示范体育教材》,这里面有作者本人和其他相关教师的武术示范。学生只需要扫描二维码就可以轻松学习武术。也就是说,随着吉林化工学院"互联网+"立体示范教程的推进,一些先进的教学理念和手段也就自然而然地运用到武术教学之中,这都为武术教师组织与开展教学活动提供了较大的便利,同时也增强了学生学习的兴趣,极大地提高了教学的质量和效果。由此可见,在武术教学模式中引入和运用先进的技术手段是其发展的重要趋势。

4. 标准趋向多元化

一般来说,不同的教学模式有不同的评价方式,每一种评价方式都有其特色和不同的效果。在现代教育理念下,教学模式的改革也受到一定的影响。单一的评价方式已不能符合学校教育的要求,要综合利用多种评价标准方式才能推动体育教学的发展。在武术教学中,传统教学模式下,一般常采用终结评价的方式,过程评价涉及较少,在这样的评价方式下,学生的学习兴趣、情意表现等都无法得到有效的反馈,记录的学生考试成绩无法体现学生的学习动机与其他问题,因此采用多元化的评价标准是一个发展趋势。

5. 研究趋向精细化

武术课程教学模式的研究既要注重理论研究,又要注重实践方面的探索,要将理论与实践充分结合起来进行,这样才能真正提高教学的质量和效果。对于武术教学模式的研究而言,一方面,同任何理论研究一样,武术教学模式研究必将从一般教学模式研究走向学科教学模式研究,再到课堂教学模式研究。另一方面,武术课因其自身的独特特点,其教学模式的研究又趋向精细化,单元教学模式、课时教学模式等都要结合武术项目的特色去设计,设计的过程中每一个细小的要素都要考虑到。因此,武术课程教学模式研究的精细化也是其重要的发展趋势。

第五章 学校武术教育课程体系结构优化探索

四、学校武术课程设置的发展策略

（一）拓展武术课程的类型和内容

目前,经过实地调研访谈与搜集相关研究资料来看,我国绝大部分高校的武术课程类型主要以选项课为主,内容比较传统,形式较为单一,这一现状与现代教育理念是不相符的。而中小学武术教学则多采用武术操的形式来体现,笔者在清华大学做高级访问学者期间,利用参加学术会议和外出调研的机会,深入吉林市的吉林化工学院、北华大学、吉化第二小学、吉化第九小学、王中王国际武道教育学院,辽宁的沈阳体育学院,北京的清华附小、吴静钰跆拳道俱乐部,天津的天津体育学院,上海的上海体育学院,湖南的衡阳师范学院等高等院校、中小学、体育俱乐部,实地了解学校武术的现状。其中在调研中发现吉林市、北京市等地区的小学都在推进"旭日东升武术操",这正是教育部门指定文件,各类学校具体执行的案例。也就是说好多学校的武术课其实只是上成了武术操。这个研究结果笔者也以《错位与平衡:学校武术教育发展的供给侧探析》为题,发表在《中国学校体育(高等教育)》2018年第11期。因此,针对学校武术课程类型开设单一化的问题,教育主管部门要给予宏观政策的引导,但是政策干预不应过多;另外,各级各类学校要做好充分的调查与分析,有针对性地拓展武术课程类型,加强武术课的课内、课外一体化教学,从而完善武术课程结构。

当前我国各级各类学校的武术课程内容主要是套路运动,这些较为枯燥的套路内容难以激起学生学习的兴趣。据本研究的实际调查和相关专家学者研究的证实,大部分学生普遍对散打等格斗类的运动感兴趣,即使是小学生也普遍希望自己成为"超人",也希望成为很"厉害"的人。因此,为了满足学生的个性需求,可以大力发展套路运动,精减套路技术,增加格斗技术,使之有效融合,也就是说"打练结合"的课程模式,这样不仅能丰富武术课程内容,还能有效提高学生学习武术的积极性,营造良好的武术学习氛围。

(二)加强学校武术的教材建设

武术这一门课程涉及的学科内容较多,不仅要涉及体育学,而且还涉及哲学、运动训练学、运动医学、养生学、美学等相关学科。由于武术是一个由多学科相交叉所形成的新兴学科,因此其要想在其他方面也有所发展,就一定要建立在更好地建设和完善教材的基础之上。鉴于此,建议以各级各类不同层次学校的特点来编写武术教材,同时鼓励统编教材和自编教材相结合的方式,还是如前文分析的,一定要依据学校特点、学生特点,尤其要依据教师特点特长来发挥教师自身优势。首先,教师要有能提供某种武术特长的技能;其次,教师要能构建一定的课程体系;再次,教师要具备基本或有效驾驭武术教学的能力。否则再好的武术技术、再好的武术教材、再好的武术课程体系,没有教师能够驾驭这些内容,也是无效的,即不可实现的空壳。因此,加强武术教材建设、提高武术自身的供给质量,并不简简单单是政府的事,这是一个系统工程,缺少任何一个环节都将无法实现。

(三)国家政策的支持力度要进一步加大

学校武术教育系统化发展可以说至今并未真正实现,即使新中国成立以来国家教育主管部门强调武术的地位,强调武术在教学大纲中的不可或缺性,但武术课真正的实施或开展并不是很好。这在诸多的专家学者研究结果中已经体现。也就是说,武术存在口头重要,但落实不重要的尴尬局面。武术课的整体地位其实不光游离于整个学校课程,也游离于体育课程边缘之外。就是说,体育已经在学校教育中处于边缘学科,武术又成了这个边缘学科的边缘。这也就造成了武术相对于一般文化课甚至体育课而言,开展的情况非常"凄惨"。为了更好地促进武术课程的开展,各级管理部门应该尽可能地给予学校武术在经济、政策等方面的支持,要有行政追责制度,否则,在学校教育有普遍智力化教育倾向之时,未来想要进一步推广武术,难度可想而知。那么,当今所推进的整体性供给侧改革,也就很难实现。因此,从国家层面必须继续明确武术在学校教育中的地位和作用。另外,国家教学大纲也要进一步细化学校武术课程目标实现的要求,真正地将学校武术好的政策落到实处才是根本。

(四)加强武术师资建设和配套设施建设

在武术教学中,师生作为教学活动的主体,其中学生处于主体地位,教师起着重要的指导作用,教师对于武术教学质量的提高具有重要的意义。因此,加强武术师资队伍建设,提高武术教师专业素质,是非常有必要的。为了提高武术教师的综合素质,要在加大引进高层次教师和培训提高现有教师素质的力度的同时,为他们提供较好的教科研环境等客观条件,这样才能为武术教师专业素质的提高奠定良好的基础。关于武术教师师资培养这一部分第七章将从一个独立章节来进行论述。

除了以上几个方面外,还要注意在高校武术的场地、器械配套设施的建设等相关方面进一步加强,从而保障高校武术课程的顺利开展。

第二节 学校武术课程结构建设与发展探索

受西方竞技体育的冲击,学校武术一直寄生于"西方体育"之下,这样的武术在学校中的发展势头我们也就可想而知,学生学习武术课程的积极性更是每况愈下。正因如此,我们才更应该投入学校武术教育的各领域的改革和建设中,其中坚持以供给侧改革为指导,破除自身内在的短板才是"王道"。武术作为中华文

结构优化：供给侧改革视域下学校武术教育的发展探索

化的瑰宝,我们民族自己的体育,我们有理由将之搞好,发扬好。我们知道教育是文化得以传承和发展的重要手段之一,学校场域是其重要传习场所。今天的中国武术发展所面临的种种问题,其很大原因来自中国武术的教育问题,而学校武术的教育问题更是重中之重。其中学校武术课程结构建设又是学校武术教育体系的重中之重。因为,学校武术课程结构的建设,直接关系到民族精神的培育所要落实到的实践操作层面。同时也是实现《"健康中国2030"规划纲要》与学校体育改革施策(一)目标:青少年熟练掌握一项以上体育运动技能、《"健康中国2030"规划纲要》与学校体育改革施策(二)目标:《国家学生体质健康标准》达标优秀率25%以上、《"健康中国2030"规划纲要》与学校体育改革施策(三)目标:确保学生校内每天体育活动时间不少于一小时等政策的具体途径。为此,本节主要就各学校中开设的重点的武术课程进行研究与分析,以此为我国各级各类学校的武术课程建设与发展提供一定的借鉴。

一、武术套路类课程建设与发展

在学校武术教育中,武术套路历来都是非常重要的课程内容,受到教师和学生的关注。然而随着现代竞技体育运动的冲击及学生自身的本能需求,很多学生都愿选择那些更具刺激性、趣味性和竞争性的竞技体育项目课程,武术套路在学校中的发展受到很大的影响。这在上一节中也有很多论述,现如今我国各级学校武术课程普遍套路化倾向严重,而且套路化的教学又表现出"东方体操"的形态,毫无中华文化内涵,以致学校武术套路课程在学校教育的"名存实亡"。之所以面临这一窘境,其主要原因在于这样的武术套路式供给是依附于西方体育之下的,其表现形式与样态又无法完全等同于西方体育,因为中国武术与西方竞技体育本来就属于两个层面、两种思维、两种不同表现形式的运动。也就是说武术套路课程犯了"以己之短比人之长,越比越虚心"的局面。为此,

第五章　学校武术教育课程体系结构优化探索

本节主要通过分析武术套路课程供给现状,找出其中存在的短板,并找出促进武术套路类课程建设与发展的对策。

（一）武术套路类课程供给情况

1. 教学中武术精髓难以得到体现

总的来看,武术文化的精髓主要体现在其精神方面,而不是通常我们所说的武术技能。中华武术拥有悠久的历史,武术进入学校教育也是一件顺理成章的事情。在学校中设置武术课程的主要目的在于弘扬民族文化、培育民族精神和提高学生的体质水平,培养学生的民族认同感、增强学生传统文化认知与武术技能。然而,在当前我国各学校武术教学中,普遍存在轻理论、重实践的现象,教师们只是根据教学大纲来应付考试或检查,日复一日地重复几种套路技术,而学生对武术文化尤其是武术套路文化内涵、价值与意义的理解不够深刻,学生在习练武术套路的过程中缺乏对武术精神、武术美学、武术哲学的价值传导,致使中华武术套路的巨大价值并未在教学中得到体现,这是当前我国学校武术套路课程教学中普遍存在的一个情况。

2. 教学方法欠缺灵活性和多样性

当前,我国学校武术套路类课程教学在各方面都存在不少问题,其中教学方法是一个非常重要的方面。总的来看,武术套路类教学方法主要表现为理论与实践脱节,教学手段单一,基本上就是"讲解—示范—模仿—练习"的范式,这种单一的教学手段难以激发学生学习的兴趣。在这样的教学方法引导下,学生难以充分理解武术的内涵,只对武术套路有一个简单的了解和模仿,而对武术最本真的技击内涵和民族尚武精神的知识结构完全没有认知,因为套路式的教学很难完全承载这些巨大的精神价值,因为纯粹开展武术套路本来就是单一的武术表现形式,离开了技击的武术不是真正的武术。严重制约和影响着学生进一步学习与提高武术技能,也就难以获得理想的教学效果。由此可见,在武术套路教学方面,其供给体系应该说出现了严重问题,武术套路的开展情况更是不容乐观,需要进一步地改善。因此,武术教师在具体的教学过程中,要理论联系实际,不断创新教学手段与方法,要引入武术独特的教学方法"打练结合"以及利用现代信息化教学手段辅之教学,只有学生学习武术的积极性得到了提高,能以积极饱满的精神状态参与到武术教学中,这才有利于提高学校武术教学水平。

3. 武术课程教学模式存在缺陷

当前,由于我国各级各类学校没有对武术课程课时做特殊规定,只是依附于体育课程中的相应学时,而且学时并没有连续性,即一年级学习了武术,那么二年级是否还学习武术就不得而知了。如我国大部分的高校武术教学,各课程时间通常为18周,36学时。就是说在现有的武术套路课程模式供给下,即使学生想学也无法得到连续性的学习,还有就是在如此短的课时教学中,学生难以学习和掌握武术套路与技能,这违背了武术课程教学的宗旨,不利于武术课程的建设与发展。造成这一现状的主要原因还有以下几个方面。

(1)教材专业性太强和实用性太弱。武术套路有很多,内容非常丰富,市面上相关的教材也有不少,但是专门研究学校武术套路的教材却不多,而且现有的关于学校武术教材的研究仅是对教学大纲的简单呈现,而且停留在大纲的表面,缺乏深入研究,武术教材中并未能够有效承载武术的内涵,而且将武术套路与散打进行割裂编写,实用性不强。其实在《中国武术段位制教程》中打练结合的编写很好,但是其内容应用于学校武术教学中又显得不太合适,首先要面临的一个问题就是师资的培养问题,第二个是这个教材还是稍稍偏专业,不太适合在学校大面积普及。另据调查,当前我国学校武术套路类课程教材都依附于《体育与健康理论教程》之中,而且都是一个非常小的部分或章节,这些教材只简单地介绍了武术套路的基本功、基本动作和三路长拳、初级刀、

第五章 学校武术教育课程体系结构优化探索

太极拳等套路,其他方面的内容涉及很少。因此,这些专业性武术教材的专业性太强和普通教材的实用性太弱的实际状况都对学校武术教学质量的提高是非常不利的。

（2）教师的专业水平较低。当前,我国学校武术教学还存在师资力量匮乏的问题,多数学校的武术教师大都是来自体育院校或师范院校体育教育专业的毕业生,这些教师不论在武术认知还是武术专业技能方面都存在着一定的问题,与现有的武术套路教学中普遍要求过高的技术规格要求是不相符的,这非常不利于课堂中的武术传授和学生武术套路水平的提高,同时这种情况还会出现许多教师压根就不喜欢教武术,即使教武术也是被迫的,由此可想而知这种武术课堂的教学效果会如何。因此,除了大力挖掘与培养高素质的武术教师,同时还要有针对性地设计武术套路课程体系,首先是要教师们能掌握的,其次是教师们要乐意教。也就是说除了要加强学校现有武术师资力量的引进与培训外,关注现有教师为什么不愿意教武术也是一个亟待解决的问题。只有教师整体的武术教学意愿强烈和综合素质的提高,才能真正促进武术教学质量的提高。

（3）教学目的不够明确。对于依附于体育课程门类之下的武术,有相当多的学校将开设其课程的主要目的设定于"增强学生素质",即美其名曰"健康第一",这就出现了把武术套路只作为与体操无异的简单的肢体运动来进行教学,也就出现了青少年们"学跆拳道、拳击、空手道、泰拳等防身,学中国武术健身"的价值偏离。因此,在这样的操化武术教学形势下,很难培养学生对武术技能的认知和崇武尚德的精神的感知。同时,当前我国绝大部分武术教师是将完成既定的武术教学任务作为主要目的(虽然大纲或教案中不是如此,但是实际教学过程中就是为了完成教学任务),武术套路等动作的规范性及学生武术能力的提高都不受重视,进而导致学生所做的各种武术动作死板和僵硬,这不仅影响教学质量,同时也影响学生的学习情趣,这对于学校武术的长远发展造成了非常不利的影响。

4. 配套设施不完善

当前,我国绝大多数学校并没有专门的武术场馆,表现最突出的是中小学,高校相对要好一些。但我们又发现各级各类学校在大建体育场馆之时,场馆可以说越改越大,越盖越豪华,但是专门用于武术的场馆可谓少之又少。国家一直倡导或文件中规定武术是学校体育教育的重要内容,但从相关的体育场馆与配套设施中发现武术在学校体育中的地位很低,武术专门场馆建设、器材建设、教学环境建设、教材建设等方面都存在不少问题,制约武术教学的发展。在这样的情况下,难以激发学生学习武术的积极性,学生更愿意参与室内项目,教师们也愿意到室内中教学。从目前来看,这种状况很难在短时间内得到改善,需要从长计议。除了学校自身加强发展之外,我国政府教育部门也要给予必要的支持。

(二)武术套路类课程建设与发展的对策

1. 拓展武术套路类课程的类型和内容

当前,我国学校武术套路类课程教学的形式非常单一,严重影响着学生学习的积极性,因此学校应结合自身实际,采取各种手段和措施不断拓展武术套路课程类型,加强课内外一体化教学,不断完善武术套路类课程教学结构,满足学生学习武术的多种需求。除此之外,最重要的是要改变现有武术套路教学停留在"操化"练习的层面,要将武术的本真技击引入套路课程之中,即传统的"喂招"和"拆招"练习。这也是为什么现在的学生大都倾向于选择格斗类的运动,对格斗运动的兴趣越来越浓厚。因此,从供给侧改革视角,武术套路课程一定要提供学生感兴趣的内容,为满足学生学习的需求,学校相关部门要结合武术套路特点,有针对性地将武术技击融入武术课程中,或者教师根据自身实际情况把对技击的认知融入武术课堂中。只有将"打和练"融合在一起的武术课堂才能极大地丰富和完善我国学校武术教学的内容体系,也就能激发学生学习武术套路的兴趣,这对武术也是一个很好的宣传,从而在学校中形成一个扩散效应,促使更多的学生加入武术课程学习中。

2. 加强武术套路的教材建设

武术这门课程虽隶属于体育学范畴,但武术除涉及体育学一般学科基础外,还涉及了诸如中国传统的哲学、文化学、美学、医学、养生学、伦理学等,武术与这些独具中国特色的学科密不可分,因此,学校武术套路类的教材建设一定要突出体现这些文化的巨大价值,一定要与一般的体育学科有所区分。因此在学校武术教材建设中,一定要有自己专用的教材体系,同时教材建设中不能只是简单的竞技武术或初级套路的体现,我们应该知道,这只是中国武术很小的一部分。因此,根据学生对技击的需求,尝试性地编写一些攻防特点比较明显的武术套路技法和技术组合,如武术器械的套路——刀术,就可以将其简单化处理,将劈刀、圈刀、拦刀、绞刀等刀法训练,组合成短小套路,然后利用木刀或者短棍进行攻防格斗,这个就类似于武术短兵,既能体现刀法套路的实战感,又能让学生感受到习武的震撼之力,也就能符合学生喜欢"厉害"的武术。也就是说,武术套路要想获得健康的发展,武术套路课程结构体系必须要加强创新与改革,只有"破"才能"立",武术专业教材建设任重而道远。

3. 国家的政策支持落到实处

实际上国家还是高度重视武术发展的,武术自新中国成立以来,由民间走进了学校,形成了完整的教学层次和从幼儿园、小学、中学到大学的完整传承体系,其中高校又形成了学士、硕士、博士、博士后的完整人才培养体系,由此可见武术受国家的重视程度。但是我们也要清晰地认识到,武术的传承除了学科体系外,更重要的是武术人口基数,如果从武术人口基数来看,武术似乎又比任何一个时期低落。国家在重视武术的同时,更加重视奥运项目发展和奥运项目普及,武术的整体地位在国际上还很弱,这也就导致为了政绩,各级各类教育部门只能在现有的条件下发展优势项目,国家所制定的武术政策也就很难落到实处。国家和各级各类教育部门必须要从战略高度重新制定学校武术的政策,要从供给侧改革角度推进武术的整体发展和学校武术的根本落实。除此之外,国家教育部门也要在政策、科研、资金等方面给予必要的支持,以此实现武术地位的整体提升。

4. 加强武术师资力量建设

"百年大计,教育为本。教育大计,教师为本",这充分表现了教师在整个学校教育中的重要地位。我们知道,教学改革过程中最大的动力来自教师,最大的阻碍也来自教师,吸引广大教师的积极参与乃是武术教学改革成功的关键所在。就武术在学校中的传承而言,没有教师的"传",也就无学生的"承",进而也就会使学校武术教育有的无矢。在我们看来,这是导致多年来武术教学改革在操作层面难以取得实质性进展的根本原因。所以,必须认识到师资力量在武术课程结构优化中的重要性。作为学校武术师资来源的体育院校和师范院校的体育教育专业和民族传统体育专业毕业生,其在大学学习的过程中都是基于竞技武术的学习,而且套路、散打、中国摔跤等又是按照项目来分化的,也就是说学套路的不会散打,学散打的不会武术等。但学校武术教育的武术传承却迥异于武术竞赛。学校武术教育更多地需要为传承、普及武术文化,培养符合学生实际需求的武术师资,也就是说学校武术的师资要既能演(套路),又会打(散打、中国跤等)。同时这也是现有学校武术教师应该具备的能力。因此,学校武术的师资培养应该对体育院校和师范院校的相关专业进行改革,要使未来的武术师资在技术能力上打破以往只局限于某一个专项的状况,而是要在这些项目上实现平衡兼顾,既培养能打又能练的新型武术人才。同时,现有武术师资的培养也要遵循这个原则,培养打练结合的武术师资力量。

二、武术格斗类课程建设与发展

（一）学校武术散打课程建设

在供给侧改革背景下，为满足学生学习格斗技术的需求，优化学校武术课程体系，学校相关部门及武术教师要结合本校的具体实际和学生的学习水平设计一套科学合理的格斗课程教学内容，以此满足学生们迫切的格斗需求。为此，通过笔者多年从事武术教学过程中积累下来的经验，并结合当前我国学校武术教学的实际，本人设计出以下各级武术格斗教学内容，以满足学生学习武术格斗的需求。此学校武术散打课程体系融入了中华武术特色的基本功练习内容，同时也融合了当今比较流行的地面格斗技术，增加了防身术，并将其分级化，以此体现由易至难、循序渐进的课程设置理念。其目的在于提高学生学习武术的积极性，促进我国武术在校园中的传播与发展。

1. 一级教学训练内容

一级教学训练内容见表5-7。

表5-7 一级教学训练内容

基本功	滚翻跳跃	前滚翻、后滚翻、鱼跃、前倾、后倒、侧倒地
	基本步法	前进步、后退步、前跳步、后跳步、前滑步、后滑步
	基本拳法	直拳、摆拳、勾拳、边拳
	基本腿法	正蹬腿、里合腿、外摆腿、正踢腿
	摔法	夹脖摔、别腿摔
技术动作	反应练习	拳法单项动作、腿法单项动作
防身术	12	两个手前扼流圈防御，抓衣领，抢头锁，拳熊抱在手臂上，从后面逃离安装位置，髋关节投掷，俱乐部防守（棍子），安全站起，前夹头逃逸－防守，前锁逃生，从后面窒息－防守，防头顶上的刀

2. 二级教学训练内容

二级教学训练内容见表 5-8。

表 5-8　二级教学训练内容

基本功	滚翻跳跃	前滚翻、后滚翻、鱼跃、前倾、后倒、侧倒地
	基本步法	前进步、后退步、前跳步、后跳步、前滑步、后滑步、左滑步、右滑步、绕环步
	基本拳法	直拳、摆拳、勾拳、边拳
	基本腿法	正蹬腿、里合腿、外摆腿、正踢腿、底鞭腿
	摔法	夹脖摔、别腿摔、压腿摔、接底鞭腿摔
技术动作	反应练习	拳法单项动作、腿法单项动作、拳法、腿法、防守反击
	动作组合	前摆拳+后直拳、前后直拳+前摆拳、前摆拳+前直拳+左勾拳、前后直拳+后底鞭腿、正蹬+前后直拳
防身术	12	手的刀防御，一手扼流防守，直臂锁，断头台，扼流圈应用，手腕扭肘逃生，臂锁紧装置（狮子杀手），熊抱臂下，俱乐部从远处的防守，从背后拉回来，两个手前面的扼流圈，用框架将头锁滑出－阻力

3. 三级教学训练内容

三级教学训练内容见表 5-9。

表 5-9　三级教学训练内容

基本功	滚翻跳跃	前滚翻、后滚翻、鱼跃、前倾、后倒、侧倒地
	基本步法	前进步、后退步、前跳步、后跳步、前滑步、后滑步、左滑步、右滑步、绕环步、躲闪步
	基本拳法	直拳、摆拳、勾拳、边拳
	基本腿法	正蹬腿、里合腿、外摆腿、正踢腿、底鞭腿、高鞭腿
	摔法	夹脖摔、别腿摔、压腿摔、接底鞭腿摔、接高鞭腿摔、下潜摔
技术动作	反应练习	拳法单项动作、腿法单项动作、拳法、腿法防守反击、拳、腿、摔组合
	动作组合	前摆拳+后直拳、前后直拳+前摆拳、前摆拳+前直拳+左勾拳、前后直拳+后底鞭腿、正蹬+前后直拳、前摆拳+后直拳+后鞭腿

第五章 学校武术教育课程体系结构优化探索

续表

防身术	12	两个手前面的扼流圈,直臂扼着墙前的扼流圈, 熊抱在腋下,建立安装位置, 刀的攻击从后面,两个手前扼流圈(弯曲手指防御),跨 座－肘形逃生,领抢－双手合十肘, "木村"手臂锁,熊抱在手臂下(从面举起), 拦截防守－肘撞,头锁逃跑(跪下滚回)抓肩

4. 四级教学训练内容

四级教学训练内容见表5-10。

表5-10 四级教学训练内容

基本功	滚翻跳跃	前滚翻、后滚翻、鱼跃、前倾、后倒、侧倒地
	基本步法	前进步、后退步、前跳步、后跳步、前滑步、 后滑步、左滑步、右滑步、绕环步、躲闪步
	基本拳法	直拳、摆拳、勾拳、边拳
	基本腿法	正蹬腿、里合腿、外摆腿、 正踢腿、底鞭腿、高鞭腿、下劈腿
	摔法	夹脖摔、别腿摔、压腿摔、接底鞭腿摔、 接高鞭腿摔、下潜摔、接正蹬摔
技术动作	反应练习	拳法单项动作、腿法单项动作、拳法 腿法、 防守反击、拳、腿、摔组合、主动进攻、堵截练习
	动作组合	前摆拳＋后直拳、前后直拳＋前摆拳、 前摆拳＋后直拳＋左勾拳、前后直拳＋后底鞭腿、 正蹬＋前后直拳、前摆拳＋后直拳＋后鞭腿、 前低鞭＋后直拳、前鞭腿＋后直拳＋后鞭腿、 前直拳＋边拳＋左正蹬
防身术	12	逃脱被钉在墙上的手,手掌对胸－防守, 通过后卫－站立,熊从后面拥抱－过臂(头对接防御), 跨座扼流圈,熊从后面抱住(脚跟打防守), 从后卫扫过后卫,头锁弯下身背防御, "木村"臂锁从十字座,下手刀防守(直臂阻挡),从后卫 向前投掷,下手刀防守(用直臂阻挡)

5. 五级教学训练内容

五级教学训练内容见表5-11。

结构优化：供给侧改革视域下学校武术教育的发展探索

表5-11 五级教学训练内容

基本功	滚翻跳跃	前滚翻、后滚翻、鱼跃、前倾、后倒、侧倒地
	基本步法	前进步、后退步、前跳步、后跳步、前滑步、后滑步、左滑步、右滑步、绕环步、躲闪步
	基本拳法	直拳、摆拳、勾拳、边拳
	基本腿法	正蹬腿、里合腿、外摆腿、侧踢腿、正踢腿、底鞭腿、高鞭腿、下劈腿、踹腿、后蹬腿
	摔法	夹脖摔、别腿摔、压腿摔、接底鞭腿摔、接高鞭腿摔、下潜摔接正蹬摔、接踹腿摔、抱摔反摔
技术动作	反应练习	拳法单项动作、腿法单项动作、拳法、腿法、防守反击、拳、腿、摔组合主动进攻、堵截练习、心理战术
	动作组合	前摆拳＋后直拳、前后直拳＋前摆拳、前摆拳＋后直拳＋左勾拳、前后直拳＋底鞭腿、正蹬＋前后直拳、踹腿＋后直拳、前低鞭＋后直拳、前摆拳＋后直拳＋后鞭腿、前直拳＋边拳＋左正蹬、前低鞭＋后直拳＋后鞭腿
防身术	13	椅子防御，交叉上臂锁（捕捉手臂并在头顶盘旋），颈部曲柄从安装位置（从后面），直臂锁的应用，防（用膝盖撞），前踢防守（偏转脚），用手臂的叶片防御前扼流圈，重新定位对手的后卫，从后面的衣领（拇指内侧），直臂领口抓斗－高握，脚锁，把熊抱在怀里前臂锁－弯臂，刀从后面攻击－在脖子上

（二）学校武术短兵课程建设

  武术要全面发展，缺少任何一部分都不能称其为完整。武术短兵是武术的重要组成部分，也是体现我国格斗技术特色的重要技术项目。短兵是指以剑刀为主体的短器械的总称。[①] 短兵运动则是按照体育的要求将剑刀等短器械格斗技术加以提炼而形成两人持械（短兵）的武术对抗项目。短兵械是由一种特制的，被海绵皮革包裹的藤条、竹片等制成，其柔软而有弹性，甚至初学者可以使用充气型短兵来进行学习，这样极大地保护了学习者的安全。其规则也相对简单，武术短兵对抗形式是双方各执一短兵器械，用刺、劈、砍、崩、点、截、抹、拦、架等技法，按照一定的规则相

---

① 程卫宏.武术短兵在中学推广普及的可行性研究[D].北京：北京体育大学，2012.

第五章 学校武术教育课程体系结构优化探索

互攻防,以击中对方身体(后脑及裆部除外)、击落对方器械或击倒对方得分,以得分多者为胜。也就是说武术短兵非常符合供给侧改革视域下的学校武术教育课程结构优化的内容,如果将其纳入并推广到学校武术教育中,对于满足学生技击格斗的需求将大有裨益。

1. 当前我国学校武术短兵课程供给现状

(1)据调查发现,目前开设短兵课程的院校并不多,只有少部分专业院校增加了武术短兵课程,譬如开设短兵课程的有上海体院、北京体育大学、西安体院和华南师范大学专业类院校等,也就是说我国高校系统内的普及率不是很高,因为没有相关资料证实武术短兵在中小学等的开展状况,但从推断来看,应该不是很普及。

(2)项目开展的形式各异。现有的相关院校开展的武术短兵活动形式主要有两种,一种是开设武术短兵专项课程;另一种是业余性质的武术短兵活动,如高校中的武术短兵俱乐部、短兵协会等。如西安体育学院是最早开设短兵课程的院校,其课程体系是有计划、有目的的,其操作层面是有系统、有连贯性的,甚至还有约束力的,所以它追求的是长期效应。而高校中的武术短兵俱乐部、短兵协会等则是一种业余性活动,它属于自发性的,其随意性大,连贯性差,所以它只求短期效应。举办武术短兵活动的院校有武汉体育学院和华南师大。因此,武术短兵的开展形式还是较为单一的。

(3)由于武术短兵运动还属于新兴项目,目前大部分学校有关这方面的教师还相当缺乏,甚至还属于空白,这是制约武术短兵课程发展的主要因素。然而,武术短兵项目虽然是以器械对抗为主,但其运动特点和武术散打项目大致相同,都属于技击对抗性项目,其技击性是相通的。武术套路中的短器械技术也与武术短兵运动的技术大致相同。所以说,如果武术散打和武术套路的老师转为教武术短兵课程,只要经过短期的培训,就能很快胜任

结构优化：供给侧改革视域下学校武术教育的发展探索

此项工作，即使是没有武术基本功的普通人，学习起来也比较容易上手，这也为武术未来的发展提供了一个很好的思路。

（4）课程建设最重要的是"课程"规划，由于武术短兵是新兴项目，这就需要对武术短兵教学和学生各种学习活动进行总体规划。面对世界范围内各项体育运动的快速发展，体育运动领域也不断出现新特点、新趋势。因此，这就需要武术短兵的课程规划要注意与前沿领域相衔接，避免走自我摸索的发展之路。故在短兵课程内容改革中，要注意将体育领域内新成果、新特点、新趋势纳入课程体系中，增设一些带有前瞻性的课程。这可以借鉴剑道、击剑等比较相近的运动项目，多研究它们在学校教育领域，以及社会培训和俱乐部的课程内容设置情况，做好整体规划。

2. 学校武术短兵课程的改革

目前技术动作单一化严重、缺乏项目特色、动作技术含量不高、规范性不强、攻守体系严重失衡、专业化程度不高是阻碍当前武术短兵运动发展的最主要问题。官方重视程度不够、缺乏激励政策和项目自身缺乏吸引力，是造成短兵运动不能走向竞技舞台的主要原因。因此，短兵运动这些方面都要进一步改进才能更好地在学校中进行推广。

（1）重新设计课程教学体系。武术技击类课程要有严密的知识体系，这些知识体系必须是技击类组成学科的核心内容，但还要对这些内容进行合理重组，使它们可以适应学习者的认知水平。把课程看成经验的集合，就需要使技击类课程更加符合学习者学习的特点，以更加直观、易学的方式呈现出来。把课程看成是活动的总和，就需要技击类课程构建时更能体现出活动的特点，而且将所需要传授的知识和经验都通过活动展示出来。

①进攻技术的设置。短兵技术遵循以剑法为主的原则，兼备刀、斧、鞭、锤等技法，在我国传统文化的熏陶下，形成如今的以劈、砍、刺、斩、点、崩、撩、挑、扫为主的中国短兵技术。由于武术短兵的技术相对丰富，我们要根据学校武术学时与学生接受能力

第五章　学校武术教育课程体系结构优化探索

水平进行设置,因此,在学校武术短兵的推广中不宜过全。其课程设置进攻技法主要以"劈刺"为主,辅以其他进攻技术。

②防守技术的设置。武术短兵在防守技术上主要有接触型和非接触型两种。接触型防守有闪、躲、避、让;非接触型防守技术有架、托、格、压、挂、截、打。在学校武术短兵的课程体系设置中防守技术不宜过多,只需结合实际情况来有选择性的重点教学。

③辅助技术的设置。武术短兵涉及的辅助技术包括步法、持握兵法等。其中步法在武术短兵技术体系中扮演着不可或缺的角色,有拳谚称"步不稳则拳乱,步不快则拳慢",因此,武术短兵技术要形成与自己技术相匹配的技术步法,且拥有自己的特色。在持握兵法方面,武术短兵有正手持兵和反手持兵两种。此外,短兵握法又分为单手持兵、双手持兵以及换手持兵法,双手持兵是虎口相对,并且在同一直线上。武术短兵的握兵方法保留了历史久远的双手剑法和换手剑法,使武术短兵技法更加活泼多彩,也使武术短兵课程体系更加丰富。

④教学过程的设置。要在教学过程中严格对学生入场、退场、同伴之间、师生之间、护具的穿戴顺序、器具的摆放等制定严格的标准,培养学生在学习武术短兵时严谨的生活作风及互相尊重的人格品质。

⑤课程竞赛的设置。坚持从实战出发,进行情境模拟训练,尽可能在接近实战的情景下进行技术动作练习,以缩小训练与实战的差距,切实提高学生实战能力。可以事先制定好武术短兵对抗的规则,学生按既定规则进行对抗训练,胜者得到奖励,败者受到惩罚;遵循循序渐进的基本原则,逐步增加训练的难度,区别对待地展开教学;选择适宜的武术短兵训练防护器材,以保证运动训练的安全性。同时还要在比赛过程中以及比赛结束后对于学生的武术礼仪进行严格规定,必须按照武术礼仪规范进行。

(2)突破武术对抗的教学模式,更新教学方法。在武术短兵教学过程中,学生是重要的主体,一切活动的开展都要围绕学生这一主体进行。学生要认真领悟武术短兵格斗技术动作要领,提高格斗与防卫技能,在实践中学会和掌握利用武术短兵技术的时机,提高武术短兵技术能力。而要想实现这一目标,必须要更新传统的教学模式和教学方法,建立一个符合技击对抗或者说武术短兵技术训练要求的方法体系。同时,还要合理利用现代化的教学手段提高教学质量。在现代信息化技术利用越来越广泛的背景下,在武术短兵课程教学中也可以制作一些多媒体课件,开展多媒体教学,提高教学的趣味性,以激发课堂活力,提高教学效果。另外,还要增强武术短兵教学训练的逼真性。重点突出武术短兵格斗基本功和格斗综合对抗的训练内容,努力提高学生的擒拿实战能力。这里还要坚持从实际出发,在坚持简单、易学、实用原则基础上,借鉴当今国内外先进的运动训练理念,设置专业的武术短兵技术教学模式,制订有利于学生综合素质提高的课程计划。

(3)构建科学教学的新机制。为提高学生武术短兵技能,还要建立一个科学的教学机制,以课堂教学为主体,以课外训练为补充,形成课内外一体化的教学新模式。

①不断创新课外训练模式,提升武术短兵教学的效果。课外训练是武术短兵格斗课堂教学的补充,对于提高学生武术短兵技能具有重要的帮助。除了课堂教学之外,学校还可以通过开放训练场馆为学生提供课外训练的场地,引导学生积极参与课外训练。

②进一步完善武术短兵训练体系,加强训练管理。各学校可以结合本校的具体实际从以下两个方面展开工作:一方面,根据教学与实战相结合的基本原则,制订科学的训练计划,为国家和社会培养具有健全人格的学生;另一方面,针对当前学生喜欢武术技击内容的新形势,不断地进行格斗实战科研、教研活动,不断更新武术短兵的教学训练内容,实现既定目标。

(4)编写适合学生自学、训练的优秀教材和辅助资料。同样,武术短兵课程教材的建设必须要符合和顺应现代社会发展的潮流,结合武术短兵的实战要求,不断更新教材内容,突出武术短兵

第五章　学校武术教育课程体系结构优化探索

技术要点,同时还要学习与了解国外相关格斗的最新进展,如剑道和击剑等;同时,要加强与国外的沟通与交流。在借鉴其他学校或国家先进经验的基础上编写出合理的学校武术短兵教材。

①教材内容建设要突出简单化。要依据学生的现实需要和时间条件,对武术短兵知识、技能等做出合理的处理,针对不合理的教材尽量删繁就简,只保留最有价值的内容。总的来说,武术短兵教材要体现以下两个特点:第一,简单实用,能提高学生的实战能力和综合素质;第二,动作原理易掌握、理解,融科学性和实效性于一体。

②突出教材内容的实用性。理论部分主要介绍中华武术及短兵知识,重点介绍武术短兵格斗的要素与规律以及武术短兵比赛的规则与实战演练内容等知识;实践部分在讲解武术短兵技能的同时,突出介绍各种技能的练习方法和手段,使这些练习方法和手段能够在学员自我练习时更好地运用。

③加强配套的"互联网+"教材建设,在革新武术短兵教材的同时,做好武术短兵教材的各类微视频和短视频录像,充分利用"互联网+"时代的智能终端设备辅以新的手段进行教材建设,以此促进武术短兵教学质量提升。

④要不断加强武术短兵教学案例的收集与整理,也包括各类影像资料,以此为武术短兵课堂的模拟教学提供必要素材。

(5)建立科学的武术短兵考核评价体系。武术短兵的考核评价体系一定要符合现代学校教育的规律和要求,因此需要建立一个科学的考评体系。总体来看,在建立武术短兵的考核评价体系时,需要从以下两个方面进行。

①要帮助学生深刻认识到考试的价值,充分发挥教育的诊断功能,淡化分数意识。

②为切实提高学生的实战能力,必须要采用不同的考核方法来培养学生的综合素质,将阶段性考查与期末考试相结合,理论考试与技术考试相结合,建立一个健全和完善的成绩考核评价体系,其目的都是为提高学生的实战能力提供重要的保障。

三、健身气功类课程建设与发展

健身气功的内容非常丰富,五禽戏、易筋经、八段锦、马王堆导引术等都是其中重要的课程,经常参加这些项目的习练对于人体的健康发展具有重要的意义。受篇幅所限,本节主要分析五禽戏与马王堆导引术课程的建设与发展情况。

(一)五禽戏

1. 五禽戏课程教学现状

当前,我国传统武术养生功法在高校中的发展不容乐观,各方面都受到极大的限制,对于健身气功类的课程而言也是如此。如果对照瑜伽项目在学校教育中的开展(这里主要体现在高校),武术健身气功的开展可谓极为惨淡。以健身气功·五禽戏为例,这一课程主要以选修课的形式在高校体育教学中存在。开设这一课程的主要目的在于通过五禽戏动作的习练和知识的学习,丰富学生的传统体育文化知识体系,增强学生的体质水平,为终身体育意识和习惯的养成而服务。

据调查发现,当前,在开设五禽戏课程的高校中,有一部分大学生对此还是比较感兴趣的,尤其是诸多有运动障碍的同学比较愿意选择这门课程。从课程内容来看,五禽戏的内容比较丰富多彩,适合学生参与体育健身。需要注意的是,五禽戏这门课程看似简单,但学生如果想真正掌握技术动作和充分了解其文化内涵并不是一件容易的事情。因此,必须要有足够的课时,但是当前在大多数开设五禽戏课程的高校中,课时数相对来说还是较少,这不利于学生的学习和掌握。

另外,从五禽戏课程具体教学内容来看,存在着轻理论、重实践的现象,而在实践方面也只是一些基本动作的简单讲解,远远不能满足学生学习的需要。在教学方法方面,教师大都采用讲解示范的教学方法,显得非常单一化,打击了学生学习的积极性。

第五章 学校武术教育课程体系结构优化探索

2. 五禽戏课程教学发展对策

通过以上关于五禽戏教学的现状分析可以发现，五禽戏教学在很多方面都存在问题，需要今后采取必要的措施和手段加以解决。结合当前五禽戏教学现状，我们可以采取以下对策。

（1）加强五禽戏师资力量建设。如果教师具备较高的专业水平，其在教学内容、教学方法等方面都会进行必要的改进，能保证良好的教学效果。因此挖掘与培养武术养生类专业教师，对其相关教师进行培训是十分重要的。

（2）积极深化教学改革。在五禽戏教学改革中，一定要遵循以人为本的基本原则，重视学生的发展。在保证充分的教学时数的基础上，加强理论知识的传授与实践练习的结合。教学方法上主要采用以讲解示范方法为主、多种教学方法相结合的方式，为学生学习五禽戏创造一个良好的教学氛围。

（3）改善教学基础设施。一般来说，健身气功项目对教学环境与教学场地的要求都不高，五禽戏教学也是如此。但是，为保证五禽戏教学的安全性，学校相关部门要加大经济投入力度，逐步改善现有的教学条件，配备五禽戏教学所需的各种器材设施及音响设备，为展开教学活动提供重要的物质基础保障。

（二）马王堆导引术

1. 马王堆导引术教学中存在的问题

据调查发现，在我国很多高校中，大学生对国家推广的健身气功·马王堆导引术知之甚少，之前几乎从来没有接触过。在一般的生活和学习中，学生接触到的健身气功主要来自电影和电视中，其中学生比较熟悉的是各种硬气功和太极拳等，对马王堆导引术的认识比较欠缺。

当前，我国有一部分高校引入了健身气功·马王堆导引术课程，通过一定的实践表明，这一健身气功课程具有良好的锻炼效果。学生在学习的过程中，加深了对健身气功的认识与了解，对于一部分学生而言,这一门课程还是比较有吸引力的。

总体来看,绝大多数学生在教师的引导之下对本课程学习的积极性比较高,学习态度端正;还有部分同学抱着尝试了解的态度来感受这门课程;也有个别同学对自己缺乏自信,担心学不会。[①]在开设马王堆导引术课程的学校中,不论是教学时数、教学方法,还是师资力量等方面,都存在着较大的不足,需要今后不断加强马王堆导引术课程的建设。

2.马王堆导引术教学对策

(1)教师要不断学习和提高,加强马王堆导引术基础理论知识的教学。通过一些典故的介绍,激发学生学习的兴趣。同时,通过理论知识的学习,学生能很好地将健身气功与瑜伽、太极等相似的运动区分开来,能深刻理解健身气功的丰富内涵。

(2)对于学校部门而言,要采取必要的手段与措施加强健身气功的宣传与推广,可以适当增加课时,实行课内外一体化的教学模式,切实提高学生的学习水平。

(3)各高校可以结合本校的具体实际,开展各种形式的健身气功比赛,为学生提供一个充分展示自己的平台,达到宣传马王堆导引术课程的目的,促使学生积极主动地参与到健身气功习练中。

(4)教师在教学的过程中,要尽量采用多种形式相结合的教学方法,且教学方法要简单明了,不能过于复杂,以免打击学生学习的积极性。要营造一个相对安静、通风良好的教学场所,为学生的学习奠定良好的保障。

[①] 翁小芳.健身气功·马王堆导引术教学实践研究[J].体育论坛,2014(4):90-92.

第五章　学校武术教育课程体系结构优化探索

小　结

　　学校武术教育课程体系结构优化是一个非常系统且复杂的过程，而且武术学者对其看法也各有不同，但无论如何，我们都有一个大致的方向，就是要不断地提升学校武术教育的质量、提升学校武术教育的内涵，弥补短板，发挥中国武术特色，构建丰富的内容体系。由于篇幅所限，本课程体系只针对性地从武术套路、武术格斗（散打和短兵）、武术健身气功三个层面进行结构优化分析，当然这里也不可能涵盖所有的武术技术内容，但本课程结构优化的整个过程都是基于供给侧改革"提质""增效"的基本思路进行的。通过设计不同武术课堂体系的内容结构，以此提供出多样化的学校武术供给内容，学生可以根据自己的喜好，从中选择自己喜欢的武术内容，这里就要充分考虑到每个个体的实际，因材施教，喜欢艺术表现套路就选择套路类的，喜欢技击格斗的就选择格斗类课程等。这里需要指明的是，我们提出武术套路类课程优化也好、武术格斗类课程优化也好，以及武术健身气功的课程优化等，教师在传授不同武术类型的知识与技能时，其培养的侧重点要有所不同，如武术散打课程结构优化方案，最重要的目的在于通过武术散打的格斗训练或学习培养学生勇于拼搏、敢于竞争、积极向上的精神、气质和斗志；武术套路类和武术健身气功类课程结构优化方案，就可以多突出中华之神韵美、哲学美、身体美的艺术表现，培养坐立行走顶天立地的行为规范等。当然，无论是武术格斗类课程，还是武术套路类课程，以及武术健身气功类课程，它们之间都可以实现互补，也希望各位教师创造性地将其融合与互补，再进行重新提炼与整合，形成有自己特色的武术课程体系，只要大家一起努力，做好每个人自己的武术课程，相信学生们会认可武术的。

第六章　学校武术教育教学体系结构优化探索

在学校武术教育中,教学活动可以说是直接承载了武术的"传"与"授",学校武术教育发展的好不好,某种程度上是教学活动起到了决定性作用。因为学生武术知识的学习和掌握,武术功法的习练和提高都需要通过教学活动进行,因此构建一个科学、合理的武术教学体系是非常重要的。供给侧改革倡导以供给创新释放需求潜力,那么武术自身的教学体系结构也必须站在新的起点上推动武术内容的有效传递,以此给学生最真实、最真切、最特别的武术课堂。

第一节　学校武术教学的任务与原则

一、学校武术教学的任务

（一）全面发展学生的身心素质

大量的实践表明,经常参加武术习练能有效增强人的身体素质,促进身体各项功能的完善,能使人体的每一个部位都能获得有效的锻炼。一般情况下,人的身体素质发展主要包括以下两方面的内涵。一方面是指人体力量、速度、耐力、柔韧、灵敏等各方面综合素质以及人体运动机能等方面的发展。另一方面是指人体形态和心理素质方面的发展。

第六章　学校武术教育教学体系结构优化探索

（二）培养和提高学生的心理素质，丰富精神文化生活

武术教学担负着培养学生心理品质、丰富精神文化生活的重要任务，其具体表现在：培养学生学习传统文化的意识和兴趣；增强学生的爱国情感和意识；培养学生良好的品格；培养和提高学生的自我约束能力；提高学生与人沟通和交流的能力，增强社会适应性。

在物质生活极为丰富的今天，人们在紧张的工作压力之下，往往迷失了自我，失去了发展的方向。而通过参加武术运动锻炼，人们能找到真正的自我，丰富自己的生活，找到人生的意义和价值。

（三）掌握与提高武术技能

在武术教学活动中，学习和掌握武术技能是必不可少的一部分，因此也是武术教学的重要任务之一。需要注意的是，上武术课，不仅仅是学习与掌握武术技能，还要通过武术技能的学习，增强体育锻炼的意识，养成终身体育锻炼的良好习惯。

二、学校武术教学的原则

在参加武术教学活动的过程中，教师和学生都要遵循一定的教学规律和原则，这样才能提高武术学习的质量和效果。

（一）重视尚武崇德原则

尚武崇德是我国传统文化的重要思想和内涵。需要注意的是，有时候人们对尚武的内涵理解得不够透彻，甚至有些片面，有些人单纯地认为尚武就是一种人与人的争斗，但是它不属于乱斗，需要在一定的规则和道德约束下进行。一般来说，武术是一种人们强身健体、修炼身心、获得愉悦并有一定竞争意识的活动。在战争年代，尚武还可以表现为勇于战斗、敢于抗争的一种精神。对于"崇德"而言，主要就是指良好的道德品质，遵守既定的社会

规范。崇德与尚武相结合,就是习武之人所说的武德。武德对于习武者而言具有重要的意义,属于一种对习武之人道德约束的标准。习武者只具备高超的武艺是远远不够的,还需要具有良好的武德,这是习武之人非常看重的一个品质。俗话说,"未曾习武先习德",由此可见武德的重要性。因此,在武术教学中,教师除了帮助学生学习和掌握武术技能外,还要指导学生认识到武术的深刻内涵,明确学习武术的动机,将尚武与崇德充分结合起来,这样才能促进学生的全面发展。

（二）强调直观教学原则

在武术教学中,主要以身体练习为主,通常情况下会涉及众多的技术动作、练习方向和路线变化多样等情况。学生要想提高自己的武术技能,需要做好多种动作的衔接,以及保持良好的动作节奏,这都是武术教学的难点,教师应指导学生做到以上几个方面的要求。而要想实现这一目标,武术教师在教学中要十分强调直观性的基本原则,尽量采用直观的教学手段与方法,以使学生更加自如地学练武术动作。武术教师要多以直观演示为主,动作示范要正确和规范,这就是直观教学在武术教学中的实践体现。

由于武术动作多而复杂,对动作质量的要求较高,对习武者的身体形态、眼神、心智、动作规范等都有严格的标准。因此只有采取直观教学的方式才能取得理想的教学效果,在这样的情况下,示范教学法深受武术教师的青睐,广泛应用于武术教学之中。

在传统的武术教学中,武术教师大都采用讲解法与示范法结合的形式,给学生做好正确的动作示范,学生再进行模仿练习,这样能帮助学生建立清晰和正确的动作表象。但在现代信息化技术背景下,出现了一些更为理想和高效的直观教学方式,如多媒体技术、高倍速慢动作视频等技术的运用能帮助学生更好地学习与掌握武术动作,因此越来越受到重视。

第六章　学校武术教育教学体系结构优化探索

（三）突出武术风格原则

武术是一种追求身体外在表现形态的运动，主要以身体运动来表现文化内涵，而要想实现这一目标，仅仅依靠教学是难以完成的，还需要习武者自己的悟性，促使自身技能提高与文化品格的养成。

在武术教学中，教师要引导学生进行"悟"，尤其是"体悟"，多通过身体感知来了解武术文化内涵。笔者在实际的教学中就比较注重学生"悟"的教学，每次课前或课后都会让学生席地而坐，辅以轻音乐让学生静下来进行思考。也就是说，在这种学习武术基本技能的基础上，要多注重尚武精神的融入，充分展现出武术的精、气、神及武术独特的风格，也就是我们前文分析的，武术教学就要体现出武术的特色，要区别于一般性体育项目。

武术项目众多，内容也非常丰富，不同的项目有不同的功法套路，因此在进行练习的过程中，要突出武术的风格，呈现出武术的特色。例如，长拳舒展大方，太极拳缓慢柔和，习武者要清晰地认识到这一点。武术教师要运用高水平的示范和讲解，全面掌握武术各个套路风格，提高教学质量。

（四）注重内外兼修原则

武术属于中国优秀的传统文化，其本身蕴含着中华文化注重修身的诸多内涵，这其中就蕴含着许多中国特有的人生哲学。武术主张内外兼修，其中武术练习将人的"涵养"教育置于非常高的位置，也就是我们经常讲的"武德"教育，这一点也表现了我国传统武术内外兼修的特点。其中武术的"内"是指习武者心、神、意等心智活动；武术的"外"则是指习武者外在身体形态活动。即武术追求形与神的结合，通过参加武术习练，人们不仅增强了体质，还能培养性情、陶冶情操。因此，为了凸显武术的这一形神结合的特点，武术教师要在平时的教学过程中时刻灌输给学生身体内外和谐配合的精神,促进学生身心的全面发展。

(五)不断提高身体素质原则

在日常武术教学中,武术教师要安排一些传统武术功法的身体练习,其中武术独特的腰功、臂功、腿功的训练手段非常有利于学生体质健康水平的提升,而且也要比一般的运动项目更能促进学生身体素质的全面协调发展。实际上,促进学生体质发展也是体育教学的宗旨与出发点,武术教学活动安排也要围绕这一核心进行。因此,坚持提高学生身体素质是武术教学所应遵循的重要原则之一。

在武术教学中,贯彻提高身体素质的原则关键是要结合学生的实际情况合理安排活动量。

1. 根据学生的身体发展状况合理安排身体活动量

武术教师安排的身体活动量是否科学、合理,要看其是否对学生身体发展有益,或者说要看其是否真的不伤害学生的身体。事实上,学生的身体情况在一定程度上决定了身体活动量安排的科学与否。

在武术教学中,教师首先要对学生不同发展阶段的身体特征有所了解,总结学生身体发展的特征及规律,然后结合运动项目的特点合理安排身体活动量,从而达到预期教学效果。

2. 根据教学目标合理安排身体活动量

在武术教学中,首先要完成预先设计的教学目标,教学目标的完成时间、完成情况等与教师在教学中安排的运动量密切相关,甚至运动量的安排起直接的决定性作用。

实际上,在武术教学中,有的教师忽略了运动量安排的重要性。在教学中不顾学生的身体情况盲目加大运动量,不管什么运动项目教学,都以大运动量为主,这不仅无法达到教学目标,还会影响武术教学活动的正常进行,甚至影响学生的身体成长与发展。因此,武术教师要正确对待运动量与教学目标之间的关系,合理把控运动量。

3. 根据不同教学阶段合理安排身体活动量

武术教学可以划分为多个不同的阶段，每一个阶段都有相应的教学任务，如准备活动的量要适中，在教学学习环节中运动量可以小一些，以学为主。那么在复习提高阶段就需要"精讲多练"，以练为主，运动量就要大一些。因此，武术教师要根据不同教学阶段的实际情况来合理安排运动负荷。

（六）不断提高武术技能原则

在武术教学中，学生武术技能的掌握与提高不是一时一日而成的，需要一个连续不断的过程，在这个过程中，教师对武术技能的传授要由易到难、由简到繁，不间断地进行，这就是不断提高武术技能的教学原则。

学生在武术教学中能否达到增强体质、促进健康的目标，能否深刻体验到武术运动的乐趣，一定程度上取决于其对运动技能的掌握程度如何。为了促进学生运动技能的提高，使其掌握有效的武术习练方法，需要将这一原则严格贯彻到武术教学之中。

贯彻不断提高武术技能原则需要注意以下几个方面的要求。

1. 认识到武术教学中运动技能提高的重要性

学生在武术课上是否学到了东西，是否"学会武术"，主要反映在其对武术技能的掌握和其武术技能的提高上，也是学生养成终身体育意识和习惯的必要前提。可见，武术技能在武术教学中所占的分量非常大，切实搞好运动技能教学，对培养学生的终身体育意识与锻炼习惯有重要意义。

2. 分层次掌握武术技能

总的来看，武术技能的掌握与提高是为学生需求服务的。在武术教学中，必须牢固树立"以人为本"的教学理念，辅以我们经常所讲的"健康第一""终身体育""素质教育"的一般体育教学理念。因为学生学习武术的需求并不一定是在追求"健康或终身体育或是素质教育"。这些提法是站在教育者的角度提出的,而不是站在学生角度提出的。因此,以不同学段学生的不同需求为核心传授武术技能和身体活动,才是应有之策,反映出"以人为本"的教育理念。为此,这就需要使学生在不同时期掌握不同类别、不同层次的技能与方法,经过长期系统的学习,学生的武术技能层次与水平都会不断提高,武术技能也会更加全面,为学生们终身体育锻炼奠定良好的基础。

3. 提供良好的教学环境与条件

在武术教学中,学生要想尽快掌握武术技能,首先就要有一个良好的教学环境,这是一个重要的基础。在硬件条件方面,硬件环境如场地器材尽可能规范标准等,在软件环境方面,教师自身素养与专业素质要高,教师自己要与学生展开良好的互动与交流,所采用的教学方法必须符合学生特征与需要等,总之教学环境必须能够激发学生的学习积极性。

(七)时时保证安全环境原则

在武术教学中,受各种因素的影响,有可能会发生一定的安全事故。因此在教学中还要时刻注意安全防护,教学环境必须安全,学生在武术习练中也要时刻注意安全,加强安全教育,培养学生的安全意识与自我保护能力,避免因防护措施不当而造成严重的安全伤害与意外损失,这就是时时保证安全环境的教学原则。

在武术教学中,贯彻时时保证安全环境原则要注意以下几个方面的要求。

(1)学校相关部门要结合本校具体实际制定安全运动的规章制度,教导学生要严格按照既定的规章制度参加武术习练。

(2)定期与不定期地对学生进行必要的安全教育,以提高学生的运动安全意识。

(3)充分发挥学生干部的管理作用,在学生干部的带领下,

第六章　学校武术教育教学体系结构优化探索

降低活动风险。

（4）制定伤害事故安全预案，以便在发生安全事故时做到有备无患，能根据事先制定好的安全预案及时做出解决对策。

安全的重要性无须质疑，上面提到的各个方面就是要做好安全防护措施。但这里需要指明的是，学校或教师绝不能以安全为由，将武术课上成了安全课，如果这样就丧失了武术教育的作用。因此，倡导安全教育，但不倡导武术课堂上成"安全"课堂。

（八）不断体验武术乐趣原则

不断体验武术乐趣的原则是指以学生个性需求和身体素质差异等为依据，使其在进行武术身体活动的同时体验武术的乐趣，巩固兴趣并形成良好的武术习惯。

作为一项重要的教育课程，武术课区别于其他教育形式的一大主要特质就是身体活动的乐趣。在武术教学中，初接触武术运动的学生，是比较陌生的，经过武术教师的引导和自己长期的不断认识，学生们在课堂中感受到的武术文化和武术独特的身体表达，一招一式美的体现。即使只是初步掌握了武术的基本动作或只参与了几次武术课堂，由于武术肢体语言非常符合学生们对"武"崇拜的心理需求，此时一种自豪感、成功感和乐趣感等就会油然而生，因为练武会使他们和别人不一样，会变得更厉害。同时，同学们武术身体活动的乐趣还来自学生们在武术身体活动中巧妙地配合或互相地竞争，尤其是武术对抗比赛、武术表演等就非常能够吸引人。这其中的主要原因除了身体参与还有别人的身体参与、身体活动之美也会散发出一种乐趣，带给别人也有一种期待参与武术运动的乐趣。因此，我们就能够很清晰地认识到武术教学给别人带来的一种乐趣是多么重要，也就是说，供给侧改革视域下社会各领域要让人们有更多获得感的各项体系结构建设的原则也是遵循于此，武术教学给人的乐趣感与之不谋而合。因此，学校武术供给侧改革推进的如何，教学方法、教师传递的武术的情感也就显得尤其重要。这也就是笔者在上课教学方法中经常运用的"疯狂"的课堂教学来激发学生参与武术的兴趣,满足了学生们对于身体活动更趋向于"求趣、求新、求动、求知"的心理需求。[①] 我们常说,要让一个人改变行为习惯,最立竿见影的就是惩罚,但是它的效果不会长久,而鼓励所能带来的行为改变,效果更明显,持续时间更长。[②] 因此,武术教师们一定要认识"快乐参与"的武术教学原则,要从学生的个性出发,从武术学习的每一次微小的进步入手,坚持与完善激励的教学手段,是我们激发学生武术学习兴趣、保持武术运动热情的基础。为此,笔者总结了贯彻体验武术乐趣的武术教学原则,还需要注意以下几个方面的要求。

（1）武术教师要有"让学生不断获得成功的武术体验意识"。

（2）武术教师要善于开发"有利于学生体验武术乐趣的教学方法"。

（3）武术教师要正确对待和理解武术乐趣与吃苦教学的矛盾问题,要有能够将吃苦的武术训练变为开心训练的能力,这就需要武术教师具有超强的调动课堂的能力。

（4）绝不能把武术课上成枯燥乏味课,即使是最简单的冲拳和踢腿,也要基于第二点和第三点来开发武术乐趣教学。

（九）不断提高集体意识原则

不断提高集体意识原则是指要在武术教学中,充分发挥尚武精神所体现出来的凝聚集体精神和情感连接的作用,使学生有相当统一的武德规范、武术行为和武术修炼意识,要将天下武林一家人的经典故事传达于学生,让学生感知习武之人的家国情怀。这样学生就会非常注意自己作为习武人的言行规范,礼仪规矩。以此使学生们能够准确定位自我,完全融入武术大家庭之中。这

---

① 刘志红.学校体育教学评价体系构建与可操作性研究[D].石家庄:河北师范大学,2007.
② 王登峰.以学校武术教育助力国运昌盛与国脉传承[J].上海体育学院学报,2017,41（2）:71-74.

第六章　学校武术教育教学体系结构优化探索

种武术独特的集体意识和行为会使每一个习武的同学都有意识去做更好的自己,并来感受同门之间互相协助的兄弟情感,以此来共同努力实现习武群体的一致目标,从而不断提高学生们的集体意识。

武术教师要将这种武术独具的"家国情怀"之集体意识原则贯彻到武术教学活动中,关键还需要做到以下两点。

(1)给学生提出共同的学习目标和任务。这里要注意的是这个学习目标和任务一是基于国家层面,同时也要教师们自己总结提炼自己的武术课堂到底要实现什么目标和任务,只要目标任务清晰,就以目标任务为原则来设计自己的课堂教学,形成自己的教学风格。

(2)充分挖掘武术教学活动中的集体意识要素。挖掘武术教学中的集体意识要素,这就需要教师们多读经典的武术专著,甚至是一些文学作品。教师们首先要懂,要有熟记于心的经典故事;其次,武术教师要有将其表达出来的语言组织能力,并能够生动地表达;再次,要善于利用课堂的队形组织和集体练习来承载集体意识要素,即时刻都能提炼出武术集体意识要素;最后,在武术教学过程中要会依据学生的特点进行合理分组,合理构建小组教学或分组的组织框架进行小团体意识培养。以上举的例子都能很好地在教学过程中培养集体意识,当然还有很多,这也就需要教师在课堂中灵活把握。

(十) 不断积淀中华文化的原则

不断积淀中华民族文化原则是指在武术教学中,教师采取多种方法和手段使学生深入认识与理解中华文化的独特魅力,并将武术所蕴含的如尊师重道、讲理守信、勇敢仗义、坚韧笃行、刻苦求进等民族文化精神运用到武术实践之中,以此促进学生传统文化素养的提升,促进了传统文化的传承,也对树立学生文化自信和重塑民族精神起到了巨大促进作用。因此,积极贯彻积淀中华传统文化原则要贯彻到武术教学的始终。但贯彻这一原则还需要做到：武术教师要熟悉或对中华传统文化及武术文化有深入了解、研究，并有效提炼自己在课程中能发挥哪些文化元素，这里要避免空谈文化，空讲文化，一定要在理解的基础上运用武术肢体语言表达、武术教学方式方法等来承载出文化，尤其是要创新文化植入的流程。笔者的方法就是通过创设各种仪式来承载这种文化，如入场礼仪、退场礼仪、静思仪式、比赛仪式、教学仪式等，将尊师重道、讲理守信、勇敢仗义、坚韧笃行、刻苦求进等民族文化精神始终贯穿于武术实践的始终，以此激发学生学习武术的积极性，也提高了课堂教学效果。因此，创新有利于武术文化传承的教学手段与方法是非常重要的，只要发挥武术教师自身的能动性，创造丰富多彩的武术课堂文化氛围将不是难题。

第二节 学校武术教学的方法

武术发展到现在，可谓是博大精深，武术的内容也随着时代变迁而越加丰富，深受人们的欢迎和喜爱。那么学校武术在功法练习、套路演练和技击实战方面基本上都有涉猎，各个学校的开设的内容也大不相同。但表现在具体的武术教学中，教学的主要内容归纳起来也就是武术知识、武术技术和武术基本能力三个部分。作为一名武术教师，要想将这三部分知识很好地传授于学生，真不是一件容易的事，这就需要武术教师具备出色的专业能力和教学能力来更好地面对诸多不同需求、不同个性的学生。因此，武术教师在掌握基本的教学方法之前要对如下基本能力进行熟练掌握。

（1）武术知识：武术常识、武术文化理论、武术习练方法等。

（2）武术技术：武术基本功、武术套路、格斗、功法、技巧等。

（3）武术基本能力：学生武术技术掌握水平、运用武术技术的能力等。

当掌握以上基本能力之后，以下我们分析的学校武术教学方

第六章　学校武术教育教学体系结构优化探索

法才会变得有意义,因为教学方法是为教师传授的技术服务的,只有技术掌握的扎实,教学方法才能起到锦上添花的作用。

一、语言教学法

（一）讲解教学法

讲解教学法是指在武术教学过程中,教师为了使学生通过"听觉"来感知教学内容,采用简练准确的语言对相关教学内容进行分析的方法,在武术实践和理论教学中比较常用。

武术教学实践中,运用讲解教学法时需要注意以下几点。

（1）讲解要明确,能够抓住重点。语言精练,讲解与教学目标实现有关的内容,这里就需要教师有一定的理论储备和对武术技术的理解。

（2）讲解要正确。讲解内容要准确无误,当然每位教师对武术的理解不一样,武术也讲究风格,因此这里讲的准确无误,一定是武术技能掌握规律的无误,不能出现不利于学生思想和身体发展的讲解和要求,也绝不能出现或触犯的低级错误。

（3）讲解生动、简明扼要。教师的讲解要有感染力,能激发学生学习的兴趣。

（4）讲解要有启发性,善于诱导和启发,引导学生主动思考、举一反三。

（5）讲解的内容前后应有关联、符合逻辑,讲解要生动形象,以加深学生认知。

（6）讲解注意时机与效果,抓准重点与难点,提高讲解的效率。

（二）口头评价法

口头评价是一种非常简单而且可以随堂和在课后都可使用的教学方法,主要是教师对学生的武术习练的语言点评,能起到重要的提点作用。笔者在教学实践中就非常喜欢运用口头评价法,因为武术技术相对复杂,面对大部分学生对武术理解与认识的不够深刻,尤其是武术活动中的身体表达并不是很流畅,那么作为武术教师一定要有给予学生更多肯定的"时机"。这里为什么我用"时机"二字,因为在武术的教学、训练等各个方面,课堂是无时无刻不在变化的,教师一定要在这种变化中,抓住能够给予学生们或某一学生肯定的那个"时机",做到有理有据的口头评价,即肯定,以此让学生真正有一种荣誉感,并感受老师对自己的关注,这是武术教学中非常重要的一个教学细节。

为此,笔者认为在运用口头评价法时需要注意以下两个方面。

一方面,多运用积极的评价,激发学生的积极性,促进教学活动的更好开展。需要注意的是,教师一定要避免当众对学生的批评,学生武术动作掌握不好有非常复杂的情况,有可能今天的心情不好,也会影响同学的上课情况。作为武术教师的我们要明确,武术课堂一定是一种"正能量"的情感和思想传递,我们武术教师要用武术独特的"正能量"来感染每一位同学,这里我们提到的感染是武术教师精神状态、语言表达的积极状态,进而使武术课堂成为一个具有浓烈"积极氛围"的课堂。因此,课堂中避免消极情绪,其中当众批评就是一种消极评价的表现。

另一方面,"消极评价"也有一定的作用,以笔者个人的教学经验来看,我们是建议尽量避免使用。如果真要使用"消极评价"指出学生的不足时,应注重语气和口气,避免打击学生,明确其提高的方法和努力的方向。需要指出的是,这里提到的"消极评价"并不是教师的行为或语言消极,只是针对积极评价的一个侧面反映,即批评教育法,因为学生的个性差别很大,行为规范也不尽相同,也就会出现学生确实做出很多出格的事情,适当运用"消极评价"还是有必要的,但上面已经指出要以不伤害学生的自尊心为准则进行"消极评价",这里也需要武术教师们掌握好"度"。

（三）口令、指示法

口令、指示法是武术教学常用教学方法，主要是用较为简短的字词句来提醒学生，以及时提示学生接下来的动作和及时阻止学生出现错误动作。

口令和指示法的应用要求如下所述。

（1）教师在教学过程中应发音清晰、声音洪亮。

（2）教师对学生的口令、指示应尽量使用正面引导、积极性的词汇，并注意提示的时机。

（3）合理把握口令和指示的节奏。如教师在讲解后直拳时，可以将整个技术动作归纳为"蹬地、转腰、送肩、力达拳面"。

二、直观教学法

（一）示范法

示范法在武术实践教学中可谓是一个不可或缺，而且极其重要的一种教学方法。如每一个技术动作学练都需要通过教师、学生或者影像等示范来让学生了解正确的技术动作路线、过程与形态。示范法可以提高学生对武术技术动作的最直观感知，尤其是优美、潇洒的示范更是能够激发学生们的学习兴趣和积极性。当然在武术教学中，教师的示范除了要讲究正确、到位，同时还要注意各示范方法运用的时机。那么我们在具体的武术教学实践中，应该如何更好地示范呢？下面就重点解析武术教学示范法在具体应用时需要注意的一些关键环节。

首先，武术教师在示范技术动作之前一定要目的明确，了解示范动作是要解决什么问题，如针对新动作的教学，第一步要进行整体示范所教武术技术动作，以便学生形成具体动作的感官；第二步，要从哪教，这时就要注意示范动作过程中关键技术环节的展示，以便学生清晰明了地认知待会要干什么、学什么、怎么学的一系列问题。

其次,示范动作的正确与流畅。因为武术独特的神韵美需要武术教师最真实的展示,这是吸引学生学习武术很重要的一个方面。犹如每当看到武侠电影中精彩的武术动作,都会吸引很多人向往武术的那种感觉。也就是说,武术教师在教学中一定要具备良好的专业技能,这样才能将武术示范得正确与流畅。

再次,有了教师正确与流畅的技术示范,就需要教师在示范武术动作时方便学生观看,可多角度示范。如教师可站在横队的排头、排尾连线所构成的等腰三角形的顶点进行示范,或站在相向而立的两列横队之间的空地进行示范,或站在学生形成的半圆形或马鞍形的中间位置进行示范。

最后,教师的技术示范还应与讲解结合起来,以更好地加深学生对正确技术动作方法的理解与掌握。

(二)教具与模型演示法

在武术教学中,有时会用到一些模型和教具,这些模型和教具的展示可增加武术课堂教学的氛围和乐趣,尤其是更加直观、生动形象地把武术教学与学生学习连接起来。因此,武术教师也要多利用各种实物、教具,进行示范性直观教学,尤其是在科技进步的今天,通过现代化教学手段,如多媒体、互联网、智能APP及终端设备都能非常有效地使学生获取武术的技术表现学习与技术直观动作。这里的教具与演示法一定要配合讲授法、谈话法等一起使用,这样对提高学生的学习兴趣、发展观察能力和抽象思维能力,减少武术学习中的困难有重要作用。当然,教具与模型演示教学法的应用还需注意以下事宜。

首先,要提前准备课堂中要运用的教具或模型;其次,教具、模型在实际教学中一定要全方位展示,尽量介绍具体相关使用方法,还可以让学生近距离观察与体验;最后,要注意教具与模型的使用保护及确保器具安全。

（三）助力与阻力教学法

助力与阻力是对技术动作的外力施加，是武术实践教学中常使用的教学法，主要目的是帮助学生正确理解技术动作的用力幅度、大小、身体所在位置等。在武术教学中由于学生个体的差异，对掌握技术动作的要领会有一定差别，因此在具体的教学中要有老师的个别指导，这种个别指导需要教师亲自帮助有困难的学生完成动作，这种"助力与阻力"教学法就需要手把手地对学生进行帮助，以纠正学生的错误姿势，而且这种方法会经常用到。如最简单的冲拳动作，往往很多学生就是不会体验冲拳的发力，这时教师有耐心地进行阻力练习，教师稍稍给点反作用力，让学生体会蹬地、转腰、送臂的整个力点传递，以此增加学生对技术动作的掌握。那么助力练习就如同学们冲拳时的速度过慢，教师微微辅助手臂给予向出拳方向的一点力量，以此让学生体会出拳时的速度，这样学生就会非常清晰速度的感受。用过助力与阻力教学法可以避免教师的讲解无法让学生真正地体会，这样的教学就会满足武术教学中学生对体验感的一种追求。

（四）多媒体技术法

多媒体教学是在现代信息技术背景下，利用多媒体技术开展武术教学活动的一种方法。

在运用多媒体教学方法时需要注意以下几个方面。

（1）提前联系和安排多媒体教室。

（2）提前试用多媒体设备，确保教学如期、顺利开展。

（3）教师应熟练地对多媒体设备进行操作。

（4）提前编写好应用于多媒体教学的教学课件。

三、完整与分解教学法

（一）完整教学法

完整教学法是指武术教学中教师组织学生进行完整的技术动作练习。一般来说，简单的技术动作学生能一次性完成练习，学生有较强的理解和模仿能力，就能使用完整教学法组织学生进行整个技术动作的学练、巩固、提高。

利用完整教学法进行教学时，需要注意以下几个方面。

（1）在进行完整学练动作前先讲解动作。

（2）让学生完整练习动作前，教师应进行完整的技术动作示范，尤其是重点环节要示范清晰。

（3）完整教学法的应用应综合技术动作难度特点和学生的认知、模仿能力特点。

（4）对学生具有一定挑战性的技术动作，教师可考虑降低难度进行完整技术动作学练。

（二）分解教学法

分解教学法就是将整体的技术动作进行逐步、小段的分解，各节、各段依次施教的教学方法。分解教学法往往适用于难度较大的武术动作。

运用分解教学法时需要注意以下几个方面。

（1）对技术动作的分解要注意科学，不能打破各环节之间的有效衔接。

（2）分解后的技术动作依次教学，熟悉后注意组织学生对学习环节前后的衔接结合练习。

（3）技术动作分解与完整综合运用效果更佳。

（4）这里尤其要注意的是，即使是分解教学，也尽量将每一个分解的动作当成完整的动作来进行教学，就是每个拆开的动作其实又是一个完整动作,这样会避免将动作人为地割裂开来,因为每一个完整的动作都是由不同的完整动作组合而成的,避免因分解教学产生碎片化教学。

四、预防与纠错教学法

学生在习练武术的过程中难免会出现一些错误动作,这时就需要教师及时发现并给予纠正。预防教学法是对学生的错误认知、错误动作提前采取阻断措施的教学方法。纠错教学方法是学生在武术教学中出现认知、动作错误后,及时予以纠正的教学法。

在运用预防与纠错教学法时需要注意以下几个方面。

(1)武术教师应在讲解过程中不断强化正确认知,避免学生出现错误的认知。

(2)武术教师在备课时可结合自己的教学经验对学生可能会出现的错误做好预防预案。

(3)对学生的纠错,要注意正确技术动作的讲解,使学生明确产生错误的原因,及时改正。

(4)可结合口头评价、提示、指示帮助学生及时预防错误和改正错误。

(5)结合外力帮助,运用推、拉、托等使学生明确正确技术动作的本体感觉。

五、指导发现教学法

指导发现教学法是指通过语言指导帮助学生发现武术教学内容的重点、难度,抓住技术动作的重心和关键环节,使学生更好地理解和掌握教学内容。

在运用指导发现教学法时需要注意以下几个方面。

(1)让学生养成预习的习惯,从而帮助学生发现问题,带着问题上课。

(2)教师应注意教学过程中的语言、动作引导,注意举一反三,引导启发学生。

（3）教师可以组织学生进行小组合作,集合集体的智慧去发现教学内容中的问题。

（4）发现问题与分析问题是联系在一起的,教师应引导学生积极思考,找出解决问题的方法,在解决问题的过程中掌握武术教学的内容。

六、游戏教学法

游戏教学法就是在武术教学过程中安排各种游戏让学生参与并掌握教学内容。通过游戏教学法开展武术教学,能令武术教学更加生动,有助于激发学生学习的积极性。

运用游戏教学法需要注意以下几个方面。
（1）游戏应与武术课的内容密切相关。
（2）游戏内容应引起学生学习的兴趣。
（3）游戏开始前,注意游戏规则、目的的讲解。
（4）游戏过程中,强调学生的积极努力、同伴的协同配合。
（5）游戏结束后,教师应做客观、全面评价。
（6）注意武术教学的安全。

七、实战对抗教学法

实战对抗是武术教学中的一个常见方法,在武术对抗实战内容教学中,教师可以通过具体的对抗案例进行分析,也可以组织学生在掌握好技术动作后,进行实战比赛。

对抗案例分析,应注意两个方面。一方面,举例恰当,避免举无效案例;另一方面,对战术配合和战术组织的案例分析,要尽可能地详细,并注意多角度（如攻、守）分析。

在组织学生进行武术对抗比赛时,应注意以下几个方面。
（1）明确对抗比赛目的,讲解规则。
（2）分组合理,各组实力应相当,注重差异性分组。

（3）对抗结束后，教师应做客观、全面评价。
（4）注意武术教学中的安全。

第三节 学校武术教学的具体实施过程

科学组织与管理武术教学活动过程是武术教师所必须具备的一项能力，要想取得理想的教学效果，必须要组织与管理好整个武术教学过程。一般来说，武术教学过程主要包括教学前准备、教学具体实施及教学效果评价三个方面。

一、武术教学前的准备工作

我们都知道，要想组织与实施武术教学活动，做好教学前的准备工作是十分重要的，这也是最基本的教学组织过程，诸如一定要做好充分的课程计划，并编写好教学计划，而且在每一次课前都要明确这堂课的教学目标，并在此目标下合理选择具体的教学手段与策略等。作为一名武术教师，除了在最基本的课堂教学准备上，还要有针对性的根据武术教学的特点，尤其是项目特点进行区别对待，同时还要依据教学目标和学生特点制定合理的教学计划，想方设法利用问题情境、体悟、意念等武术特有的方式激发学生学习的兴趣，提高学生自觉学习的意识，让学生产生积极探索学习的欲望。而对于学生而言，在这一阶段要明确自己的学习任务和目标，为教学活动做好充分的心理准备。

二、武术教学活动的具体实施

我们认为，武术教学活动的展开过程是教学的主体，这也是整个武术教学最复杂、最关键的环节。为此，这就需要师生围绕着要达到的武术教学目标展开多种实际的交流活动。这些具体的教学活动的展开本研究具体总结了4个方面，阐述如下：

结构优化：供给侧改革视域下学校武术教育的发展探索

（一）每次课要让学生充分了解武术动作的基本概况是前提

由于武术技术属于难度性较的身体活动，那么武术教师要想达到良好的教学效果，首先需要做的是通过何种方式和途径让学生能够了解每次课要学习武术动作的基本概况，而不是直接进行武术教学。作者本人根据自身的习武经历和10多年的武术教学经验，本研究总结出可以通过三种途径进行具体操作。其一，抓住学生容易对新事物、新现象产生的好奇感，通过直观感知，即潇洒的武术动作示范来刺激学生形成一种武术动作的表象和概念；其二，通过让学生对武术教师动作的观察，并随之进行体验，这种体验以一种实际操练，即模仿的形式（不讲求动作的对错或标准，只强调参与）的方式形成一种直接武术动作感知；其三，就是借助于教师清晰、幽默的对于武术技术的语言表述进行一种间接性武术技术感知，这就需要武术教师有对武术理论知识的充分掌握，及高度的概括及抽象表达能力，使之通过语言表达逐步由间接性武术技术概括达到一种间接性武术感知。因此，在实施具体的武术教学活动时，将本次课程所学习的武术动作的概况向学生表述清楚是前提条件，而且一定要让学生对所学武术知识有充分的感知过程，这样将极大的利于学生在心理和身体方面做好武术学习准备。

（二）每次课要让学生充分对所学知识进行文化感知是核心

在武术教学过程中，教师应积极引导学生学习武术理论知识，尤其是武术中特有承载中华文化精神的这些理论知识，必须要深刻、细致、系统地将武术知识、学生的经验与原有的知识结构体系联系起来，以此提高学生对传统文化的感知力，同时通过传统文化与武术技术的结合的讲解还能更有助于提高学生的思维想象能力、逻辑分析能力等。这对于学生学习和掌握武术知识与技能具有非常大的帮助，因为武术知识与技能的学习必须置于中华文化的场域之中进行。在武术教学过程中,学生知识结构体系的完善与运动技能的提高是一个持续深化的过程,要求师生都要深刻认识到这一点,这就需要武术教师有一个不断持续深化的知识传递能力。在具体的武术教学实践中,老师要通过生动形象的语言讲解和动作示范来不断持续性地表达武术中体现传统文化的精髓,以此加深学生的武术文化印象,从而更好地掌握武术知识与技能。

(三)每次课要让学生对所学武术知识进行不断巩固是重点

通过初步的学习,学生掌握了一定的武术知识,在学习新知识之前,还要通过不断的重复学习巩固所学的旧知识,以加深印象,形成一定的肢体记忆和知识记忆。巩固所学知识,复述所学知识,反复锻炼武术技能是学生提高武术技能的重要手段,理应引起高度重视。也就是说,武术的教学既复杂又简单,在这个过程中一定要处理好"精讲多练"的武术"体悟"的特殊性,体悟就是不断地身体实践,只有不断地身体实践才能真正巩固所学武术知识。当然,这里需要指明的是,在不断加强武术身体实践的过程中,要注意教学方法的运用,这里要结合本章第二节所述的教学方法灵活运用,还要避免把武术的身体实践,变成简单的重复练习或训练课,枯燥的重复课堂。

(四)不断创新及灵活运用教法来提升学生武术能力是灵魂

一般来说,武术的技术动作都较为复杂,因此就需要教师能够灵活地运用教学方法提升学生掌握一定的武术知识与技能,促使学生自身武术知识技能向能力方面的转化,这对于提高学生的创造意识与能力具有重要的意义。这里灵活运用教法要注意以下几点。

(1)要了解学生的基本情况,教师要时刻关注学生的武术学习情况和课程掌握情况、学生的性格、身体水平等。

（2）要制订严密的教学计划。要对所教的武术技术内容和武术文化知识了如指掌，以此能够根据不同的教学情况分析其真正原因进行解决，做到心中有数。

（3）要因材施教。根据每个学生的程度和领悟力来确定武术教学内容和进度，要根据他们的实际情况来制订教学目标和方案，务必做到对学生有用、可行，保证他们确确实实学到东西。

（4）要注意时刻调动学生的积极性。武术的教学过程中学生是否想学非常重要，如果没有足够的办法让学生"想学"，那么再好的武术课程也无法实施。因此，在武术教学过程中的语言、肢体表达等都尽量幽默生动通俗易懂的予以表达，以足够的情境吸引学生的注意力，以提高武术教学质量和效率。

（5）一定要有对学生高度负责的情感。这里需要做到的是教师真心地喜欢武术、喜欢课堂、喜欢学生，然后通过自己的情感表达让学生喜欢教师，这一点非常重要，如果做不到，学生就很难与教师产生情感共鸣。所以说，只要教师对学生是真正的情感表达，学生就一定会感触到教师的责任心，当学生感知到教师的认真负责的情感，那么武术教学的成功就已获得大半。

三、武术教学效果的评价反思

在对学校武术教学体系结构优化的探索中，我们不能忽视武术教学效果的评价。只有通过教学效果的及时反馈，武术教师才能清晰地认识到学生的实际水平和自己教学能力的高低，从而根据教学评价与反馈来修正教学方案，展开下一步的教学活动。武术教学效果的评价反思，主要是以学生的学习态度和学习结果为依据，以此判断教学目标的达成情况，然后采取有针对性的措施实施教学活动。关于教学效果的反思，主要包括学生对自己学习情况的监控与思考，以及教师对自身组织教学活动的深刻反思，这种评价反思活动对于武术教学质量的提高具有重要的意义和作用，因此，要将武术教学的评价反思贯穿于整个武术教学过程之中。

四、武术教学的注意事项

（一）要注重武德教育

武德在武术教学中占据着极其重要的地位，拳谚讲"未曾习武先修德，未曾学艺先习礼"，这样的谚语表述正说明武德在武术传习中历来都是被师父们极其重视的，武德也是武术界人士共同信仰的一种言行准则，习武者要以"武德"为准则来规范自己的举止、品评善恶。因此，在武术教学中，武德教育必须贯穿于教学的始终。培养学生的武德，可以从以下几方面来进行。

1. 培养同学们的习武礼仪

在古代，习武之人一般都有着良好的习武礼仪，历经各个时期的发展，这一礼仪流传到现在，对于武术文化的传承与发展起到了非常重要的作用。在武术礼仪教育中，武术教师要教导学生以良好的礼仪对待他人，崇义尚武，不可高傲自满。在具体的武术实践课上，见到教师要行抱拳礼，见到同学要行抱拳礼，获得教师的表扬与赞许要行抱拳礼，教师给予评判与鼓励也要行抱拳礼，也就是说武术的礼节要贯穿于习武过程的每一个环节。这里要提出的是，现在不少的武术课堂的武术礼节只是在课前问好和课程结束进行象征性的武术的礼节仪式，这种象征性的武术礼节教育是无法内化学生或教化学生的武德的。只有在课堂的每一个细节或环节之处都予以体现，才能真正地让学生理解武礼、感知武礼、接受武礼，最终达到自然而然的展现武礼。

2. "武化"同学们的内贤外王

我们知道历代习武之人都有嫉恶如仇、伸张正义、助人为乐的优秀品质，更体现出尊师重道、勤修苦练的武林规训。这都在一定程度上反映了习武者可通过武术修炼来提升自己的道德品质,是中华民族一直所追求的"内贤"的儒家之理想人格。当然习武的核心也不是以"杀伤"为目的,各武术技术体系中所讲究的"后发制人"、以武会友等武术文化思想,也是儒家"仁爱"思想的集中体现。因此,在武术教学中,一定要将武术的文化内涵结合武术技术来"武化"学生的"道之以德",以之让学生切身体会与充分展示中华传统伦理道德理论对人的积极影响。

3. 教化同学们的以礼待人

武术注重礼仪,强调友好待人,因此在武术教学中,教师要灌输给学生互相尊重、友好待人的思想品质,帮助学生共同发展和提高。在具体的教学过程中,学习能力强的学生要积极帮助学习能力差的学生,被帮助的同学也要心存感激,谦虚学习,从而实现共同提高的目的。武术是以身体练习为主的项目,一些技术动作具有一定的技击性,学生在学习武术、切磋武艺时,要爱护他人,不可以招法比试同学,更不能出手伤人。如在进行格斗技术习练时,教师要指导学生注意安全,只能模仿慢速练习,不可逞强好勇,更不可使力出招伤人。

综上所述,武术教学不仅仅是武术技艺的习练与提高,同时还包括武德与修养,在教学过程中要将二者充分结合起来来进行。

(二)要突出难点、重点

面对武术驳杂的教学内容,时至今日,武术的教学体系也未真正统一起来,那么面对教学体系现状,武术教师尤其要把握好自己所教内容的教学重点与难点,将自己所教的内容系统起来,统一起来,并由浅入深、层层深入地展开教学活动。

1. 由浅入深地进行授课

由浅入深地展开教学活动对于学生武术技能的提高具有重要的意义。一般情况下,基本的程序为:先学习与掌握基本技术动作,然后进行复杂动作或串联动作的学习。如"初级长拳"教学,

第六章　学校武术教育教学体系结构优化探索

首先应练习手型、步型,然后练习腿法、拳法等基本技术,再练习手型、步型、腿法、拳法之间的组合技术,之后再进行分段套路练习,最后进行整套动作练习。这里还要注意的是还需结合一些攻防概念进行讲授,不能脱离攻防,这是武术的核心,也只有这样才能有效提高动作武术水平。

2. 由易到难地进行讲解

在武术教学中,武术教师在讲解技术动作时,要由易到难地进行讲解,先采用分解法进行教学,然后再将技术动作组合起来进行完整教学,这样才能有效提高学生的武术技能水平。

3. 围绕中心的灵活开展

武术动作多而复杂是武术界公认的事情,那么在具体的教学过程中我们如何更好的开展教学一直是武术专家及武术工作者探讨的热点问题。本文认为,基于武术的复杂性决定了教学要避免单一性,这就需要采用一种发散性的教学方式,否则就会影响学生学习的积极性。但这种发散性的教学方式要避免毫无逻辑及层次的"乱为",而是要有点带面,即应围绕某个中心的武术动作展开教学,例如,在进行冲拳教学,如果一味地让学生重复性冲拳技术练习,学生肯定会感觉到枯燥,这就需要我们配合其它动作进行,如配合马步成马步冲拳,配合弓步就成为弓步冲拳,可以原定冲拳,还可以行进间冲拳,当然还可以结合技击进行冲拳的对抗练习,但我们始终是围绕"冲拳"这个中心点来进行教学的,即重点解决的问题是冲拳技术,没有偏离这个点,通过其它途径来进行层次递进,使其教学就产生了一种灵活性和趣味性,因此我们每个环节、每个技术都根据这一原则进行改良武术教学,必将收到良好的教学效果。

（三）要以学生为核心

教师和学生是教学活动的重要主体。在现代教育背景下,武术教师应把握"以人为本",即"以学生为本"的基本理念,充分发

结构优化：供给侧改革视域下学校武术教育的发展探索

挥学生的积极能动性，围绕学生展开一切教学活动。

1. 充分调动学生的积极性

对于很多学生而言，由于武术教学体系结构优化的严重滞后，学校武术教师受各种条件的影响，其武术技能、教学能力普遍不高，因此造成了武术教学的单一性和品质化不高的现状，造成了学生们武术课程参与的体验感差，也造成了很多同学认为武术课堂比较枯燥和乏味，学生的学习兴趣不大。在这样的情况下，武术教师必须要采用灵活的教学方式激发学生学习的积极性。可以采用游戏或者比赛的形式进行教学，如分成若干小组进行踢腿比赛，看哪一组踢得又齐又好，由教师和学生共同评分。再如，两人一组面对面进行马步冲拳比赛，看谁蹲的时间长。总之，要想激发学生学习的积极性，武术教师要革新思想，打破常规，采用创新的手段与方法指导学生学习与锻炼。

2. 以人为本，注意个性化教育

我们知道，世界上没有完全一样的人。那么每一名学生也是不同的，其中武术教学中，我们直接要面对的就是不同的身体条件及不同的理解能力，因此在武术教学中要坚持以人为本的原则，注意讲究一种个性化教育和差异化教学。例如，在武术教学中不要过于强调每个人的技术标准和掌握程度，只要学生跟着认真练习，教学就要予以承认和认可，身体条件好的可以要求的高一些，身体条件不好的可以降低一些标准，理解能力差的我们作为教师的要有耐心多讲几遍，实在理解不了的可以单独进行指导，不能因为理解能力差就对此类产生放弃的心理。也就是说，只有这种以人为本，有针对性的个性化教育才能真正的帮助学生，感化学生，以此让学生正在的得到武术技能的发展和提高，并以此爱上武术。

第六章　学校武术教育教学体系结构优化探索

小　结

　　供给侧改革背景下的学校武术教学体系结构优化,始终要树立"以学生为本"的思想,必须将学生对武术学习的"获得感"放在首位,从激发学生对武术兴趣入手的教学才符合供给侧改革的理念。当我们进行武术教学内容的选择、教学方法的确定、教学组织的安排时,都要充分考虑到学生对武术教学有哪些需求和期待,而且要将武术课堂充分地交给学生,一定要发挥学生学习的主体作用,要将传统的被动武术技能传授变为学生武术学习的自主探索。同时,还要注意学校武术教学体系的结构优化一定不能忽视武术文化与中华精神的传递,要在教学体系中深挖武术内涵,使武术技术教学无不渗透中华文化的传播,使学生武术技能学习的过程变成传统文化获得、民族情感凝聚以及自身精神内涵提升的过程。因此,学校武术教育教学体系结构优化的探索将会使学生在兴趣盎然的武术学练过程中"润物细无声"地得到各个方面的滋养。

第七章　学校武术教育师资体系结构优化探索

　　学校教育是当代武术传承、发展的重要途径。然而,"学生喜欢武术,但不喜欢武术课"的事实已严重影响学校武术教育的开展。这其中的原因是多方面的,其中,学校武术的教学内容与学生的需求不相匹配,是其中重要的一个原因。而教学内容又是由武术教师这个载体向学生们进行传授的,所以,武术师资知识、技能结构的改善成为学校武术教育改革成功与否的关键。钟启泉教授认为:教师是传道、授业、解惑的主要人员,教师自身的理论素养和实践能力决定教育事业的成败。[①] 如何保证教学内容的有效实现呢?张磊等专家学者认为:"教学改革的实践早已证明,教学改革过程中最大的动力来自教师,最大的阻碍也来自教师,吸引广大教师的积极参与乃是一项教学改革成功的关键所在。"[②] 因此,如果学校武术教育的改革中师资结构优化是其中的重要一环,学校武术教育的健康发展离不开出色的教师队伍,若是没有优质的教师队伍做保障,学校武术教育的一切活动都难以有效地开展。也就是说,作为教育部门,要想促进我国学校武术文化的弘扬与传播,丰富学生的武术文化知识,提高学生的武术技能,就必须要加强武术师资体系的结构优化,进而促进我国学校武术教育师资队伍的整体提升。

---

① 张峰.中小学武术教学改革探骊[D].上海:上海体育学院,2015.
② 张磊,孙有平,季浏,等.范式及其反思:我国高校体教专业术科教学改革研究20年[J].武汉体育学院学报,2014,48(7):78-83+97.

第七章　学校武术教育师资体系结构优化探索

第一节　学校武术师资建设现状

教师是武术教学活动的重要主体,教师指导着教学活动的顺利进行。因此,武术教师的综合素质如何将直接决定着武术教育工作的成效。基于国家体育总局武术管理中心课题组的调查发现(表7-1~表7-3),我国学校武术师资队伍建设情况还远远不能令人满意,无论是在数量还是在质量方面都存在着较大的不足,并且武术专业教师相当匮乏。表7-1中更是显示出,现在的武术课教学基本都是由一般体育教师来承担,而专业教师比例太少,只占29.2%,同时还有不少学校的武术教师是由其他学科教师担任,这样的师资条件下学校武术传承的状态可想而知。尤其是表7-3中,武术教师的教学能力调查,教学能力强的只占这些教师人数的4%,不能教的占到了44%,其他教师只是处于一种一般的状态。这样的现状是非常可怕的,学校武术的传承困难重重,"名存实亡"也就有了事实根据。武术作为技术强、文化内涵丰富的民族体育项目,对教师的要求很高,如果不具备一定的武术专业水准,也就很难系统了解武术文化内涵和进行科学有效的武术教学指导,更难把武术文化知识传递与武术技能教学有机融合。

表7-1　全国武术教育现状的调研

调查项目	调查结果
武术师资	武术课程主要由一般体育教师担任,所占比例达到70.8%,武术专业教师只占29.2%

表7-2　武术师资构成情况的调查(%)($n=3266$)

	一般体育教师	武术专业教师	外聘武术教师	其他任课教师
小学	67	32.6	9.8	6.0
初中	75.1	26.8	13.1	8.5
高中	70.5	25.4	7.4	3.6
总体	70.8	29.3	10	6.0

结构优化：供给侧改革视域下学校武术教育的发展探索

表7-3 武术师资教学情况的调查(%)(n=3 266)

调查项目	调查结果			
武术教学能力情况	能力强	能教	不能教	一般
所占比例	4	20	44	32

资料来源：《关于学校武术教育改革与发展的研究》课题组. 我国中小学武术教育状况调查研究[J]. 体育科学,2009,29(3): 82-89.

当然导致这一现状的原因是多方面的，其中教育体制缺陷、武术人才培养体制等不健全都是其中重要的原因。但我们从国家体育总局武术管理中心课题组的调查中会发现，当前我国学校武术师资建设情况突出体现在教师数量不足与质量（专业素养）不高这两个方面。

一、武术教师数量严重不足

武术进入学校课堂中虽已有相当一段时间，但受西方竞技体育的冲击，学校武术始终依附于西方体育的门类之下。由于西方体育所呈现出简单化、竞技化、趣味化等显著特征，其更容易吸引人的参与。同时西方体育在奥运、锦标体系的影响之下，其影响力是武术所不能比拟的。尤其是从专业的体育院校和师范院校，武术专业教师的人才培养数量也是非常少的，比起其他体育项目，只能说是量小力微、寥若晨星。如此一来，武术专业毕业的大学生进入学校教育系统，那将是"沧海一粟"。这也就使武术始终都无法获得在学校场域内的快速发展，如果让不是武术专业的教师从事武术教学，有很多教师从内心上来讲是不愿意投身到武术教学之中的，因为武术太难、因为还要重学，而且武术还相对来说要难教，不如球类来的方便，如此一来，这样的武术师资队伍群怎么能让学生学习武术的积极性普遍提升呢？武术教师的数量严重不足，这极大地制约和影响着我国学校武术教育的发展。因此，加强武术师资队伍的建设势在必行。另外，从国家体育总局武术管理中心课题组《关于学校武术教育改革与发展的研究》的调查还显示，目前我国大部分中小学武术教师严重不足，有一部

第七章 学校武术教育师资体系结构优化探索

分学校甚至没有专任的武术教师,武术课主要由其他体育项目的教师担任,这一比例达到6%,这对于武术教学质量的提高是非常不利的。调查中还显示,我国学校武术师资建设还存在地区不平衡的现象。总的来看,经济相对发达地区的学校师资力量相对雄厚,而经济相对落后地区的学校,武术师资就更为匮乏,武术专业教师成为一纸空谈。在这样的条件下,学校武术教育水平是难以获得发展和提高的。

我国中小学武术教师数量匮乏,并且存在严重的地区不平衡现象。而对于普通高校而言,师资建设依然不容乐观。据学者武英满的调查,北京非体育类专业高校中,基本上每一所高校都能配备一名武术专业教师,但这仍然不能满足武术教学的需求。从事武术课教学的教师大多不是武术专业出身,很多是非武术专业出身的教师承担,这严重影响到武术教学的质量。这一情况在笔者所在单位吉林化工学院也是如此,武术专业教师相当匮乏,专业武术教师只有2名,而吉林化工学院却开设了拳术、刀术、剑术、太极拳、传统养生功、散打等近10门相关课程,这还不包括开设的外国武技跆拳道、剑道等课程,为了完成这些教学任务,体育教师们只能"赶鸭子上架",突击学习,边教边学。因此,针对这一情况,各学校必须要采取必要的措施和手段加强武术专业教师的培养,只有先拥有一定数量的武术专业教师才能"巧妇做好有米之炊"。

二、武术教师专业素养不高

当前,我国学校武术教师除了数量不足外,还存在武术教师专业素养不高的问题。这一现状同样制约着我国武术教育的发展。据对武术教师的一项调查发现,在大学期间专修过武术的仅占15.9%,有43.9%的体育教师对武术教学感兴趣;34.2%和59.1%的体育教师能够完全或基本按照图解自学武术,并通过讲解、示范教会学生武术;32.4%和57.7%的体育教师认为很有必

结构优化：供给侧改革视域下学校武术教育的发展探索

要或有必要定期进行武术培训。[①]

据叶小明、赖锦松对广东省各学校武术教师的调查，发现51.6%的武术教师是体育院校和师范院校武术专业毕业；48.4%的是非武术专业体育教师和其他类型。其中其他类型包括：外聘教师、其他文化课教师等，一方面，小学武术专业教师严重缺乏……小学仅9.6%的武术教师是武术专业毕业；另一方面武术专业毕业的教师半路出家习武的占62.5%，由此可看出武术教师的整体专业素质不高。[②]

以上调查充分反映出目前我国学校武术教师专业素养不高的问题。如果武术教师的专业素养不高，就无法有效组织与开展教学活动，无法顺利实现教学目标，难以胜任武术教学工作，阻碍着学校武术教育的发展。武术教育学者刘文武博士也在论文中提到了教师素养不高的问题：很多学校的武术教师并非是按照教学大纲或是根据教材规定实施教学，而是自己说了算。由此，刘文武博士认为：只有深刻地认识到师资在这场改革中扮演着至关重要的角色和武术教师所具备的素养条件，尤其是武术教师的知能结构，教师在武术教学中实际教授什么往往取决于他自身能够教什么，而不是别人规定他教什么。因此，教育决策层即便出台了改革教学内容的种种政策，武术教材即便一改再改，如果教师不具备相应的知能结构，也就无法在实践中贯彻执行，最后采取的对策往往只能是根据自身所能实施教学。[③]

目前，我国大、中、小学的武术师资主要来源于体育院校和师范院校武术专业毕业生或体育教育专业毕业生，由于现如今的高等院校培养出来的武术师资，其知能结构基本是围绕西式教育体制的培养和框于西方体育语境体系下的竞技武术而建立起来的，正如著名武术文化学者王岗教授所言："当下身体教育的教师，

---

① 宿继光.学校武术教育的当代困境与出路[D].太原：山西大学，2016.
② 叶小明，赖锦松.武术师资在中小学现状与制约因素分析研究——以广东省为例[J].当代体育科技，2015（19）：222-223.
③ 刘文武，杜杰，胡海旭.学校武术教育——定位、现状、对策[J].武汉体育学院学报，2015，49（9）：64-68.

第七章　学校武术教育师资体系结构优化探索

所拥有一切的身体文化知识、技能储备已完全是西方体育化的范式"。[①] 这种按照西方体育范式培养出来的武术师资,对于除武术"技术"以外的"文化"知之甚少,也就无法达到武术文化和中华文化传播的基本知能结构。因此,现有的武术教师培养,也就培养成了"操化武术"的教师、"肢体武术"的教师,因此也就无法让学生感受到中华武术文化的博大精深,也就无法改变武术"操化"的现状,也就不能实现武术教育所承载的"传承民族文化,弘扬民族精神"的价值主旨。所以,要优化学校武术教育师资结构,还必须关注武术师资培养或武术师资教育体系中的"武术知能结构"。

经过上文分析,当前无论是武术师资数量还是质量方面都存在着一定的问题,教师是实现武术教育目标、内容、方法、评价、教材建设的灵魂。因此,尽早解决武术教师专业素养培养问题对于我国学校武术的发展至关重要,学校武术教育的师资体系结构的改革与完善任重而道远。

第二节　学校武术师资培养途径

中共十八大强调:"当前形势下,要努力办好人民满意的教育,要立德为本,深化改革、全面实施素质教育、推动高等教育内涵式发展,培养德智体等全面发展的社会主义建设者和接班人……"学生要想获得全面发展和提高,成为促进社会发展的人才,首先就要接受学校教育,而学校教育的发展则要求必须要有出色的师资力量做保障。教育学科作为推进素质教育的前沿学科之一,在培养学生综合素质过程中,发挥着至关重要的桥头堡作用。为此,只有教师培养成具有复合型知识体系之师,方能胜

[①] 王岗,邱丕相.重构中国武术教育体系的理论研究[J].上海体育学院学报,2008(3):61-66.

任未来具有挑战性的本职工作。[1]

一、复合型武术教师解读

关于复合型教师并没有一个明确的概念和说法,总体而言,要想成为一名复合型教师,必须要具备良好的人际交往能力、丰富的知识结构,并能将这些知识合理地运用于实践。[2]那么我们认为武术"复合型"教师概念的提出,也为顺应学校武术教育供给侧改革提出了很好的视角,这既能满足我国学校教育系统内部的供给侧改革,也符合我国学校教育整体发展的要求,当然也更能满足我国广大学生对"优质教育资源"的需求。

(一)"传统型"与"复合型"武术教师的区别

(1)在知识知能结构方面,"复合型"武术教师不仅具有良好的专业知识结构,还能将武术专业文化知识充分应用于教学实践之中,这样才能极大地提高武术教学质量。另外,"复合型"武术教师的知识结构还能表现出广泛性和多样性的特点,这与"传统型"武术教师单一性的知识结构相比有着明显的区别。

(2)在具体的武术教学实践中,"复合型"武术教师能完成各方面的教学要求,实现教师"教武育人"的重要目标。

(3)在教学效果方面,"复合型"武术教师培养出的学生,一般都具有全面发展与特长突出的特点,如在高校中武术教师除了传递基本的武术文化知识,还能将武术文化知识所蕴含的独特礼仪规范运用到日常的行为和未来的职场中,即武术文化中无时无刻不承载着"礼"的教化,这能提高学生良好的社会适应能力,有助于学生在毕业后迅速适应复杂的职场环境和社会竞争。而"传统型"武术教师培养出的学生大多呈单一化方向发展,如只是纯

---

[1] 张海燕.对高校复合型体育教师的认知与培养方案[J].体育世界,2015(10):117-118.
[2] 赵德忠.试论复合型体育教师[J].辽宁教育行政学院学报,2010(12):95.

第七章　学校武术教育师资体系结构优化探索

粹的"以武教武",只是纯粹的武术身体活动,从而欠缺全面育人的过程。因此,供给侧改革背景下的学校武术教师体系结构优化,"复合型"武术教师培养将是重中之重。

（二）"复合型"武术教师的特征

1. 健康、积极的形象与心态

作为一名合格的武术教师,首先就要具备身体健康的基本要求。这里的身体健康主要包括人的机体、心理和社会适应能力三个方面。对于"复合型"武术教师而言,要在平时的教学与训练之中,加强身体各项素质的完善和提高,塑造良好的精神品质,提升自己的意志水平和较高的专业技能。良好的形象、积极向上心态是"复合型"武术教师最基本的要求,只有在武术教师积极向上的氛围感染下,学生才能从内心来认可武术就是积极向上的代名词,自己学习武术也能像教师那样积极向上。

2. 知识、技能的多元与多样

在现代社会高度发展的背景下,人们的需求越来越多元化,表现在学校武术教育中,学生对武术的需求也呈现出多元化的发展趋势。那么面对这种多元化发展趋势,作为一名武术教师,也要将自己的知识结构日益多元化,而不仅仅局限于武术学科、体育学科,作为承载中华文化传承的武术教师,还应该广泛吸取中国传统哲学、美学、兵学等知识,甚至还要将学习的领域延伸到文化学、社会学等领域,因为当我们面对个性多样的学生群体时,学生的需求我们并不完全知道,但是作为教师,知识储备就是要丰富,这样也就避免了常人对武术人固有的"头脑简单、四肢发达或粗鲁、暴力"的认识。同时,专业技能也要多元与多样,大学时候学武术套路的,那么就多涉及一些格斗类项目,大学时专注格斗项目的,那就多涉猎一些武术套路项目,当然还有其他运动技能,要做到一专多能。只有这样,武术教师才能与时俱进,才能与时代共舞,也只有这样才能有效促进学校武术教育的发展。一名"复合型"武术教师,不单是学校武术的组织者和实施者,同时也应是社会武术的主要参与者和专家。这说明"复合型"的武术教师的活动空间扩大、影响力更为广泛。因此,"复合型"武术教师多元化的知识结构这一特征尤为明显。

3. 承担多重角色

"复合型"体育教师在工作中承担着多种角色,既是教育工作者又是体育工作者。在体育教学过程中,"复合型"体育教师是学生学习的指导者,帮助学生学习和提高知识与技能,同时体育教师又是学生学习的榜样,这两种角色体现出体育教师的主体与客体行为。在体育教学活动管理中,"复合型"体育教师既是管理者,又是被管理者,有着双重身份。另外,从终身体育方面来看,"复合型"体育教师既是教学者,又是学习者。从社会工作来看,"复合型"体育教师既有校内工作,又有校外社会工作,承担着多方面的任务。因此,承担多重角色是"复合型"体育教师的重要特征。

二、培养"复合型"武术教师的重要性

(一)"复合型"武术教师是学校武术发展的迫切需要

随着全球一体化进程的深入,国际竞争日益激烈,经济和社会的快速、健康发展对复合型人才的需求越来越迫切。复合型人才必将成为新时期人才培养模式的主流趋势与战略选择。那么我们关注到武术领域或体育领域,由于各体育类项目的国际化发展水平都在渐渐提升,其相关的人才培养也在不断推进。从这方面看,武术教育领域是落后的,因为武术教育的学科体系发展至今还不能与其他相关学科相媲美,甚至相近的武技,跆拳道、空手道、柔道、剑道等项目也已狠狠地将武术抛在了身后。我们所最熟知的韩国跆拳道和日本空手道项目,其师资培训体系、人才培养力度在全球范围内有目共睹,这也让这两个项目在中国稳稳地

第七章 学校武术教育师资体系结构优化探索

站住了脚跟,甚至跆拳道已经将武术踢出了校园,跆拳道已快成为中华武术的代名词了。[①]

由此产生的严重问题是,目前的学校武术教育并没有完全适应学校教育环境的这一根本现实,这其中突出的矛盾就是武术人才的素质要求与学校武术现实所需高素质、复合型的人才素质之间的不平衡。我们更知道,武术在学校场域内发展举步维艰有诸多因素,但最基本的或者说最核心的问题是武术教师自身的职业素质和专业技术素质、综合能力等各方面的问题。国家、政府和社会各方面都在大力支持武术进入学校、进入课堂,这可以说是为学校武术的发展扩宽道路。武术既然要"引进来"成为学校文化建设的重要部分,那么就应真切地"走下去"。如何走下去?其中主要矛盾就是需要有一个媒介或载体来传递武术,这个载体就是武术教师。因此,武术教师就需要有崇高的武术道德、专业的武术技能、优秀的职业素质、娴熟的教学能力、灵活的处置突发事件的能力、科学的教学手段和教学方法等,这就是当今学校教育中急缺的专业硬、技术强、素质高、综合实力强的"复合型"武术教师。

(二)培养"复合型"武术教师是学校教育发展的必然要求

在学校教育发展的进程中,教师扮演着非常重要的角色,教师是教学活动的组织者与管理者,同时又是学校课程改革的引领者和探索者。大量的事实表明,为适应现代社会的发展,建设一支高素质的复合型教师队伍对于我国学校教育的长远发展具有深远的影响和意义。因此,培养"复合型"武术教师是当今学校武术教育的重中之重,也是学校教育未来朝着更高质量发展的必然要求。

随着学校课程的改革及素质教育理念的日益深入,尤其是在

[①] 李雄锋.国内武术与跆拳道对比研究综述[J].忻州师范学院学报,2010,26(2):69-71.

结构优化：供给侧改革视域下学校武术教育的发展探索

中华民族伟大复兴的时代潮流中，文化自信需要武术教师，文化弘扬更需要武术教师，也就是说新时期武术教师在教学过程中的责任越来越大，因为国家需要"复合型"武术教师，学校武术教育的发展需要武术教师，学校教育朝着更高质量发展还需要武术教师。因此，新时期的武术教师必须要具备与之相匹配的能力，这样才能胜任未来武术教师这一职位。由此可见，武术教师的职业化程度如何将直接影响武术课程实施的质量和深度。作为武术传承的主体和发展的核心因素，武术教师被寄予更多厚望，复合型人才培养呼唤"复合型"武术教师。

（三）复合型人才培养是教师个人专业成长的重要举措

人们要想在社会上立足，获得良好的发展，就要"活到老、学到老"，这是一个亘古不变的真理。而在学校教育中，教师的教育工作同样也是一个"教到老、学到老"的过程。那么，作为传承中华优秀文化的武术教师是否能将每一堂武术课、每一学期的武术工作都作为自己专业成长的每一个重要环节，首先就需要武术教师对自己未来的成长有一个严密的规划和具体要求。作为新时代的武术教师必须有加快自身专业成长的意识，要想更好地胜任本职工作，满足学生武术学习的需求，就要努力向复合型教师的方向转变。武术教师的职业化发展，其最终目的就是提高武术教学质量，促进学校武术教育的发展。由此可见，培养"复合型"的武术教师也是促进武术教师自身专业成长的重要手段和途径。

在这样的情况下，在学校武术教育中，培养"复合型"武术教师就成为教师职业发展的必然要求。

（四）培养"复合型"武术师资队伍是适应学生全面发展的客观需求

当前的学校教育体系、教学课程建设工作上还存在着薄弱环节，这些薄弱环节对促进学生的全面发展呈现了供给能力的严重

第七章　学校武术教育师资体系结构优化探索

不足。学生的全面发展是学生智力和体力的充分、统一的发展。同时,还包括发展学生个人的才能、志趣和道德品质等方面。科学素质是人的全面发展的内在要求,我们知道教育就是培养学生成为全面发展的人的有效途径。当前,我国在培养素质全面、具有创新精神的复合型人才方面还没有取得很大的突破,其问题的瓶颈恰恰是教师队伍的整体素质还跟不上时代的要求。科教兴国,教育是本;教育之计,教师是本。师资队伍水平决定高校教育质量和学术水平,决定是否正在能够培养全面发展的学生。为促进我国学校教育的进一步发展,我国进行了一系列教育改革和课程改革,在学校武术教育方面,我们要更加重视学生的主体地位和学生个性化的培养,只有这样学校武术教育才能在促进学生全面发展方面扮演着越来越重要的角色。因此,在供给侧改革的背景和理念下,要想促进学生的全面发展,学校武术教育自身的师资队伍供给就是要着重提高的一个方面,也就是要建立一支高素质的复合型的武术教师队伍。只有在全面发展的武术教师的带领和指导下,学生才有可能在武术知识、技能及社会适应力等方面获得全方面的发展。因此,在学校武术教育中,要想帮助学生提高武术知识与技能水平,促进学生全方面发展,就必须要加强武术教师的培养和培训,培养出一大批高素质的复合型师资队伍。

三、"复合型"武术教师的培养路径

(一)注重武术教师的职后教育工作

要想成为一名高素质的"复合型"武术教师,必须要具备丰富的武术知识、出色的武术技能和良好的师德,而师德则是武术教育中非常关键的一个环节。如果武术教师缺乏一定的师德,那么教育效果就无从谈起。如果武术教师知识结构单一,综合能力比较欠缺,那么武术教师就很难适应学校教育的改革,难以跟上学校教育的发展步伐,自然无法满足学生武术学习的需要。

大量的实践表明,师资力量薄弱已成为制约我国学校体育教育改革的重要因素。因此,学校教育相关部门要对此引起高度重视,采取各种措施和手段加强教师的职后教育与培训。这是促进学校武术教师综合素质发展的一个重要途径和手段。要保证武术教师职后教育与培训的质量,教育主管部门及学校应建立一个健全和完善的培训机制,而且要真正重视武术教师的职后培训,不能因为武术学科是小众项目而忽视它,也就是说真正确保武术教师职后教育与培训的可行性与实效性,通过各种方式不断开阔武术教师的视野,提升武术教师的综合素养。

(二)加强未来武术教师的职前教育改革

目前,作为我国大、中、小学武术师资主要来源的体育院校和师范院校的民族传统体育专业和体育教育专业毕业生。民族传统体育专业毕业生一般都具备丰富的武术文化知识和出色的武术技能,但体育教育专业的毕业生在武术技能方面就要逊色很多,而体育教育专业毕业生又是学校体育教师的重要来源,但民族传统体育专业毕业生没有教师资格证(此专业不属于师范类),因此能够进入学校的比例很少,如果进入高校则最低需要硕士研究生和博士研究生学位,对于受专业训练的民族传统体育专业的毕业生来说,又不是很多人能够考上研究生的。也就是说,现在的武术师资职前培养已经遇到了很大的困境。而且这个困境一时又很难解决。因此,体育院校和师范院校相关部门要进一步推进体育教育专业武术专项学生培养机制改革,要通过四年的大学培养出一大批高质量的"复合型"武术人才。为实现这一目标,首先,对作为武术师资主要来源的体育教育武术专业学生的教育,除为了多出人才、快出人才而采取学院派批量化的教育模式外,还应在学校培养过程中与武术学院专业教师或民间武术传承人兼有传统一对一师徒制的传承方式相辅之。这样学生一方面在学校学习武术教育理论,继续提升原有技术水平;另一方面可以接触到老师一对一的武术传承而了解武术文化的精髓,使体育

第七章 学校武术教育师资体系结构优化探索

教育专业武术专项毕业生走出校门后能够真正具有武术教育所应具备的"技术"和"文化"兼备的知识和能力,从而摆脱像当下许多体育教育专业毕业的武术教师想教却因自身不具备相应能力而不能教的尴尬局面。其次,对于民族传统体育专业的在校生,要加强教师资格证的考核培训,这个工作要当成此专业的重要的一个辅修方向,相关职能部门要协调好各方面资源,为民族传统体育专业在校生做好培训工作,帮助其拿到教师资格证。为以后的武术师资梯队建设和培养"复合型"武术教师人才储备人力资源。

(三)武术教师要重视自我提升与发展

作为一名合格的武术教师就必须要朝着复合型教师的方向努力,在平时的学习和工作中,武术教师要时刻从多方面提升自己。要将自身日常生活与工作与校本培训、外出学习及学术交流等多方面结合起来进行,紧跟时代发展的步伐,在搞好本职工作的同时,严格要求自己,利用一切可以利用的时间学习,去思政殿堂中寻宝,去文史哲宝库中畅游,涉猎人文知识丰厚的"诸子百家",然后"汲精去粕"。与此同时,武术教师也不要脱离社会,而是要保持与社会的密切联系,从身边的事、周围的人身上学到书本中没有的知识,积累丰富的社会经验,这对于武术教师综合素质的提高也是非常有利的。

总之,武术教师要想成为一名复合型教师,就必须要在平时的工作中加强学习,注重自我提升与发展,注重理论与实践的结合,在实践中不断完善自己,提高自身综合素质。

(四)教学相长,提高综合素质

在武术教学中,教师与学生互动最多的地方相信一定是课堂教学。教学活动作为双向的互动,有教师的教还要有学生的学,同时二者也都是教学活动的主体。随着社会的发展,在现代教育理念背景下,学生的主体地位体现得更加明显,越来越受到重视,是学校武术教育供给侧改革的核心理念之一,就是要让学生学习武术有更多的获得感。大量的实践和事实表明,教师和学生能在教学活动中实现教学相长,获得共同发展。在武术教学中,对于武术教师而言,一方面可以就某些问题与学生展开讨论,从中获得某些灵感和想法,促进自身的发展和提高。另一方面可以通过教学互动等环节进行间接学习,在武术实践中检验自己的教学模式与方法是否合适,是否有利于武术教学质量的提高。总之,为提高武术教学的质量,促进武术教师各方面素质的发展,武术教师要立足于教学实践,在传道授业解惑中,在武术教学反思中,获得额外的收益。由此可见,武术教师在武术教学活动中也能实现教学相长的效果,同时这也是培养"复合型"武术教师的重要途径和手段。

（五）加强不同学科之间的密切合作

在新的时代背景下,全球一体化的趋势越来越明显,国与国、地区与地区之间的联系更加密切,而对于社会各个行业而言,也是如此,因为现代社会讲究的就是合作共赢,单打独斗的年代早已过去。在学校武术教育中,为培养"复合型"的武术教师,各学校应积极调整思路,加强不同学科之间的密切合作,实现学科之间的碰撞、交叉与融合。武术教师可以在相互学习的过程中,发散思维,开阔视野,促进自身综合素质的提高。在平时的教学过程中,武术教师要抓住契机,取长补短,逐步构建出集人文知识体系、武术专业能力与综合素质于一体的、多才多艺的"复合型"武术教师培养体系。如武术教师可多加强与文科教师之间的横向联系,从而能有效促进武术教师人文素养的发展;与艺术学科密切合作,可以学到艺术中诸如舞蹈与音乐中的"节奏感与韵律美"等,有益于武术操、武术舞台剧等武术教学的创新;当然还可以与理科教师进行密切合作,可促进武术教师的逻辑严谨性。当然还有很多,这里不再一一举例。总之,对于武术教师而言,只要想学习,任何学科都可以融合与借鉴,我们一定要多学习他人长处,尤其是要借鉴各学科名师的发展经验,促进自身的完善与发展,为成长为一名"复合型"的武术教师奠定良好的基础。

第三节 学校武术师资发展探索

当前,我国学校武术教育存在着师资严重不足和综合素质不高的问题,这一现状严重制约着我国学校武术的发展。要想建设一支高素质的武术师资队伍,就需要不断挖掘与培养武术教师,加强在职教师的培训,提高武术教师的专业化水平。具体而言,可以采取以下策略。

一、积极开展在职武术师资培训

据相关调查发现,我国大部分学校的武术教师很少参加过专业培训,参加专业培训的武术教师仅仅占很小的比例,在武术教育中尤为如此。赖锦松在其《大武术观视域下学校武术师资的发展策略》论文中就提出:在定期参与进修上,武术教师总体上仅占12.6%,高校略好,但也仅有两成比例的教师定期参与,小学基本没有进修专业的机会,主要原因是有关部门定期举办武术培训本身就少,学校对武术教师培训专业也不重视,据调查84.4%的希望获得武术培训机会。当前学校在职武术教师基本上都沿用学生时代掌握的知识技能从事武术教学活动,多数长期缺乏继续教育和学习交流的机会,教学中极易形成凭借经验教学,久而久之以教师为主导的教学方法极易僵化导致教学效果低下,于是开始埋怨学生笨、教不会,而且更严重的是看不到学校武术发展的远景。

为什么学生厌学,教师厌教,到底是教不会还是不会教,一个很重要的原因就是武术教师的综合素质不足以胜任现代教育的发展对教师的要求。在当今知识经济发展的时代,知识更新的速度越来越快,人们若是不能与时俱进地跟上时代发展的步伐,就会被这个社会所淘汰。对于武术教师而言,面对当前的学校教育发展的大变革,就需要不断更新自己的知识结构体系,提升自身的专业素养。而要想实现这一目标,加强在职培训是尤为重要的。

体育部门每年都会有大量的关于体育指导员、体育教练员或体育教师的培训服务,而关于武术教师的专业技能培训则很少。因此,我国教育部门要针对武术教师开展必要的在职培训,以提升武术教师的专业素养。近年来,国家武术运动管理中心举办的"全国武术专业博士技术高级研修班"就是一项值得提倡和推广的培训活动。但这个研修班级别提高,该研修班的培训对象基本上是武术专业获得博士学位的人员,不适合大面积推广。但这种形式却非常有借鉴意义,可以针对性地开展如"小学武术教师技术研修班""中学武术教师技术研修班""高校武术教师技术研修班"等,在培训内容方面,要根据培训对象的特点和能力区别对待,对于武术教师而言,要加强其武术教学手段与方法、武术文化与礼仪、武术活动组织与管理等方面的培训。通过参加武术培训活动,有利于武术从业人员的各方面素质的发展和提高,同时也可以给予教师更多的荣誉感,让武术教师真正感觉到价值存在。由此可见,建立一个武术培训体系是尤为必要的。同时,学校教育的主管部门及学校领导要鼓励武术教师积极参与培训活动,只有武术教师的综合素质提高了,学校武术教育质量才能得到提高。

二、合理引进武术专业优秀毕业生

当前我国学校武术教育存在一对矛盾,那就是武术师资欠缺,但武术专业的毕业生却就业困难。造成这一矛盾的主要原因在于武术教育制度和人才发展体系不完善,如很多学校一味追求高学历的武术从业人员而忽视了其自身真正的教学水平,这种过于提高学历门槛的现象较为普遍,严重制约着我国学校武术师资力量的发展;另外,这与一部分高校的武术专业的毕业生专业技能单一、教学能力不足等有着一定的关系。总之,我们要综合各方面来看问题。

目前,我国武术教师师资的培养主要有两个途径:一是通过高等院校的体育教育专业培养;二是武术与民族传统体育专业的学习与培养。在这两个途径下培养出的武术教师各有特点,各有利弊。体育教育专业培养出的武术教师一般都有丰富的理论知识,在体育教育、训练、管理等方面的工作能发挥出自己的特长;而武术与民族传统体育专业毕业的武术教师通常具有较高的武术专业技能,但普遍存在着文化知识水平不高的问题。因此,加强这两个专业人才的培养是非常重要的。在未来的发展中,我们应该适当调整学校武术教师准入门槛,吸收高素质的武术人才加入武术教师队伍之中。

三、加强与社会武术团体与培训机构的合作

虽然武术进入学校教育已有时日,但很长一段时间以来,武术在学校教育中的存在感并不高,难以取得突破性发展。但是据调查发现,在民间,在社区体育活动中,武术却有着广阔的发展前景,参加业余武术培训班的青少年大有人在,公园、广场中各类民间武术开展的活动也非常丰富,很多人选择武术来健身,这说明武术教师是有着一定的市场的。因此,学校武术教育相关部门要看到这一点,充分利用好"民间或社会武术师资"这一宝贵资源,以此为突破口,大力发展学校武术教育。

随着我国全民健身运动的逐步进行,各类民间武术社团和武术培训机构也获得了相应的发展。尤其是一些民间武术社团具有鲜明的地域特色,地方武术拳种特点突出,深受热爱武术健身人群的喜爱。这些社会武术团体中的成员不乏有很多具有出色武术技能和理论水平的教师,他们也是推广社会武术活动的最主要力量。在社会武术团体不断发展的背景下,一部分著名武术家

结构优化：供给侧改革视域下学校武术教育的发展探索

积极参与其中为促进我国武术的传播与发展做出了应有的贡献。同时，社会武术培训机构由于资本的介入，其教师培训与教师人员素质日益增高，其相当一部分教师的技能水平很高，文化素养也非常好，他们大都是专业武术院校毕业，受过良好的高等教育，毕业后利用自己的专业优势进行创业。社会武术培训机构最大的优势是，他们一直在不停地钻研教法、钻研教学服务、钻研课程体系，只有不断地提供最好的课程才能获取更大的资本，因此社会武术培训机构可以说在武术教育方面有非常独到的东西，这是学校教育中武术教学无法实现的。

因此，在社会武术团体和武术培训机构日益火爆的情况下，学校武术教育加强与他们之间的合作就显得尤为必要。学校武术教育部门可以采用多种渠道与其进行合作，如聘请知名武术家、知名武术教练参与学校武术教学活动；聘请武术家和培训机构的武术教练担任校外武术辅导员等，这两种途径都能很好地提高我国学校的武术教育的供给水平，理应得到推广，相关部门也要给予一定的政策支持与保障。除此之外，在当前我国大力发展体育产业的背景下，学校还可以以购买武术公共服务的方式加强与社会各武术团体的交流与合作。这样既可以弥补学校武术教育资源的不足，又能推动我国武术产业的进一步发展。

小　结

供给侧改革，凸显的就是内部结构性变革。[1]也就是说，学校武术师资体系的结构的优化调整正凸显这种内部性结构变革。本章主要从整个武术师资培养的宏观布局和武术教师自身结构的优化进行了初步探索。本研究认为武术师资的结构优化问题首先要在宏观上予以布局，也就是未来武术师资的培养、引进等

---

[1] 姜朝晖.以供给侧改革引领高等教育发展[J].重庆高教研究，2016，4（1）：123-127.

第七章 学校武术教育师资体系结构优化探索

问题,本章也从武术师资的来源——体育院校和师范院校的培养上进行了分析,期望武术师资培养从源头就予以应有的重视。那么,基于武术教师自身结构的优化,本研究认为重点要从培养"复合型"武术教师和武术教师向复合型方向发展的一个思路。这样也就能有效解决当前武术教师整体状况难以胜任学校武术的发展的现状。当然我们还应该清楚地认识到,武术教师作为个体的人,也是希望受到重视的,除了教师自身的努力提升之外,还要国家高度重视出台相关配套政策,真正有效地加大投入和提供能为武术教师发挥作用的平台,肯定武术教师的劳动,鼓励武术教师主动投身到学校武术发展中。也就是说,内部的驱动力和外部的推动力要同时进行,这也符合供给侧改革要达到"供需平衡"的理念,只要武术教师自身内部的驱动力和相关配套政策的外部推动力同时发力,相信就一定能推动武术教育教学向更高质量方向发展,将有效促进构建与落实学校武术教育的新体系,共创学校武术发展的新格局。

第八章　学校武术教育赛事体系结构优化探索

学校武术竞赛是学校武术教学、训练的延伸与拓展,是学校武术教育的重要组成部分,更是推动学校武术教育可持续发展的重要途径。学校体育课程目标明确指出了要通过教会学生运动技能,让学生有更多的机会参与到体育竞赛中。如果我们的学校武术课仅仅是教会学生武术技能而没有竞赛,学校武术教育的价值就会大打折扣。而要完成学校体育"提高学生体质健康水平,让学生掌握至少一项运动技能,培养学生健全的人格"的三大任务,比赛是最好的平台。因此,只有学校定期有序开展的武术竞赛,才能够给学生提供展示的平台,进而有效激发学生们学习武术的动力,也能够通过竞赛检验自己的学习水平,强化学生自身的武术技能。也就是说,武术竞赛可有效发挥展示、激励与检验的作用,同时,武术竞赛又是学校对外宣传武术成果与文化交流的重要窗口,在传承民族文化、弘扬民族精神方面也具有不可替代作用与功效。所以,学校武术竞赛在学校武术教育的整个体系中扮演着重要的角色。

目前,武术运动既是全国大学生运动会的正式比赛项目,也是全国中学生运动会的正式参赛内容,每年还定期举办全国或省市的大学生武术锦标赛等相关赛事。学校武术竞赛在国内已经形成常态化、制度化,但目前的学校武术竞赛存在许多问题,没有发挥其应有的作用与价值,出现了诸如"上了一学期或多年的武术课绝大多数学生却从未参加过课内、校内、课外等任何武术竞赛"。究其原因,是我们的学校武术教育体系没有创设武术竞赛的环节,或是我们的武术课程上没有培养学生参与武术比赛的过

第八章 学校武术教育赛事体系结构优化探索

程,或是压根就没有学校武术相关的武术赛事。以上种种问题,正体现出了学校武术教育赛事体系结构出现了与实际需求严重不符的偏离。为此,学校武术教育的决策者,必须以学校武术赛事制度创新为导向来激活学校武术教育竞赛体系,并建立遵循学生需求与教育规律为导向的学校武术教育竞赛服务管理体系,以此消除学校武术竞赛制度供给壁垒来适应学生更多、更好的武术学习需求。

第一节 学校武术赛事的建设与发展

学校武术竞赛是学校各类竞赛的重要组成部分,学校武术竞赛从现有的体系来看,无论是全国大学生运动会的武术比赛,还是全国中学生运动会的武术比赛,其竞赛都是沿袭竞技武术的那套体系,也就是说学校武术竞赛俨然成了竞技武术比赛的一个分支。虽然现在的竞技武术体系已经很成熟了,但是由于学校武术竞赛更多的是面向非武术专业的普通学生,如果照搬现有的武术竞赛方法与形式显然是不适合普通学生的,因此,必须对沿袭学校的竞赛武术体系结构进行合理改造来适应或服务于普通在校学生群体。

一、学校武术教育竞赛发展的回顾

新中国成立后,学校武术发展经历了诸多重要的阶段,为了读者清晰明了地回顾学校武术发展历程,本研究将其划分为四个阶段,即新中国成立到"文革"前期为第一个时期、"文革"到改革开放前期为第二个时期、改革开放到20世纪末期为第三个时期、21世纪至今为第四个时期。1949年,中华全国体育总会筹备委员会成立。[1] 由此开始,武术在学校中的地位得到了确认,直到

---

[1] 毛振明.学校体育发展史[M].南宁:广西师范大学出版社,2005,7:2.

结构优化：供给侧改革视域下学校武术教育的发展探索

"文革"前期学校武术得到了一定发展，但发展相对缓慢，从学校武术地位确认直到1952年武术项目的正式推广，学校武术才能真正有些起色，这一时期也可以说是我国学校武术的萌芽期，也是学校武术竞赛的萌芽期。但历史跨入了1966年，"文革"的开始使处在萌芽期的学校武术几近消亡，学校武术活动严重受阻。直到"文革"结束，学校武术教育才得以复苏，1972年各体育院校的武术教学活动逐渐开展。[1]可以说这个时期学校武术教育发展处于孕育期。1979年改革开放后，学校武术教育进入了发展期，其中学校武术竞赛活动也逐渐增多，武术在1992年成为全国第4届大学生运动会的表演项目，在第5届大学生运动会上成为正式竞赛项目，此后，全国各省市大学生运动会武术项目也位列其中。[2]尤其是进入20世纪90年代，武术正式成为全国大学生运动会竞赛项目和全国中学生运动会竞赛项目。进入21世纪，武术虽然在学校教育中已占有一席之地，但由于西方体育文化的强势冲击，学校武术一直处于边缘化的发展态势，而且武术发展在这一时期面对入奥的关键冲刺期，武术也沿着西方式体操的发展而不能自拔，其竞赛体系更是依附于西方竞技体育体制之下，这一时期的武术竞赛内容竞技化、套路化、观众较少化等问题一直使武术比赛遭到诟病，严重制约了学校武术竞赛的发展。也可以说，这个时期是学校武术的反思期，这一时期针对学校武术教育发展的研究一直是学者们研究的热点问题。

通过学校武术发展的回顾，我们也对学校武术竞赛的发展有了一个清晰的认知，也就是说学校武术教育的发展直接影响了学校武术竞赛，学校武术竞赛的竞技化、套路化等问题又制约着学校武术的发展。

---

[1] 纪贤凡. 新中国60年学校武术教育发展的回顾与展望[D]. 苏州：苏州大学，2011.
[2] 江玲玲. 湖北省大学生武术比赛发展现状及对策研究[J]. 搏击（武术科学），2012，9（3）：49-50.

二、学校武术教育竞赛的发展特征

通过前文分析,学校武术教育在新中国成立以后经过了萌芽期、孕育期、发展期和反思期。在这个发展过程中,学校武术竞赛也得到了充分发展,这个在上文已经论述。那么这里我们要谈到的是,学校武术竞赛的发展目前所呈现出的特征。我们可以从今往前推,利用逆向思维方法,就可以清晰呈现学校武术竞赛的发展特征。我们现在的学校武术竞赛体系从全国大学生运动会、中学生运动中的武术比赛所呈现出的都是西方体育竞赛的一种规范化、制度化,表现在竞赛组织管理模式、比赛规则都是按照现代西方运动会的模式来操作的。这种现代化的西方运动会模式特征与西方体育大量在中国发展,其竞赛的管理模式、规则导向也伴随着运动项目在国内得到巨大认同,这对我们武术竞赛模式、管理方式等表现出简单地模仿与复制,这种简单的模仿与复制一直延续到学校武术教育竞赛体系之中,并且得到了教育和体育部门的进一步推动,即各大小比赛都沿用此模式。这种模式,每次武术比赛即是一种小型的西方体育运动会,有开幕式、闭幕式,有会标、会旗等标志,甚至有些大型武术竞赛还安排了文艺表演。竞赛的过程从申请到承办,再到竞赛的实施,都是按照西方体育运动会的流程进行的。当然这种武术竞赛发展模式对学校武术的竞赛发展起到了一定的推动作用,但依附于西方竞技体育竞赛模式之下的武术竞赛是不能很好地传承中华武术独有的运动特色的,也很难完整地体现中华民族文化风貌。因此,也就产生了竞技武术比赛观众稀少,甚至出现了运动员、裁判员比观众多的情境,可想而知这样的武术竞赛体系对传承中华武术和民族文化到底能起到多大的作用。随着全球化的发展,人们也迫切希望保护文化的多样性,中华民族的伟大复兴当然也是我们本民族文化的伟大复兴,当武术的发展呈现出西方竞技化倾向时,诸专家学者一直都在呼吁当今的武术要回归传统,要找到我们的文化符号,要发展成我们的文化特征,也就是只有民族的文化才能更亲近于我们的学生,才能更有利于学校武术的发展,才能更有利于推动武术的全面发展。

三、学校武术教育竞赛的建设要点

要对学校武术竞赛进行重新建设,首先要明确的是学校武术竞赛的参与主体是在校学生,大家要统一并遵守学校武术竞赛规则,并在相关武术裁判员的组织与实施中,学生个体或各学校之间进行武技较量。因此,这种武技较量的形式如何表现,如何将这种武技较量形成品牌并留下人们心中的记忆,以及当人们无论是感官传来的信息,还是别人语言描述的类似信息触及于此,便可以联想到学校武术竞赛的印象,这种具有显著的特征并有利于人们记忆的武技较量形式便是学校武术教育竞赛未来建设的要点,这样也更有利于学校武术和学校武术竞赛的宣传与推广。

(1)突出竞赛建设的民族性。武术作为典型的中华民族文化符号,其根植于中国文化之中,形成了极具民族特色的身体表达形式。因此,学校武术竞赛建设要体现出中华民族文化特征首先是要认清的根本基点。由于现在的中国学校运动竞赛体系已经完全被西方体育所占领,因此构建具有民族特色的武术竞赛体系已刻不容缓,我们可以通过武术竞赛的仪式复归、武术传统服装的统一、武术礼仪的规范等尽显中国文化特色,以防止被其他运动项目同化。

(2)突出竞赛建设的文化性。我国自古以来就是一个农业大国,农业生产是一个辛苦、平凡且较为单一和循环性的劳作过程,这种农耕文化铸就了中华民族务实、厚重、本分、吃苦耐劳的优秀品德,呈现出了"多理性而乏激情""多正统而乏浪漫"的传统思维特点,"和"成了中国古代文化精神的最高价值。[1]我国的武术就深受"和"文化的影响,正所谓"至于道、据于德、依于人、游于

---

[1] 张岱年.中国文化的基本精神[J].党的文献,2006(1):95.

第八章 学校武术教育赛事体系结构优化探索

艺""道之以德、齐之以礼",还有"君子无所争。必也射乎! 揖让而升,下而饮。其争也君子"。这都体现了古代体育的竞赛,蕴含着儒家伦理文化思想,也反映了我国数千年来的竞技思维,即比赛中的输赢并不重要,重要的是在整个过程中对"礼"的规范,同时由巫术、武舞演化出来的武术套路其实就是一种体现表演,弱化竞技的重要体现。[1] 在这种思想与传统文化的共同作用下,也就形成了我国的武术竞技活动体现出了一种"轻竞技、重表演"或"重过程"的思想理念或文化特征。

(3)突出竞赛优化的参与性。在上面我们提到了我国传统的竞赛更多的是体现"轻竞技、重表演"或"重过程"的竞赛文化思维,这其中也体现出了我国传统竞赛重参与的特点。那么我们也非常清晰,举办学校武术竞赛就是要突出"育人"宗旨,体现"教育"的特色。所以,学校武术竞赛受众面越广,参与人数越多,其育人价值和教育价值才能得到更大体现,同时也更能起到传承民族文化、弘扬民族精神的作用。

目前学校武术教育竞赛突出的困境是呈现出西方竞技体育的"唯竞争""唯锦标""唯金牌",以致本来专业运动员参与的竞技项目强行地植入普通学校竞赛之中。专业武术比赛的竞技性强、功利性明显等突出问题,让很多喜欢武术的普通学生望而却步,挫伤了很多学生参加武术竞赛的积极性,使学校武术竞赛参与学生较少。我们知道竞技武术比赛主要是专业武术运动员参与的,是为了最大限度发挥武术运动员潜能并争取优异成绩而进行的武术竞赛。而学校武术竞赛与之有明显的不同,学校武术竞赛是为了检验教学成果而采取的非常有效的一种方法,同时它更起到了展示、激励、示范、凸显竞赛参与者的普及性、大众性、参与性特点,学校武术竞赛要弱化比赛的竞技性,强化激励机制,增加学生获奖概率,鼓励更多喜欢武术的学生有机会参与比赛,并在比赛中充分展示自己和得到被人认可、肯定自己的舞台。

---

[1] 王莹,王智慧,张秋.身体锻炼与伦理德行:儒、道、医思想规训下的古代体育价值观[J].体育与科学,2013,34(2):34-37.

（4）突出竞赛内容的多样性。我们知道武术的概念很广,内涵也极为丰富,武术作为中华民族传统体育项目之一,其众多的套路、独特的对抗形式和各类功法是一般的体育类项目无法比拟的,体现出了武术的多样性特点。套路与对抗又各自包含许多的项目。那么我们反观现在的学校武术竞赛项目所呈现出的"唯套路化"现状,以及出现的严重的单一化倾向,现在的学校武术竞赛体系并没有正在体现武术的多样化特征。要让众多的武术内容进入学校武术教育与竞赛,这必然能丰富学校武术竞赛的内容,增加学校武术赛事的文化特色,这是发扬与继承博大精深的武术体系最有效的途径。中华武术本是丰富多彩、独具民族特色的文化符号,我们不应该让标准化、模式化的现代体育竞赛理念吞没、消磨武术的文化特色。也就是说,供给侧改革理念下的学校武术教育赛事体系结构优化除了需要武术套路,还应包括武术格斗、武术功法,甚至是武德文化等都可以成为武术比赛的内容,要使武术比赛真正的体系化,形成独特的竞赛模式,以突出学校武术竞赛结构优化的"参与性"特征。

四、学校武术教育竞赛的建设原则

第一,文化传承原则。习近平总书记在十九大报告中深刻阐明,没有高度的文化自信,没有文化的繁荣兴盛,就没有中华民族的伟大复兴。武术文化是中华文化的重要组成部分,同时也是民族文化记忆的身体实践与符号表达。[1] 在这样的时代背景下,武术作为民族文化的符号,也必然需要承载弘扬民族文化的社会责任。学校是中华文化传承的重要场域,为了加强民族文化建设,我们必须找到一个非常恰当和合适的承载点来加强民族文化弘扬。为此,我们这里谈到了学校武术教育竞赛,那么学校武术竞赛的结构优化与发展必须以"文化传承"为最基本导向,通过学

---

[1] 王智慧.文脉赓续与民族复兴:传统体育文化的基因传递与文化自觉——基于习近平总书记十九大报告文化自信论的分析[J].西安体育学院学报,2019,36(1):1-9.

第八章 学校武术教育赛事体系结构优化探索

校武术竞赛的宣扬性、交流性,传承民族文化,弘扬民族精神。但是目前学校武术竞赛呈现出西方竞技体育的模仿与植入,这样的竞赛体制很难承载并弘扬民族文化,甚至这种竞技模式已严重地抛弃了我们最具代表性的"轻竞技、重表演、重过程"以及"和"的文化特色,其中具有武术本质属性的格斗竞赛也不在其中,以致诸如显示武术功法的特有项目被人为抛弃,这严重地削弱了学校武术竞赛的民族文化弘扬功能。因此,学校武术教育赛事体系结构优化建设的首要原则必须是突出文化传承,这一原则也必须遵守。

第二,育人为先原则。学校武术竞赛是学校武术教学、训练的延伸,是学校武术教育的重要组成部分。竞赛规则作为竞赛场上中的"法",保证着竞赛活动的有序进行和持续发展。[1]也正是这种特殊的"法",起到了群体规范和规则育人的独特价值。当学生更多地参与到比赛之中时,这种对"法"的认同并自觉遵守,这种自觉性甚至可以内化为学生个体的道德素养和整体的民族精神,也就渐渐地成了学生行为习惯的稳定状态。我们知道,中国传统文化深受儒家思想影响,儒家思想对身体活动的规训自古以来都强调出一种社会性倾向,表现出一种伦理化,即我们常讲的中国文化的"修身"目的,这种修身目的影响了武术竞赛的内涵,其中伦理规范和礼仪行为便成为竞赛的最终目的,即武术竞赛是实现"修身"的重要手段。也就是说,武术在任何的历史发展时期,在任何的发展层面都强调武德的重要性,习武先习德,充分体现了武术对道德教育的重视。因此,在这样的文化传承之下,道德礼仪教育一直是武术竞赛的重要内容,也就是说,学校武术竞赛需要充分发挥其道德礼仪教育的功能,通过竞赛规则的引导,在赛前、赛中、赛后不断强化学生的这种中华文化道德礼仪规,这种润物细无声的武德礼仪教育,也就自然而然地承载了这种独特的中华文化修身、育人的功能。而且,中华武术礼仪道德规范,本身

---

[1] 刘淑英.运动竞赛规则的本质特征、演变机制与发展趋势[D].苏州:苏州大学,2008.

就是民族文化的重要组成部分,也是展现华夏民族精神风貌的路径之一。因此,坚持育人为先的原则,可以说自古有之,将有利于培养具有民族文化根基的武术习练者。

第三,弱化竞技原则。学校武术竞赛是检验武术教学成果的方法,是奖励学生继续学习武术的手段,也是为了推广与宣传武术,吸引更多的武术爱好者积极从事武术学习。因此,学校武术竞赛的特点就体现出一种普及性与大众性。而现有的竞技武术比赛,前面我们已有分析,是专业武术运动员参与的,竞技武术比赛不太适合普通的学生,即使需要这种竞技模式的比赛,也是学校高水平运动员参与的。同时过度强调竞技性,就意味着"金牌第一",这必然导致比赛输赢的重要性,这极易导致学生产生焦虑和不安,使学生产生参与运动的消极心理,这不利于学生的身心健康。[①]因此,这样的竞技比赛不是"以人为本"的比赛,不是为学校教育服务的比赛,也不利于学校武术的推广,更无法吸引更多的学生参与武术,也更加难以通过武术竞赛的规则来培养学生的规则意识和育人目标。所以,学校武术竞赛应该服务于广大的普通学生,这就需要改变一贯的"竞技性"思维,通过合理设置竞赛规则、奖项等措施,弱化其竞技性,让更多的普通学生参与到武术活动中,这有利于学校武术竞赛的健康发展,更有利于学校武术的发展。

第二节 学校武术竞赛建设创新思路

一、"武"林大会:武术运动会的探索

当今社会处在一个急剧变革的时代,这种变革已将各"国家""民族"的文化符号存在变得模糊且不易辨别,呈现出一种同

[①] 吉洪林.学校武术竞赛研究[D].上海:上海体育学院,2015.

第八章 学校武术教育赛事体系结构优化探索

质化状态,正如武术文化学者王岗教授所认为:"全球化使各国家的联系更紧密,文化变得更趋同,这种趋同实质上是西方文化现代形态在全球的扩张,其中中国传统文化及其思想也在这种变革中而找不到影子。"[①] 这里从我们大家熟知的学校运动会中就可以得知,其运动形态的完全西方化、运动项目也很难寻觅中华文化符号的影子,球类运动、田径运动等项目成为学校运动会的主要内容,这些运动项目基本占据着体育竞赛的主战场,至于武术项目在现代学校运动会更是无从寻觅。在这样的背景下,使中国学生对西方体育项目狂热追求,中国武术及其他民族传统体育项目却一步步被沦为边缘,消失殆尽。

当然,在西方奥林匹克运动影响下的学校运动会也有其独到价值,如能够培养学生使命感、责任感、成就感、团队意识与合作精神等,同时学校运动会又是建立学生规则意识的绝佳途径,更是教会学生认识社会、了解人生以及如何面对挫折、面对失败、战胜自我、超越自我的最生动课堂。同时,运动会的各项竞赛活动也使学生拓宽了人际交流的范围,通过竞争、交流、互助,有利于发展学生的集体观念、协作意识、进取精神以及遵纪守法等现代人应具有的行为规范,有利于未来的学生能够顺利进入竞争激烈、复杂多变的现代社会。

那么,学校运动会有如此多的价值,为什么学校武术不能有自己独特的运动会表现形式呢？我们知道,中华武术的内容丰富,形式多样,且文化独特。而且前文也分析过,中国武术是一个注重过程、追求愉悦、享受体验的身体运动,这对培养学生的综合素质有无可比拟的巨大价值。所以,我们学校武术的发展,应该建立一种有别于西方体育运动会的新形式——中华"武林大会"。因为,我们的武术内容丰富,这种丰富性只要予以在套路、格斗、功法等内容上进行提炼,其比赛内容将会非常独特;而且武术各内容的身体活动形式多样,既可表演,也可竞技,还可益智;使这

---

① 王岗.关注民族传统体育:现状、问题与思考[J].首都体育学院学报,2008(2):1-4.

些比赛内容和形式独具中华文化独特。如果这样的"武林大会"创立,将会吸引众多学生的参与,这一方面可以有效保护武术文化传承,更能成为武术项目在西方体育挤压下的"蓄力池",为其他民族体育项目发展提供有力借鉴。

  当然,我们这里的学校武术运动会的创想,要避免成了"少数参赛,多数观看"的单纯竞技武术赛会。不要抓了极少数、丢了大多数。我们要基于学校武术教育竞赛的建设要点与原则的基础上创设新的表现形式,如传统仪式、武术礼节、武术服饰的规范,竞赛不以成败论英雄,多以团体赛为主,鼓励学生都参与,如武术格斗类项目,就可以采取团体战的形式,一方选出三至九人,双方按照级别从小级别开始一一对抗,按照最终比分评判胜负,这种竞赛方式对团队精神培养的作用更加显著。同时,"武林大会"的创新与建立要遵循简单、易于操作的原则,使其组织起来容易,开展起来方便,只要各自学校根据自己的情况合理地进行取舍即可。

二、"武"脉传续:武术文化节的建设

  上面笔者着重分析了学校武术运动会即"武林大会"的创新,那么作为素质教育和终身体育的新课程标准,学校武术运动会只是"武"脉传续的一个方面,既然是武术运动会,那么其就有一定的竞争性及参与的不全面性,本着"重在参与"的原则,把人人应该拥有的平等参与"武林大会"的权利还给学生,使广大学生真正成为"武林大会"的主体。因此,接着上面的研究思路,我们还可以将"武林大会"进一步扩展为"武术文化节",因为"武林大会"的每一次组织与实施都需要耗费一定的精力与资源,也就是说它在每学期或每学年的举办次数是有限的,正如一般的学校运动会,每年只有一次。也就是说,武术文化节,可以成为全校师生员工共同拥有的节日,以全体学生为主体,融竞技体育与健身体育、娱乐体育为一体,拓宽时间、内容和形式,使每个人都有参与的能

力和机会,使武术文化节成为集健身、娱乐、竞争于一体的文化活动,以全员参与为中心的全面素质教育的课外活动。

由此,每个学校可根据具体情况,在广泛征求意见的基础上,经学校研究确定武术文化节的具体时间,使其成为学校的法定节日。然后再根据学校中心工作和具体任务,确定当年武术文化节的主题,这样更能够使学生和教师明确武术文化节的目的及目标。再下面,我们就可以根据各种学校武术教学情况和资源情况,设置具体的活动内容,只要能够突出主题,形式和内容上可以不限,或者每年都可以在原来的基础上进行创新。如武术征文、武术摄影、武术表演、武术主题演讲、习武者的生活记录(当然这里主要针对身边的学生习武的生活记录等)。当然,我们的主体参与人员是在校学生和教师,但笔者这里要提到的是,我们还可以邀请学生家长,甚至是学生的其他学校同学、伙伴参与到其中,以为家长与学校、家长与家长之间的沟通提供条件,同时也为同学们找到个性相投的朋友提供途径,这也能为不同素质、不同爱好、不同能力的人提供参与武术活动的条件和机会。

最后,我们要积极引导学生参与到武术节的策划、组织与实施的各个过程之中。这其中最主要的目的就是武术文化节要使学这一主体充分参与,他们既是参加者,又是组织者。可以在教师指导下,将一部分工作如开幕式、主体活动、闭幕式的策划文案交给学生,教师作为帮手协助(培训裁判员、技术指导),这不仅培养了全体学生的参与武术文化节的意识,还培养了学生们的组织能力、工作能力和主体意识,这对培养学生能力可谓是全方位的。也就是说,参与是成功的一半,只有参与,才有体验、才有兴趣、才有提高、才有追求、才能最终实现"武"脉传续。

三、"武"台展演:武术时尚化的创想

当今社会,各种媒体高速发展,这为各种时尚元素的发展提供了平台,现在的学生普遍都很喜欢追星,觉得明星在舞台上的

结构优化：供给侧改革视域下学校武术教育的发展探索

人物表情和肢体动作以及舞台中的相互交流，给人一种视觉、听觉的张力，能够带动学生的情绪，认为明星们很时尚、很酷，这也更容易吸引他们进入这种舞台的场域和追星的过程之中。但由于缺乏监管和监督，有很多的所谓明星，其人格和行为方面都不值得学生去崇拜，尤其是处于学习阶段的学生正处于培养审美的关键阶段，这一时期学生对一些所谓的"时尚"明星认识不清，将对学生的身心发展和审美标准有着非常大的负面影响。

随着学生对现代认知思维、教学理念及教学话语等方面的关注，他们关注学习环境的优美与舒适、武术学习的乐趣与体验，呈现出对学习的参与、交流、健身、健心、健智、娱乐等品质化的一种变化，每位学生都希望在学习中有归属感和身份地位认同感。[1]尤其是当今社会，经济迅速发展，竞争压力越来越大，学生们也希望在这种学习压力之下找到释放身心的途径。既然现在的学生普遍对明星、舞台有一种追求，我们是要抑制这种追求，还是顺应这种追求，其实这是一个非常复杂的问题。过度的抑制和顺应都是不可取的。作为学校武术竞赛的结构优化探讨，我们是否也可以将学校武术赛事时尚化起来，而不是一味呈现"多理性而乏激情""多正统而乏浪漫"的传统学校武术竞赛思维。如果中华武术文化与现代大众文化有机结合形成独特的武术竞赛形式是不是会更好？这个问题一直萦绕在笔者的思绪之中。也就是说，学校武术赛事的供给结构优化，也可以结合一定的娱乐与时尚元素，打破以往纯武术竞赛的老模式，借用灯光、舞台、音乐，再加上主持人适度地参与，使学校武术比赛特色化、艺术化，探索符合或适应时代需求、符合学生口味，同时又不失武术本质和文化传承的新形式。这一创新和思路也非常符合供给侧改革的"增质""提效"的理念。因此，笔者认为，这是一个很好的途径，我们也可以采用古代民间武术打擂的方式，借用现代自媒体宣传与打造我们

---

[1] 张继生,周惠新,谭腾飞.身体、情境、认知：武术教学的具身性及其哲学探索[J].武汉体育学院学报,2017,51（1）：67-71.

自己的校园武术明星。其实这个创想,在笔者所在单位吉林化工学院就有过实施,由学校体育部牵头,笔者具体实施策划的吉林化工学院校园武术"王中王"争霸赛,就已连续开展两届,取得了很好的效果。学生对这一新颖的比赛模式也都给予了很大关注,吉林化工学院也产生了两届武状元、武探花、武榜眼。因此,只要我们着眼于中华武术的传播,从时代的角度出发,在传统的武术文化中融入富有现代气息的娱乐元素,这对满足当代学生追求时尚的心理是大有裨益的,当然这种创新,也是民族传统文化创新性弘扬的具体表现。

小　结

就人本身的发展来看,在强调尊重人性,提倡充分开发人的潜能与价值的今天,我们应通过学校武术赛事的重新定位来促使学生健康人格的形成。正如本章开篇所述,如果学生上了一学期甚至是多年的武术课,学生们绝大多数从未参加过校内、校外任何的武术竞赛。那么武术的传承、武术的发展也就无从谈起。当我们的学生都不喜欢武术、都不参与武术,再谈武术弘扬,这都是空话。如果学生们喜欢上武术,经常习练武术,经常参加武术比赛,这也不正是中华传统文化潜移默化的教育过程吗?因此,为了学校武术开展得更好,要从小学到大学,要将武术竞赛贯穿始终,只有学校经常开展比赛,才能催化学校武术更好地在校园内推广。

本章所谈到的学校武术竞赛体系结构优化的要点、原则和思路,正是对促进学校武术发展与弘扬的一点思考,当我们的整个教育系统的武术竞赛都能够提供充分展现学生"尚武精神"的重要平台时,学校武术的普及就会越来越好。因此,作为武术教师平时应该多在如何提高教学质量上下功夫,多在如何组织创新型比赛上下功夫,以此形成"课堂教学与课外活动相衔接、培养兴趣与提高技能相促进、武术活动与武术竞赛相协调、全面推进与分类指导相结合"的学校武术工作新局面。①

---

① 王登峰. 以学校武术教育助力国运昌盛与国脉传承[J]. 上海体育学院学报,2017,41(2):71-74.

第九章　学校武术俱乐部与运动队结构优化探索

在武术文化传承与发展的过程中,学校武术俱乐部与武术队扮演着十分重要的角色。武术俱乐部的建设与运营能为广大学生武术爱好者提供习练武术的良好环境,通过武术俱乐部专业人员的指导,习武者能有效提高自身的武术运动水平。而学校武术队的建设与发展则能为我国武术事业培养大量的高素质人才,从而更好地为我国武术文化的传承与发展贡献力量。

目前,我们的邻国日本其学校武道俱乐部就开展得非常好。在日本,学校的各种俱乐部被称为"部活动",在日本的学校教育中是一个非常重要的教育环节。日本从小学高年级开始,就有各种部活动,一直延伸到大学。日本对学校"部活动"有着严格的要求,从小学四年级开始,包括初中、高中的俱乐部,是学校课程表中课程外的特别教育活动,属于正规教育课程,是学生所谓的"必修课程"。因此,日本学校武道俱乐部的教学训练模式成熟,针对不同层次学生有针对性的训练模式,而且在传播自身民族文化上比较重视。学生通过有目的的学习与提高,达到规定的能力与水平可以向俱乐部申请相应的段位,激发了学生们的学习热情。[1]同时我们的邻国韩国在学校跆拳道俱乐部的建设上也有可取之处,除了具备了相对科学的考评体系让俱乐部学生从小参加段位的考级,韩国的学校跆拳道俱乐部还经常参加校际的对抗比赛,为了参加各种级别比赛,他们还会组织小段时间的集中练习,也就是赛前集训,当然他们的俱乐部练习还是以提高兴趣为主,

---

[1] 郑旭旭,袁镇澜. 由术至道——近现代日本武术发展轨迹[M]. 厦门:厦门大学出版社,2011:199.

竞技比赛为辅,其俱乐部倡导的是营造自由学习、轻松锻炼、习武交友的一个场所。

学校武术俱乐部和学校武术队建设都是促进我国学校武术教育发展的良好途径,因此加强这两个方面的建设具有重要的意义。本章重点调查与分析我国学校武术俱乐部和学校武术队的发展现状,以期找到合理的优化途径,来促进我国学校武术俱乐部更好地组织和管理学生的校外体育活动、活跃校园文化氛围、组织课外武术锻炼等。

第一节　我国学校武术俱乐部的发展现状与优化途径

20世纪80年代以来,我国学校体育受国外学校体育思想和高等学校体育管理模式的影响,体育俱乐部研究作为学校体育改革具有标志性的课题悄然兴起,受到了极大的关注。进入20世纪90年代,学校体育俱乐部作为一项牵动学校体育整体改革的研究,也呈现出多样化的研究局面,并一度成为时尚的体育教学模式。相关研究显示,我国学校学生的课外体育锻炼主要在校内完成,课外的体育锻炼主要以学生自发的方式进行,像日本和韩国一样的以"必修课程"形式呈现的规定还未形成。这也说明我国学校体育俱乐部的相关发展处于相对滞后的状态。[1]

一、我国学校体育俱乐部发展回顾

20世纪80年代中后期,日本的"快乐体育"理念传入我国,在此影响下,深圳大学于1994年率先实施体育俱乐部教学改革。由于俱乐部教学模式强调学生的主体地位,注重教学过程中学生的主动积极性,提倡让学生能根据自身特点与兴趣自主选择学习

---

[1] 刘建坤,王桂欣.我国普通高校开展体育教学俱乐部研究文献的综述[J].北京体育大学学报,2005(2):232-234.

第九章 学校武术俱乐部与运动队结构优化探索

内容,同时又要求充分发挥教师的专业特长,故此,这一新型教学模式一经面世就受到我国改革开放前沿区域某些知名高校的认可。也就是说,我国学校的体育俱乐部教学改革首先是从高校开始的,而且改革也是受日本的影响,同时这种俱乐部改革或发展相对较晚。①

1999年,中共中央办公厅发布的《中共中央、国务院关于深化教育改革全面推进素质教育的决定》为我国学校体育改革进一步指明了方向,即这一时期开始全面实施素质教育。2002年教育部又颁布了《全国普通高等学校体育课程教学指导纲要》,明确提出:"要面向全体学生开设多种类型的体育课程,可以打破原有的系别、班级建制,重新组合上课,以满足不同层次、不同水平、不同兴趣学生的需要。"由此,2003年吉林大学率先制定并发布《吉林大学本科生体育课教学俱乐部制实施办法(试行)》,此办法也是全国率先以学校的制度性来实施的体育课俱乐部制度。由此,体育俱乐部教学模式顺应时代的发展和实施素质教育的社会发展要求,成为各高校体育教学改革的新趋势。②

二、我国学校武术俱乐部发展回顾

从现有的文献资料来看,大部分关于武术俱乐部的研究都是以高校为研究对象,研究中小学的学校武术俱乐部的研究很少涉及。同时针对武术俱乐部的研究也大多是从商业武术俱乐部的视角进行研究的。从研究资料的搜集来看,说明我国学校武术俱乐部的研究和发展都不是一个很好的状态。以至于从国家层面的制度规划更是无从搜寻。我们知道,现有的无论是高校的体育教学大纲还是中小学的体育教学大纲,其中规定的武术内容也多以武术套路为主,而很少涉及武术深层次的武术内涵及武术技击

---

① 傅振磊,莫少强.我国大学体育俱乐部教学模式的回顾、反思与出路[J].广西社会科学,2018(2):204-208.
② 周云飞,陈东岗,刘建平.高校体育俱乐部教学模式的选择与实践[J].上海体育学院学报,2002(4):86-89.

等内容,武术的本质特征在学生的意识中逐渐变得陌生,这也就不能充分满足学生学习武术的需求。我们明明非常清晰地认知学校武术俱乐部是学校武术教学的一个重要延伸,但体制、政策、制度、资金、场地、师资等诸多内外部因素,致使我国的学校武术俱乐部探索停滞不前。正因如此,本研究认为创建学校课外武术俱乐部是学校武术教育供给侧改革的重要组成部分,如果没有较好的武术教学课内外一体化建设,那么学校武术未来的发展也必定不会辉煌。这是因为,在我们的学校武术课的教学课时本来就安排较少,甚至有不少学校明确认为可以不开设武术课的大背景下,武术如果没有一定的课外活动或课外教师的指导,想让学生在短短的一学期或几次武术课中掌握博大精深的武术技能,这谈何容易。如此一来,学生课上学不会、课下没复习、无人来指导,就会造成前一次课的动作技能形成条件反射慢慢减退,甚至消失,也就形成了技术环节的脱节,这就降低了学生学习的获得感,没有获得感的武术学习,也必将会被学生抛弃。因此,从我国学校武术俱乐部的研究发展所做的逻辑推论,学校武术俱乐部建设亟待加强。

三、我国学校武术俱乐部优化路径

(一)从制度上明确武术俱乐部在学校教育中的地位

学校武术俱乐部的发展首先要从宏观政策上予以支持,正如日本"部活动"的规定一样,学校武术俱乐部是正规课程,是学生的必修课。同时,学校武术俱乐部作为武术教学的课外延伸,其资金配备、师资保证、教师的奖励机制等都要予以明确,否则再好的制度设计都很难予以落实。

(二)从体系上重新设计学校武术俱乐部的结构组成

学校武术俱乐部系统的构成要素主要涉及指导者、会员、媒

第九章　学校武术俱乐部与运动队结构优化探索

介三方面内容,指导者、会员是人的要素,属于俱乐部活动中最活跃的部分,媒介是物的要素,包括武术俱乐部中休闲娱乐方法手段、器材设施等内容。各构成要素围绕着武术俱乐部系统的目标与任务进行相互组合并建立相互联系。学校武术俱乐部不同于武术课堂,其体系设置可以更加自由一些,不应拘泥于形式。

（三）从人员上促进学校武术俱乐部走向可持续发展

学校武术俱乐部与学校武术的教学有着必然联系,但同时又有所不同。其中,教师、学生是人的要素,属于教学活动中最活跃的部分,这里的教师可以是学校武术专职教师,也可以是校外聘请的兼职教师,当然也可以由有一定能力的学生来担任。那么学生可以是同龄的,也可以是不同龄,即只要是本学校范围内的所有学生都可参与其中,不论年级、不论年龄。只有保证充足的人员要素构成,学校武术俱乐部才能走向可持续发展。

（四）从竞赛上推动学校武术俱乐部朝着品牌化发展

学校武术俱乐部是在学校统一管理下,把武术兴趣、爱好相同的大学生组织在一起,可同一时间进行多个武术项目的开展,按照特定的章程为会员提供参与武术活动所需服务的非营利性质的武术团体。因此,这些同学如果通过一周2～3次的训练,武术技术水平肯定会有一个质的变化。如此一来就为校级之间的武术俱乐部比赛奠定了基础。

（五）从活动中营造学校武术俱乐部属于学生的幸福

我们知道,学校武术俱乐部会员之间是因为共同的武术爱好才聚集在一起的,因此他们对武术有着共同的情感和关注。学校武术俱乐部也是会员之间聚会联谊、相互交流的场所;俱乐部会员都有能力参与这些活动,为俱乐部会员在各类活动中创造轻松的学习氛围提供了有力保证,为提升学生的幸福感、获得感以及价值存在感提供了广阔空间。

（六）从项目中灵活供给学校武术俱乐部的课程体系

从目前学校武术教育的供给情况来看，学校武术的供给内容呈现出单一化、套路化、低水平化等特征。因此，学校武术教育开展一直是"学生喜欢武术，但不喜欢武术课"。学校武术俱乐部如果能够顺利推广，将可以有效破除这些短板。由于学校武术俱乐部采取灵活的体制，因此在课程供给方面不受制于大纲，只要学生想学都可以创造条件来学。如现在比较流行的慕课、智能APP和包括网络直播、快手等自媒体平台，都提供有学生想要学习的内容，甚至里面还有很多从未见过的武术内容。也就是说，基于最为灵活的课程供给体系，让学员学习自己喜欢的武术，练习自己想学的武术，也就会逐步让学生喜欢上武术。同时，我们还可以借鉴国外的类似的俱乐部学习成功的教学经验内化为自己的教学模式，弥补自身不足。

四、我国学校武术俱乐部发展策略

（一）争取必要的国家政策性扶持

学校武术俱乐部的建设需要大量的资金，因此经费问题始终是制约和影响学校武术俱乐部发展的一个重要因素。在当前学校体育教育发展的背景下，武术教育受到的重视程度不够，很难获得足够的财政补贴。这就需要学校武术俱乐部的管理者要积极拓宽融资渠道，通过各种形式来筹集学校武术俱乐部发展的资金。例如，可以通过企业捐赠、企业赞助、社会资本投入等。除此之外，政府职能部门也要结合当前我国学校武术教育发展的实际制定相关政策，政府给予武术文化传承的配套资金投入，以此解决经费问题。

第九章　学校武术俱乐部与运动队结构优化探索

（二）加大学校武术俱乐部的宣传

学校武术俱乐部作为一个自由的社团，那么组织纳新或者说吸引更多的人参与到武术俱乐部来，也就是增加人气，非常重要。因此，学校武术俱乐部的负责人以及每个成员加强武术俱乐部的宣传与推广是非常重要的。在这样的情况下，武术俱乐部的相关人员要积极研究与分析人们的思维观念，让大学生充分理解开设武术俱乐部的意义与价值，改变传统的思维方式，让教师、学生或社会人士等亲身参与到武术俱乐部锻炼中，从中获得武术技能的提高和精神的愉悦。总之，要想促进学校武术俱乐部的进一步发展，加大武术俱乐部宣传与推广的力度是至关重要的。

（三）加强武术场地、器材的建设

学校武术俱乐部要想长远发展，必须有自己独立的武术训练场地和优良的相关武术训练器材。因此，管理者需要结合学校的具体实际，采用多种途径，加强学校武术俱乐部基础设施的建设，在课程安排上，尽量不要将同一类型的课程安排在同一个时间段进行；另外还可以加强学校与校外某些场馆的合作，拓展武术场地器材的利用率，提高武术器材的使用率，加强武术器材的保管维护，以此为学校武术俱乐部活动的开展提供物质上的保障。

（四）加强学校武术师资力量建设

构建武术俱乐部的一个重要目的就在于满足学生各种武术需求。因为平时的武术教学活动对于一部分学生而言，难以满足其学习的需求，而通过武术俱乐部，更加专业的设施、设备和武术专业教师能为学生提供良好的帮助。需要注意的是，在当前我国学校武术俱乐部的建设中，武术师资力量仍然是比较匮乏的，尤其是缺乏高质量的复合型人才。武术项目动作比较复杂，对人的要求较高，因此需要具有较高专业水平的教师指导。为此，学校武术俱乐部的管理人员要十分重视武术教师的聘请和培训,要通过多种途径找到最优秀的武术教师,这对于武术俱乐部的建设与发展具有重要的意义。

第二节 我国学校武术运动队的发展现状与优化途径

通过第一节的分析,我们为有志于或喜欢武术的同学搭建了学校武术俱乐部这种灵活且能满足不同学生武术需求的一种形式。其实在国外相当多的体育俱乐部,除了聚集了较多的同类爱好者,同时他们还在发展共同爱好的会员的同时,注重质量的培养,也就是训练水平的提高,就如诸多著名的大学俱乐部,就培养了诸如奥运会、世锦赛、冠军赛等世界重量级选手。因此,在构建学校武术俱乐部的同时,还要构思未来学校武术运动队的建设。

我们认为,学校武术运动队主要是指利用业余时间对部分武术基础较好的同学,主要通过武术俱乐部和相关学校武术比赛来选拔,通过运动队的形式集中进行较系统的训练,是以达到全面发展身体素质、提高运动成绩为目的的一种专门教育过程。学校武术运动队也是学校课外体育活动的一个重要组成部分,是普及与提高武术知识和技能的一个重要方面。这不仅可以培养优秀武术运动员的后备力量,为攀登武术高峰打下基础,还可以推动和指导学校群体性武术活动的开展,带动更多的学生自觉进行武术锻炼。搞好学校武术运动队的建立与管理,对全面贯彻党的教育方针,促进我国武术文化的传承与发展,发展我国武术事业有着重要的意义。由于中小学武术队建设的文献资料过少,有价值的参考资料较少,因此本节主要从高校武术运动队建设的视角予以论述。

第九章　学校武术俱乐部与运动队结构优化探索

一、我国高校武术运动队的发展现状

综观当今世界体育强国,大都将业余竞技体育纳入教育体系,以美国为代表的一些西方国家,则已取得了成功的经验,培养出了一批竞技体育成绩顶尖、文化素质高的优秀运动员。美国奥运代表团基本上是以大学生运动员为主体,80%以上的运动员是从大学中直接选拔出来的。[1]另外,参加2004年奥运会的澳大利亚体育代表团中有超过60%的成员是已经和正在澳大利亚高校中接受训练的运动员,而且澳大利亚所赢得的49块奖牌中有32块是他们摘取的。[2]西方发达国家的成功经验表明,高等院校积极参与竞技体育是世界体育发展的趋势,学校体育成为竞技体育的主体是世界体育发展的必然趋势。

（一）运动队管理体制

当前,我国很多高校都成立了高水平武术队和业余武术队,在建立武术队的同时也设置了相应的管理机构与相关的工作委员会,该部门在主管领导的带领下,进行运动队的管理与组织各种活动。但我国很多高校的武术运动队也存在这样一种管理体制,那就是由高校的体育管理部门和专业队共同管理。

（二）运动队办队模式

据调查,当前我国高校高水平武术运动员的培养主要存在两种形式,一种是以地方体育局为主要训练基地,学生挂学籍在高校,高校派相关的武术教师到基地上课,给予运动员必要的文化知识与专业指导。运动员在修完一定的专业课程后就可以毕业。

---

[1] 教育部.关于进一步加强普通高校高水平运动队建设的实施意见[J].中国学校体育,2017(8):32-33.
[2] 马珍.新疆普通高校武术运动队现状的调查研究[D].乌鲁木齐:新疆师范大学,2010.

这一模式在高校高水平运动队建设的初期起到了一定的积极作用。但这一模式从长远来看,并不具有先进性,在这一模式下,武术运动员各方面的发展都受到一定程度的制约和限制。另一种是以普通大学为依托,招收体育特长生组队进行训练与培养,运动员的生活、训练、比赛都由高校相关部门负责,这些高水平运动员在达到一定的水平后就可以代表学校参加各类武术比赛。

以上是我国学校高水平武术队的两种主要模式,总的来看,这两种办队模式还是比较单一的,其组织与管理基本上是由学校相关部门负责,仅有很少的学校是与企业联合合作与管理,然而这种模式也是仅仅停留在简单合作的基础上,缺乏深入的合作。在以上办队模式下,投资、组织与管理的主体基本上是高校本身,与市场化运营与管理存在很大的距离,相信在市场经济不断发展的今天,这一模式必将会遭到淘汰而由市场化、社会化的模式所取代。[①]

（三）运动员来源情况

当前我国高校武术运动员的来源主要分为专业队的现退役运动员、普通高中、武术学校的学生和各省、市的业余体校。[②]由此可见,我国高校武术运动员的来源情况还是比较复杂的。在这三个来源中,武术专业队的现退役运动员占据着很大的比例,这些运动员一般都具备高超的武术运动水平,但受从小接受的教育的影响,其文化水平较差,欠缺必要的文化素质,这在一定程度上制约着这部分运动员的综合素质发展。

（四）运动员参赛情况

总的来看,我国大部分高校的高水平武术运动员参加高水平比赛的机会还是非常少的,这与当下整个武术发展的环境是分不

[①] 马珍. 新疆普通高校武术运动队现状的调查研究 [D]. 乌鲁木齐：新疆师范大学, 2010.
[②] 李德港. 我国普通高校高水平武术运动队建设的研究 [D]. 北京：首都体育学院, 2012.

开的。高校高水平武术运动员参加的武术大赛主要有大学生武术运动会和大学生武术锦标赛。但这两项赛事相隔的时间较长，在平时运动员参加比赛的机会少之又少，这在一定程度上影响高校办高水平武术运动队的热情，同时也不利于高校高水平武术运动员的长期发展。

（五）教练员状况

教练员在武术运动队的建设与管理中扮演着十分重要的角色。但是，据调查，目前我国高校武术队中的专职教练员相对较少，绝大部分的武术教练员主要是由本校的体育教师兼任，这种情况在我国高校高水平武术队中是普遍存在的。另对武术教练员的调查发现，他们都对这种现状非常不满，有的教练员反映每周的教学任务非常繁重，在完成教学任务的同时还承担行政方面的职务，难以有更多的精力和时间投身到武术训练中，导致运动员难以取得理想的训练效果。

二、我国高校武术运动队的优化路径

（一）经济方法

经济方法是指按照市场经济发展的规律和要求，运用各种经济手段来调节各种不同经济主体利益之间的关系的一种管理方法。在我国各高校高水平武术队发展的过程中，可以利用这一手段提高武术队管理的效能，激发队内所有成员的积极性，增强武术队管理的活力，实现管理目标。为激发武术队内各位成员的积极性，管理者往往会采取一定的物质奖励的方式来管理队内的运动员，运动员在取得一定的成绩时，给予适当的经济奖励能充分激发其参与武术习练和比赛的积极性，从而更好地提高运动水平和比赛成绩。但需要注意的是，经济方法中的奖金和处罚都不是最终目的，在设置奖金和罚金的具体数额时要本着合理性的原则进行。

（二）行政方法

运用各种行政手段对组织内各要素进行指挥和调节的管理方法就是行政方法。这一方法在当前高水平武术队建设中也得到了一定的利用。行政方法的程序主要包括发布命令阶段、贯彻实施阶段、检查督促阶段、调节处理阶段四个阶段,其具体的表现形式为命令、决议、指示、规定等文件。这些文件能充分体现和反映上级机构和领导的意见,从而为下级管理部门提供工作开展的依据。

行政方法的实质在于通过行政组织中的职务和职位进行管理,它对职责、职权、职位或特权是非常重视的,而非个人的能力。因此,不管什么样的部门、单位,都要建立若干行政机构来实施管理,要明确各机构的职责和权限范围,避免一定的人为干扰。由于在任何行政管理系统中,各个层次所掌握的信息都是不对称的,因此才有了行政权威。上级指挥下级,完全是由高一级的职位所决定的,由此也出现了外行领导内行,而非专业性或者专家说了算。那么,下级服从上级是对上级所拥有的管理权限的服从,而不是专业权限的服从。因此,在高校高水平武术运动队管理中运用行政方法时,需要做到以下要求。

1. 明确行政方法的应用范围与条件

行政方法具有强制性特点,因此往往能取得直接、有效的结果。行政方法的适用范围非常广泛,在任何形式的管理系统中,这一方法都能得到良好的利用。

一般情况下,运用行政方法要满足以下两个方面的条件。

（1）必须具有一个严密的行政组织系统和监督系统。

（2）管理系统内的各级管理者要强化服务意识,不断提高自身综合素质。

第九章　学校武术俱乐部与运动队结构优化探索

2.行政方法同其他管理方法相结合

行政方法具有一定的强制性特点,便于管理人员各项工作的开展,但也存在着很大的缺陷,如不便于分权管理,信息传递较慢、易失真等,因此在高校高水平武术运动队管理中,不能单纯利用一种管理方法,要将各种管理方法综合起来运用,以实现理想的管理效果。

(三)法律方法

法律方法是指站在维护法治的立场上,根据法律分析事实、解决纠纷的方法。法律方法要求要体现广大人民的利益,还要能反映客观事物的发展规律,能有效调动组织和个人的积极性,促进整个社会的发展。采用法律方法能很好地保证管理秩序,调节管理系统内各方面因素,从而促进管理系统的优化与发展。

在高校高水平武术运动队管理中运用法律方法,要注意以下几点。

1.将法律方法的应用范围与条件明确下来

法律方法的主要作用在于优化管理系统,尤其是调节管理系统内的各种要素,在规范管理秩序、保持管理系统稳定方面发挥着极为重要的作用。

在高校高水平武术队中运用法律方法需要具备以下几个条件。

(1)建立健全各种法律法规,这是非常重要的基础和前提。
(2)加强法律法规的监督与执行,这是关键。
(3)做好法律的宣传,增强武术队成员的法制观念。

2.有力保证管理秩序

法律具有重要的强制性特点,运用法律方法可以将武术队的行为和组织活动有效控制在正常范围内,从而保证管理系统的正常运转。只有管理系统正常运转了,才能保证管理效率,实现管理目标。

在武术队管理中,通过法律方法的运用,能公正、合理、有效地调整这些关系,将各种不利因素的影响积极排除,从而使系统内部各要素的正常运转得到保证,实现优化与组合的目标。

3. 实现科学管理

法律方法在高校高水平武术队管理中的作用巨大,但它并不是万能的,其自身也具有一定的局限性。首先,法律方法缺少灵活性和弹性,管理显得僵化。其次,在法律范围外还有大量经济关系、社会关系需要调节与管理,仅靠法律方法难以解决。要将法律方法与行政、经济等方法充分结合起来使用,才能实现管理目标。

（四）宣传教育方法

宣传教育方法是指运用各种宣传手段和思想教育方式,为管理决策的实施创造舆论环境,利用信息动力和精神动力调动人们的积极性,以顺利达到组织目标的方法。这一方法在武术队管理中也得到了广泛的利用。

总的来看,宣传教育方法主要包括两个方面的内容。首先,开展思想教育工作,通过思想教育使运动员树立远大理想和坚定的信念,将武术队的目标内化为所有成员的目标；其次,利用宣传手段宣传武术队发展的战略目标和政策等,帮助武术队成员认识与了解武术队的管理思想,这样便于武术队管理。

1. 将宣传教育方法的应用范围与条件明确下来

大量的实践表明,宣传教育方法是一种非常有效的管理方法,它作为管理系统中一种重要的辅助性手段受到管理者的重视。在高校高水平武术运动队管理中,也可以充分利用宣传教育方法来加强武术队的管理。需要注意的是,要想取得理想的管理效果,要将宣传教育方法同其他管理方法结合起来使用。

在高水平武术运动队中运用宣传教育法,首先要在武术队培

第九章 学校武术俱乐部与运动队结构优化探索

养和建立良好的集体心理氛围,这是运用宣传教育方法最重要的前提条件;其次要建立一支强有力的宣传队伍,确保宣传教育管理方法得到有效的发挥。这支队伍的政治素质、业务能力、知识结构和表率作用等都会对宣传教育效果产生重要影响。

2. 通过思想教育对人们的精神动力进行挖掘

作为人类而言,人们参加的任何活动都受一定的思想支配,因此对人们进行思想教育是管理系统内各要素的重要手段。对人们进行思想教育的根本任务就是充分开发人们的"精神资源",使之汇集到共同的理想和目标上。正确的思想教育工作,必须把人作为第一因素,坚持以马列主义为指导,采用多种教育方式,努力在武术队中培养正确的价值观念、道德规范和行为准则,以充分激发队内所有成员的潜能,促进武术队的健康发展。

3. 利用宣传手段调节管理对象行为

在武术队管理中,利用宣传教育对队内成员进行管理主要是通过语言、文字等方式,调动队内成员的积极性,启发成员的思想觉悟,为管理决策的顺利实施创造良好的基础和条件。因此,在武术队中开展宣传教育工作,应充分利用各种宣传手段,努力创造良好的舆论环境。在平时的运动训练中,可以结合具体实际开展各种评比竞赛活动,诱导队内成员形成积极的心理和行为。此外,还可以借助榜样的力量为他们提供前进的方向,提高武术队管理的效率。

三、我国高校武术运动队的建设路径

在学校武术队建设中,物力、人力与财力是最为重要的三个方面,加强这三个方面的建设与管理,对于整个武术队系统的运行具有至关重要的作用。

（一）加强高水平武术队的基础设施建设与管理

1.高校武术运动队场地器材管理

武术队场馆管理是一项必不可少的重要工作，加强武术场馆的管理能为武术教学训练活动的开展提供重要的帮助。因此一定要将武术队场馆管理这一工作做到实处，注意管理工作的每一个细节。具体而言，要注意以下几个方面。

（1）功能要齐全，搭配要合理。在功能方面，武术场馆所具有的功能要能满足全体学生学习武术的需求，同时还要注意搭配合理，专馆专用，能保证教学训练活动的顺利开展。

（2）分门别类，保证秩序井然。对于武术器材而言，要分门别类地放置到位，做到秩序井然，便于教学活动的顺利进行。一般来说，经常使用的大型器材要摆放在固定位置，小型器材采用定点存放的方式。另外，不经常使用的器材可以收进保管室妥善处理。对于长期使用的武术器材要定期进行检修，以免出问题影响学生的习练。

（3）环境安静，不会对上课情况造成影响。在上武术课时，一定要保持环境的安静。武术场馆内部和外部都要保持安静，以免影响武术课的进行。在内部环境方面，要加强学生的管理，提高武术课的有序性；在外部环境方面，要尽量减少外来人员的走动和观望，以免分散学生的注意力，影响教学与训练的效果。

（4）卫生整洁，保证优雅的环境。加强武术场馆建设的一个重要目的就在于保障师生的身心健康，促进教学活动顺利安全的进行。因此，在开展武术课时，要保持武术器材和场馆的卫生，定期开展必要的场馆与器材的保洁工作。

（5）保证制度健全，责任方面要分明。在武术基础设施管理中，武术场馆管理是一项长期的、细致的、复杂的工作，对管理人员的要求较高。为保证管理工作的顺利进行，需要制定相关的武术场馆管理制度，明确管理者的具体责任，在这样的情况下，岗位

第九章　学校武术俱乐部与运动队结构优化探索

责任制深受欢迎,应用得较为广泛。鉴于此,通常可以采用周期安排的方法,一周或一月为一周期。以事情的轻重缓急为主要依据,均匀地安排在一个周期内,这样,在保证工作不单调的同时又能把需要做的事都做完。而且要把工作的质量以制度的形式规定下来,循规办事,以便于工作人员和管理人员的操作与检查,同时又能使武术场馆各项工作的顺利开展得到有力保证。

2.高校武术队场地器材的购置与管理

(1)高校武术运动场地器材的购置。在购置武术场地器材时,选择的器材要符合国家制定的标准,确保学生运动中的安全,同时有利于武术教学活动的顺利开展。作为武术队的管理者,在购置武术器材设备时,要细致地考察武术器材的生产厂家,严把质量关。另外,选择器材时,一定要注意某一运动项目协会对器材的要求,因为有一些国际单项协会会对比赛器材设备制造厂商的名称、标记或商标的字号、高度等有特殊的规定,所购置的器材和设备必须要符合比赛的要求,否则就容易造成资源浪费。

(2)高校武术运动器材资源的管理。在管理武术器材资源时,要按照以下程序进行。

第一,建立武术器材档案。

武术器材的种类繁多,并且每一种类型都有一定的更新周期,需要做好分门别类的归类,建立武术器材的档案,这样才能更好地管理和维护武术器材。在具体的操作中需要注意:要对武术器材进行编号,主要采用3节编码法。即第一节表示器材种类,第二节表示使用部门,第三节表示器材序号;要按照具体的编号整理和保存设备的品种、名称、规格、价值、数量、生产厂家、购买日期、使用部门、技术数据及使用说明书等有关资料。

第二,制定合理的保管和使用制度。

其一,武术器材保管制度。

在武术器材管理中,主要采用分类保管的方法,这能在一定程度上保证器材的完好性。通常情况下,不同的武术器材有不同的保管方法,需要区别对待。除此之外,管理人员还应在体育器材室(库)的醒目处设有本室(库)存放器材的目录。与此同时,还要保证在每一处都应有一本本处存放的器材设备的名称和数量的记事册。

其二,武术器材使用制度。

建立一个武术器材使用制度是非常有必要的,如此能保证武术器材使用的科学性和合理性,避免无谓的消耗和损坏,延长其使用寿命。通常情况下,一个完善的武术器材使用制度与方法主要包括以下内容。

借用手续。一般情况下,学校中的教师或学生可以凭工作证、学生证等办理武术器材借用手续。

使用方法。主要包括正确使用方法和禁止用法两种,特殊事项要加以注明。

归还方法和非正常损坏的赔偿办法。归还武术器材与设备时,工作人员要核对数量,检查器材有否损坏,如有非正常损坏的情况发生,要根据相应的规定处理。

其三,武术器材清点检查制度。

要建立科学的清点检查器材制度,科学地管理武术器材。在建立武术器材检查制度时,要结合武术器材的特点进行。所有的器材都要开展年终清查、赛前清查和赛后清查等必要工作。管理人员要每天对器材的归还情况做必要的记录。清查出的报废器材或需要维修的器材要及时上报,以免影响武术队活动的正常进行。

(二)加强高水平武术队的人力资源建设与管理

1. 高水平武术运动员的院校化培养

院校化培养路径是指依托高等院校的教育资源,促使高水平运动员竞技技能培养与均衡发展达到统一的状态,在当前学校教育和竞技体育发展的背景下,这种培养路径受到一定的青睐,成为培养高水平运动员的一个重要途径。

（1）科学性。在现代体育人才的培养中，训练的科学性已上升到一个很高的高度，运动员竞技能力的提升在很大程度上依赖于现代的训练设施与训练手段，而高等院校则普遍拥有强大的智力支持和科研力量，因此能够基本满足武术高水平人才培养的要求。

（2）持续性。在培养武术高水平运动员时，最终都会依托于教育。纵观世界体育运动的发展，不论是群众体育，还是竞技体育，其发展的基点都要置于教育领域，这是体育运动发展的根本。

（3）多元性。武术高水平运动员的院校化培养全面彰显了体教结合的思想，在培养高水平运动员的过程中不仅仅只重视运动员的运动成绩，而是注重运动员综合素质的培养，呈现出鲜明的多元化特征。

2.高校高水平武术运动员培养的对策

（1）引进高水平的武术教练员。对于任何运动项目而言，教练员都是促进运动员运动水平提升的重要保障，因此引进高水平的武术教练员是非常重要的。在引进高水平武术教练员时，应引进一些具有武术大赛经验且具有高超技艺的教练员，以为高水平运动员提供良好的指导。

（2）加强武术运动员的科学训练。运动员运动成绩的取得有赖于科学的运动训练，因此在平时的训练中，一定要对运动员的训练提出较高的要求，充分利用现代科学技术与训练手段帮助运动员提高竞技水平。武术运动对运动员的身体素质和技术动作的稳定性要求较高，因此在进行武术训练的过程中，还要抓准重点，以增强运动员体能和提高技能水平为准。除此之外，还要研究有关武术套路最新的规则，了解其中的含义，根据规则进行创新性训练，编排出新颖套路。

在进行套路训练的过程中，首先要明白套路演练的基本技术和动作规格，循序渐进地提高自己的表演能力，增强对套路动作的理解,提高技能水平,培养良好的心理素质等,运动员可以通过多看技术录像,多观摩高级别比赛的方式来理解武术套路的内涵。需要注意的是,在武术运动员身体训练时,要将力量素质、速度素质、耐力素质、灵敏和柔韧性等素质充分结合起来进行,充分提高武术运动员的核心稳定性,促进其全面发展。

小　结

本章主要从我国学校武术俱乐部和运动队两个方面进行了相关结构优化的论述。从相关的资料搜集和调查研究,我们可以清晰地了解到学校武术俱乐部的建设只有高校做的还可以,中小学武术俱乐部基本上处于停滞状态,尤其是学校武术运动队建设,我国与国外发达国家还存在很大差距。也就是说,我国的学校武术课开设得不好,学校武术课外的两个活动即武术俱乐部和武术运动队开展得更不好,这也致使我国民族武术进一步传承陷入了困境,我们与日本和韩国两个国家对本民族武技的传承不可同日而语,这是令我们汗颜的。因此,加强学校武术课外的两个活动即武术俱乐部和武术运动队建设应该早日落实。本章也针对一些具体问题进行了详细分析,也提出了相关路径的策略。学校武术俱乐部和运动队的建立与管理是一门综合性的科学,也是一份十分繁重的工作。要做好这两项工作,还需不断地摸索与探讨。搞好学校武术俱乐部和运动队的建设,对发扬我国的武术文化,传播武术精神及全面贯彻党的教育方针,培养全面发展的武术人才,有着十分重要的意义。

第十章　学校武术教育可持续发展战略之探

在世界经济一体化和中国现代化社会转型的大趋势下,武术遭到了大海退潮般的冲击,几千年传承下来的中华文化符号的优秀载体——武术,正在这种浪潮中被拍打的"体无完肤",学校武术教育的"名存实亡"的发展现状就是最好的证实。在此背景下,本研究从供给侧改革的视角出发,认为我国学校武术教育的发展也要从供给侧进行革新,我们在前九章中都有论述。但这里我们却不能忽视的是,学校武术教育是社会结构的重要组成部分,学校武术的发展也必须顺应时代的发展。为此,在探讨学校武术供给侧改革的主体之下,我们不能脱离社会的发展和社会的需要,学校武术教育的发展与社会发展是共生关系,只有学校武术教育"产品"结构不断创新,才能设计出健康持续发展的"社会产品"。为此本章分别从武德之重构、模式新供给、教学新范式、"互联网+"四个层面来探讨学校武术未来可持续发展之路。

第一节　武德之重构:学校武术教育必须彰显的特质

武术是中华民族传统文化的载体,学校武术教育是开展弘扬和培育民族精神实施的最佳途径。关注武术在学校教育中的生存状态,对于民族文化的传承、弘扬和复兴具有重要的现实意义。《国家中长期教育改革和发展规划纲要(2010—2020年)》指出:"坚持德育为先,把德育渗透于教育教学的各个环节。"习近平总书记也在全国高校思想政治工作会议上指出:"立德树人是学校工作的中心环节。"可见"德育"是学校教育中最核心、最基础的工作。那么在这一过程中,学校武术教育也必须把"武术"中蕴含的优秀传统文化资源转化为开展理想信念、民族精神和思想道德教育的实际力量,以充分发挥学校武术教育的"育人"作用。那么,如何在新时代通过武术教育重塑民族性格,增强民族凝聚力,在传承与弘扬民族文化的当代社会发挥其作用就显得尤为重要,这也是彰显学校武术教育区别于其他体育教育的最根本特质。我们知道,学校武术教育的理念就是在传授武术技艺的同时,对学生实施"育人"的教育功能,其主要体现在"武德"教育。"武德"作为习武者适应社会、实现社会价值而建立的自我约束与精神自律体系,它是所有从事武术活动的人在社会活动中都必须遵循的道德规范、道德品质和行为准则。因此,学校武术教育必须通过武术技术传承,让学生从思想上、精神上、理论上、行动上主动感悟"武术文化"内涵,使之形成正确的价值观念并合理地用于指导日常生活的各个方面。如此一来,学校武术教育即可实现"知识传授"和"价值引领"的有机融合,这对提升学校武术教育的品质内涵有非常重要且不可替代的作用。

　　自古以来,武术的发展始终与其他文化发展彼此相互渗透与影响。因此,中华民族的基本精神与民族文化之精髓也就潜移默化到武术的内核(武德)之中,使武术不仅肩负着技艺的传授功能,还对中国道德思想发展和道德教育言论、思想及行为进行梳理,帮助了人们了解中华文化宝库中的传统美德。儒家思想是中国影响最大的流派,也是中国古代的主流意识,儒家学说在中国文化史上占有重要地位。中国武术经历了一个漫长的历史发展过程,在这个过程中,不可避免地受到中国传统文化,尤其是儒家文化的潜移默化的影响,小至某个具体技术动作,中至武术的传习方式,大至修身养性、为国为民的武德,无不受到儒家文化的价值取向的深刻影响。儒家在《大学》中曾提出"明德""内外兼修"的说法,在古代的武德中也有"未曾习武先习德""未曾学艺先习礼""德为艺先",贵仁、尚义轻利、忠国爱国、尚勇治气、贵教重养、

第十章 学校武术教育可持续发展战略之探

诚实守信等伦理思想,逐渐形成了独具民族特色的传统武术伦理文化体系。因此,本节主要从儒家文化视角来探讨武德构建,以此彰显学校武术教育特质、提升学校武术教育内涵。本节的内容主要来源于本人于 2013 年 3 月发表于《吉林化工学院学报》的一篇题为《当代武德体系构建研究》的研究论文。具体表述如下。

一、儒家文化影响下的武德

(一)武德与儒家思想渊源

在中华民族的思想和文化发展史上,儒家思想影响最大、时间最久、程度最深。以伟大的思想家、教育家孔子为创始人的儒家思想,对中国武德有着巨大而深远的影响。孔子虽极力主张"仁政"与"德治"并行,但在春秋时代,战争频繁,保护自身安全显得尤为重要,所以,他也强调应该文武兼备,"有文事者,必有武备;有武事者,必有文备"(《史记·孔子世家》)。从这个思想出发,孔子以"六艺",即礼、乐、射、御、书、数作为教育的重要内容。孔子所谓的君子是指必须具备"知""仁""勇"的人,更完善的人还必须掌握"艺",当然也包括武艺。

儒家伦理思想是当时时代思想的主流,广泛而深刻地影响着武德的各个层面。(其他诸家文化虽然一直没有间断,但也对传统武术伦理道德产生了思想影响,处于从属地位)伦理学上儒家注重自身修养,其中心思想仍为"仁",意指人要注重与他人、与事、与社会之间的和谐关系。正所谓做人要务本,"君子务本,本立而道生";要孝老爱亲,"今之孝者,是谓能养。至于犬马,皆能有养;不敬,何以别乎";"老吾老以及人之老;幼吾幼以及人之幼";为官要仁政爱民,"为政以德,譬如北辰,居其所而众星共之";为臣要忠贞,"君事臣以礼,臣事君以忠";等等。总之,为人之"仁",要尊重长者,诚信朋友,清正廉洁做官,自知之明做人。由儒家的基本伦理思想"仁"所派生出的"忠、孝、智、仁、勇、宽、

·231·

信、敏、惠、温、良、恭、俭、让"等道德标准,一直以来是武德的核心。武德在其发展演变的过程中,不断汲取儒家伦理思想的精髓,形成了独具特色的武德内涵。

(二)武德对儒家伦理思想的汲取及表现

武德是我国民族文化的结晶,它具有鲜明的民族文化特征,不仅展示着中华民族几千年生生不息的精神面貌,而且在其形成和发展的过程中汲取了儒家伦理思想的精髓,不仅实现了德艺互补的愿望,而且对习武者的道德标准和价值取向也产生了深远的影响。

1. 仁

在漫长的中国封建社会中一直占据着思想正统地位的儒家思想,决定了武德的核心内容——武德"仁"学。"仁",在一定程度上概括了人的全部道德意识,包括政治观念、道德观念、价值观念和行为规范、品质、人格等。这也是习武者最高层次的品德追求和德行的最高境界。孔子曰:"仁者,人也",是孔子对"仁"所作的最全面最精确的诠释。就是说人必须有仁心,如果人连仁心都不具备,那就不配为人。在人际交往中重视人的价值,懂得关心别人,尊重他人意愿,与人为善,助人为乐等都是仁的具体表现("仁"的实践应是个人自觉的行为)。

儒家"仁"的思想深深影响着历代习武者,《少林十戒》《短打十戒》等各门派的戒律都折射出"仁者爱人""仁、义、礼、信"对传统道德的影响。如武术中"抱拳礼"正是仁义道德的具体体现,左掌四指并拢伸直意思是四海为一家,互帮互助,友善相处,若为同道,则可共同提高技艺,相互帮助;拇指弯曲意思是习武者要尊重师长,尊重他人,谦虚谨慎,不妄自为大;右手拳面与左手掌心相抱意思是"以武会友,虚心求教"。在儒家"仁"的思想影响下,武德把意味着暴力的武技导向了注重德行修养的"仁者至上"的最高精神境界。"仁"对武术的深刻影响,不仅确立了习武者在非武术生活中的做人意识,而且为处理武术专业中的各种复杂关系提供了方法论的指导。

2. 义

"义"是依"仁"而行的方法、途径和标准。儒家重义轻利,强调集体的利益高于一切。维护集体利益的大公无私精神就是真实的义。生活在民间的习武之人虽然不可能对义有专门深刻系统的论述,但十分重义,他们用义来对人进行评价,看这个人是有义,还是无义,有无仗义,讲不讲义气等。义最起码是传统武术家们共同倡导的技击打斗的理性规则。合于义,则死也必战;不合于义,即使有全胜的把握,也是绝不可以出手的。传统武术的技击实践,只能是对于义的维护而不能丝毫有损于义,更不能以义为借口而谋取私利。对于道义与生命的关系,儒家伦理虽重视生命价值,但相比较而言更重视道义的价值。孔子曰:"志士仁人,无求生以害仁,有杀身以成仁。"(《论语·卫灵公》)有志向道义的人,宁肯牺牲生命也绝不求苟活而弃仁义。在义面前,他们甚至敢于"舍生取义"。"义"在武德中还可理解为秩序、等级。"义者,宜也",就是习武者的言行举止要与自己的身份相符。君臣父子,师徒兄弟的纲常不能乱,这是武林中人心目中神圣不可侵犯的人伦。儒家虽强调"大道之行也,天下为公",但其维护统治阶级利益和封建宗法制度的意图仍然是显而易见的。

3. 礼

儒家文化是一种以维护秩序为宗旨的文化体系。历代儒者对古代利益的损益与维护为中国古人的各种生活提供了应有尽有而且在他们看来比较适宜的行为准则。儒家文化所倡导的这个几乎包容一切准则的礼仪系统对中国古代的所有人和事均有指导性的意义。自然,儒家礼仪对于传统武术的影响也是不可避免的。"礼"在武德中具有实践性,"礼"是"仁"与"义"向行为落实的一个重要环节,并由此衍生出一系列具体的、形式化的礼仪,直接付诸于习武者道德实践,作为其行为的文饰。武林界对

"礼"有着严格的标准和规定,它规范着习武者"应该要做什么和应该怎么做"。"礼"还直接包括制裁制度,对违背"礼"的人要给予处罚。

4. 智

习武者除了要有武德的高尚情操和礼仪规范,还要有去实践这种道德意识的自觉性和主动性,这样才能真正具备武术人的素质,这也就是儒家所说的"智"。"智"的主要功能就是用来认识"仁""义""礼""信"等,并保证它们能够自觉主动地付诸实践。"智"根源于人们对事物的是非曲直的判断,"知人伦,明是非,辨善恶",只有如此才能"穷不失义,达不离道",做一个"富贵不能淫,贫贱不能移,威武不能屈"之人。

儒家伦理道德体系中,孔子把"智""仁""勇"三者相提并论。儒家认为:"有文事者,必有武备;有武事者,必有文备。"(《史记·孔子世家》)这种追求文武双全的儒家思想,被习武者看作必备的素质。古代习武之士把智勇双全看成习武人更高的素质,二者与仁爱一样被看作勇行天下的美德。

5. 信

孔子极为重信。他强调做人要"信以诚之""与朋友交,言而有信""人而无信,不知其可也"。"信"作为武德的重要组成部分,对历代武术家的道德修养上的影响都是深远的。在古代习武者眼中,诚信是立政、修业、为人处世中一条重要的道德规范。人若不讲信用,就无法去做人行事。守信重诺是武德的重要内容之一,实践诺言,不失信于人,不畏艰难险阻,甚至甘愿牺牲生命。

可以说,在古代,信是被共同尊奉的、共同肯定的道德规范,并称为传统美德。

6. 勇

孔子曰:"仁者必有勇。"勇敢,作为习武人的必备素质,为古代习武人所重视。 正义在胸、具有崇高牺牲精神的人,必然勇往直前,敢赴难,勇为社会他人献身。武德中的"勇",是指通晓仁义道德,明辨是非善恶,果断采取正确的行为。爱护弱小,惩奸除恶,匡扶正义,除暴安良,不可倚仗武力欺凌弱小为非作歹,这些都是在武术界被极力推崇的行为。但寻衅滋事,逞强斗狠,无中生有,这些行为则都被视为"匹夫之勇",被习武者所不耻或不屑。由此可见,武德中的"勇",既是人的道德标准又是行为实践。

7. 忠国利民思想

儒家的伦理思想强调为社会、为民族、为国家、为人民的集体主义的观念。我国的传统美德大都围绕集体主义精神展开,中华武德也不例外。武术人在中国儒家传统义利观的引导下,磨炼意志、锤炼人格。

在中国武术史上,绝大多数习武之人在关键时刻都能把国家利益放在首位,他们平时操练武术用以健身防身,但到了民族危亡时刻,他们为了民族的独立和国家的完整,甚至可以付出鲜血和生命。南宋的岳飞,反抗金人侵略,不畏强敌,精忠报国。明朝抗倭英雄戚继光为了抵抗倭寇侵略,刻苦研习武艺,带兵得法,严惩了倭寇,使国家安宁,人民安康。古代习武者的爱国报国情操,虽在一定程度上与忠君联系在一起,有相当程度的历史局限性,但也掩盖不了历代武林英杰爱国主义的光辉,他们为国家民族的生存和发展,舍身报国、忧国忘身的忠国利民思想值得我们敬仰。

8. 君子人格

儒家在道德上一直特别强调做人要做君子,鄙视小人。据史料记载,从西周时期就有"礼不下庶人,刑不上大夫"之说,君子和小人在西周时分别是贵族和刁民的通称,普通百姓与礼是毫无缘分的,所以君子之称只是贵族的专有名词。直至春秋时期,由于当时生产力的发展导致在经济基础、上层建筑领域出现了与周礼要求不相融的局面,封建礼教的规章制度遭到极大的破坏,君子与小人的含义也发生变化,逐渐演变为有道德的人和无道德的人。后经孔子阐明陈述并解释后,逐渐成为儒家所提倡的道德人格。总结起来,即以"仁"为本,以"义"育人,以"礼"待客,以"智"为贵,以"信"为贵。传统武术道德的人格标准即深受儒家道德人格的影响,孔子就认为君子之间唯一的竞争便是射箭比武,这种思想认识对武德君子人格的培养起了重要作用。崇礼是习武人伦理道德的基础,形成了习武人生活的基本准则,《咏春白鹤拳·拳谱》讲四善:"善修其身,善正其心,善慎其行,善守其德。"武德重德守礼的特征是君子人格的体现。

总之,儒家文化作为一种沉淀已久的民族文化心态对武德的发展和丰富起着至关重要的影响和作用,儒家思想逐渐成为武德的内核。中华武术与儒家文化水乳交融,相得益彰,折射出历代习武者及尚武侠士的道德理想境界的宽宏、博大和崇高。

二、学校武术教育的品质与内涵提升必须彰显"武德"思想

(一)武德凸显独特的中华文化育人价值

武德通过对中华传统儒家伦理文化的汲取,逐渐形成以儒家伦理思想为内核的文化体系。它的文化内涵对整个民族的稳定、进步和团结起到不可估量的作用和影响,它所体现的文化本质,影响和缔造了一代代忠烈和侠士,鼓舞和激励着华夏民族奋发向上。武德在不同的历史时期、不同的习武群落中有着不同的具体内容,但其主体精神具有相对的稳定性和延续性。

武德对于习武人尚武、进取、坚韧、团结、自尊自强精神,增强民族和国家的凝聚力都产生了巨大的影响。孟子曰:"天将降大任于斯人也,必先苦其心志,劳其筋骨,饿其体肤,空乏其身,行拂乱其所为,所以动心忍性,增益其所不能。"意思是,上天将要降落重大责任在这样的人身上,一定要先使他的内心痛苦,使他的筋骨劳累,使他经受饥饿,以致肌肤消瘦,使他受贫困之苦,使他做的事颠倒错乱,总不如意,通过那些来使他的内心警觉,使他的性格坚定,增加他不具备的才能。身处逆境之中,不仅仅是"劳

其筋骨,饿其体肤",在肉体上经历与"温室"中不同的体验;更有"苦其心志",在精神上历经和"顺境"中迥异的磨砺;"空乏其身",使其无所依;"行拂乱其所为",使其不知所措,无所适从;这一切的过程将达成一个结果,也是走出逆境的根本途径:"所以动心忍性","增益其所不能",自身的性情、智慧和能力将在这个过程中得到磨炼和提升。宋代武林人士为抗击金人的入侵,甚至以身殉国,明代少林僧人组织抗倭斗争,近代也有很多武术家参与到抗击外国侵略者的斗争中。他们所表现出的自尊自强,顽强的斗争毅力,深深注入中华民族的血肉和灵魂里,成为中华民族自尊自强和生存的精神支柱。对于武术人始终有着这样的信念,要想成就一番事业,必须要有坚强的意志、坚定的信心、坚毅的性格,坚韧不拔,坚定不移,经得起磨炼。正是这种高远而执着的志向,激励着无数英雄人士为国鞠躬尽瘁死而后已。可以说武德对于弘扬高尚的中华民族精神、铸就坚韧不拔的民族性格,具有不可替代的作用。

(二)学校武术教育的自身发展需要凸显武德

武术之所以被人们广泛接受,并沿袭至今的很重要的原因之一就是注重习武人的品德,即武德。"因为武术的本质属性是技击,但在社会条件的规范下,技击的应用是不能随心所欲的。武德,即规范技击的施展,其目的就是使习武之人严格遵循社会的规则,使其武术主体的处世原则、方法与社会的要求不发生碰撞。"同时,武德作为武术的审美特征之一,追求的是气、韵、形、神的结合。德力的统一自古就是武术人格的特征,是武术的审美价值内容,也是武术发展的内在动力之一。任何一个时代都应该对上个时代的道德加以扬弃,建立起一套属于自己的道德体系,并对自己道德价值进行合理性论证或确定价值合理性基础。所以,我们必须对当前武德价值的合理性进行重新的审视。而我们却发现,虽然武术界历来重视武德,但到今天为止我们对学校武术教育中的武德体系并没有一个清晰的把握,在一定程度上影响和制约着学校武术教育的发展、传播和理论体系的完善。因为如果武德没有根植于学校武术教育之中,那么我们的武术传承就是"无本之源",也就不能与其他体育教育有所区分,没有区分、没有中华特质的学校武术教育自然也就会被其他体育运动项目所替代。因此,我们必须重新审视传统文化中优秀的武德思想,必须让其重回武术课堂,同时还要不断地开阔视野,融进新内容,解决学校武术教育实际教学中出现的新的问题。为什么当前韩国跆拳道和日本的空手道等在我国学校教育领域占有很大的市场?而与之对比为什么我们自己的武术项目却备受冷落?这种现象的出现使我们意识到了危机的存在。我们审视一下跆拳道和空手道,它们一个共同的特征就是非常重视道德体系的建设,且它们有一套严格且必须遵循的武德礼仪规范,这也是很多人喜欢跆拳道和空手道的重要原因之一。梳理这些外来武技的发展经验,我们的学校武术教育的自身发展首要解决的问题就是武德体系的建构和完善,而不能只是注重在技术层面上的提高。所以构建学校武术教育的武德新体系已成燃眉之急。

三、儒家文化视角下构建学校武术教育武德体系框架的设想

构建学校武术教育武德体系框架,必须以"中国特色的社会主义理论"为指导,应该立足于当代中国的国情和实际,以科学的理论和方法为手段。

(一)构建学校武术教育武德体系框架应把握的方向

1. 构建原则

儒家文化的精髓之一就是"和为贵",主张"和衷共济""亲仁善邻"。本书认为要把"止戈为武"作为当代武德体系构建的原则。"止戈为武"具有深厚内涵。"止戈为武"较早出处于《左传·宣公十二年》,楚子曰:"非尔所知也。夫文,止戈为武。"释义原意是:"武"字由"止"和"戈"组成,所以止息兵戈才是武功。

第十章　学校武术教育可持续发展战略之探

武术是用来健身自卫而非以强凌弱,武备是用来防敌入侵而非掠夺扩张,这就说明止戈为武已经上升到道德观层面,对于武术人用不用武力、何时、为何施用武力具有重要的指导性原则,这是构建学校武术教育武德体系框架应遵循的基本原则。止戈为武的最终目标就是通过禁止强暴与消除争斗,并保持自身强大而最终达到团结和谐。

止戈为武是武术人道德建设的原则,也是社会主义经济、政治和文化建设的必然要求。新中国成立以来,中国坚持独立自主的和平外交政策,坚持在和平共处五项原则基础上,同所有国家发展友好合作,不同任何国家和国家集团结盟,不以社会制度和意识形态异同决定国家关系的亲疏。尊重各国人民自主选择社会制度和发展道路的权利,不干涉别国内部事务,反对以大欺小、以强凌弱,反对霸权主义和强权政治。坚持通过求同存异、对话协商解决矛盾分歧,不把自己的意志强加于人。坚持从中国人民的根本利益和世界人民的共同利益出发,根据事情本身的是非曲直确定立场和政策,秉持公道,伸张正义,在国际事务中积极发挥建设性作用。中国的主张和做法得到了许多国家的认可,同时促进了世界和平力量的增长。在国际国内大环境下,武术人应以大局和集体的利益为主体,不应该为个人的利益而大动干戈,武力决斗;而是应该相互谦让与相互帮助,适当地牺牲个人利益而为集体利益、国家利益。

2. 构建核心

武德是武术在几千年的实践发展过程中,习武者不断从优秀的中国传统文化中汲取营养和智慧,逐步形成的道德准则,是中华民族传统道德的重要组成部分,也是中华民族宝贵的精神财富。崇武尚德精神有着丰富的文化内涵和表现形式,从最初维护民族利益的道德观,到现在把国家、民族的利益放在首位,冲破单一、狭隘的道德意识,使尚武与尚德紧密结合,构成了中国民族精神的主体。尚德是崇武的前提,崇武是尚德的反映,通过崇武尚德,最终要发扬"自强不息,厚德载物"的民族精神,为社会做出贡献。

崇武尚德,也是儒家文化中的"仁爱"理论在当代武德体系中最深刻的引申和展现形式。"崇武"指的就是热爱武术、注重武术、习练武术、研究武术和发展完善武术。"尚德"就是重视武术道德、推崇武术道德、自觉遵守武术道德,提高武术道德修养和完善习武人的人格魅力。"崇武尚德"简单解释为:"武术人在注重习练武术技术强健体魄的同时,也应重视武术礼仪等行为规范的人格内在修养,二者相辅相成,同时兼顾和谐统一。"儒家历来提倡个人的道德修养、以德服人、以德治国等观点,说明儒家非常推崇道德的力量和功能。武术与武德相比,贵不在术而在德,"德为艺先"。武德高尚,武术才有价值。武德不彰,武术则黯然失色。武德是道,武术是器;以道统器,器为道用。所以,崇德应该成为每个习武人毕生遵循的价值观念和生活理念。

只有做到崇武并尚德,武术人才能做到爱国爱民、品德高尚、强身健体、卫国防身、意志坚强、百折不挠,同时做到反对拜金主义、享乐主义和极端个人主义等一切消极的思想观念,形成体现武术技术优越性、促进习武者身心健康的良好武术道德风尚。所以,尚德也就有了引导武术人正确处理自己与他人、自己与社会、竞争与协作、先富与共富、不同利益群体之间的关系的作用,并努力提倡尊重他人、理解他人、关心他人,发扬人道主义精神,为社会多做好事并承担责任的精神。因此,崇武尚德,发扬民族精神,是今天我们所要构建的学校武术教育武德体系框架的基本核心。

3. 构建目标

儒家的思想路线,是"人性本善—人生有意义—践形以尽性"的一个逻辑过程。既然人性本善,人生是很有意义的,那么在人生的社会实践中尽善尽德,即一个实现人本性的过程,自然是一个体会人生意义、获得人生幸福的过程。中国武术界有"内外兼修"之说,所谓"外"是指对技艺的修炼,"内"是指品行、德行的修炼。武术界重视人的内外兼修,从而追求和谐发展的崇高武术

第十章 学校武术教育可持续发展战略之探

境界。因此,学校武术教育武德体系框架的基本目标即德艺兼修。德存于内,艺发于外,武德重于武艺。德艺兼修是这一整体性思维在武术实践中的反映,以追求身体与心理、人与自然、技术与道德的整体和谐统一,全面实现武术技术、养生、修行、德性等多方面功能。那么,无论是在竞争激烈的社会上,还是在与人之间的交往中,还是在日常的学习过程中,"敬人、敬事、敬物"是最基本要求。一个品行不端、不择手段、武德低下的人永远也不可能称为武术人。对武术修炼者来说,不但要有武艺技能,更应该时刻展示高尚的武术道德修养风格。可以说,武术人通过武艺来修其身形,通过武术道德来修其心性,这表明德艺兼修和修养身心互为一体的关系。练艺必修心、修德,良好的德是艺的基础,艺和德结合方为完美。

四、儒家文化视角下学校武术教育武德体系的构建

(一)学校武术教育武德体系概念的界定

道德体系是指道德的各种表现形式即各种道德现象所构成的有机整体,这些表现形式之间既相互区别,又相互渗透、相互影响、相互转化,从而形成一个具有内在联系的社会道德体系。更具体地讲,道德体系是作为一个有机整体存在于一定的社会环境中,并能客观准确地反映这个社会各领域里的道德关系。在这里,我们对当代武德体系的概念做出如下界定:当代社会环境下,在学校武术教育场域中,武德诸要素及内容、环节的有机协调、相互作用,要反映这个时代的特色,同时关照武术领域以外的社会关系的一个统一系统。从结构上看,可以把学校武术教育武德体系分成三重结构:第一重结构是指武术课程所表现出来的内容形式,比如武术套路、散打等外在武术活动形式,我们把这一层称为学校武术教育武德体系的外表层;第二重结构包括诸如武术课程中的教学原则、传承原则与方式等,是学校武术教育武德体系

的中间层;第三重结构是指学校武术教育武德体系的内核,从具体内容上看是指诸如武术的审美情趣、武术的思维方式、武德的具体规范、武德的培养导向、武德的理论基础等。

(二)学校武术教育武德体系的构建要素

从前文分析结果可知,要构建学校武术教育武德体系,从儒家文化中汲取营养是非常可行的途径。我们知道,儒学也是伦理学,这是学界共识。在当代,中国伦理学主要研究道德的根源、本质、发展及其规律,武德是一种道德现象(武德隶属于体育道德的范畴),故武德也就是伦理学的研究内容,体育伦理学是伦理学的一个分支,体育伦理学的体系结构包括:体育道德的基本原则;体育道德规范;体育道德范畴;体育道德行为和道德品质;体育道德评价;体育道德教育与道德修养。所以我们以此为依据,试图把学校武术教育武德体系分成由七个要素组成的统一体,即武德理论基础、武德规则、武德实践、武德修养、武德价值、武德培养、武德评价。按照上面阐述的儒家文化视角下学校武术教育武德体系的核心、原则、目标和要求有机融贯伦理学视域下的学校武术教育武德体系七要素,希望能够把它们组成一个的整体框架。

1. 武德理论基础

恩格斯说:"作为分工的一个特定的领域,都具有由它的先驱者传给它而它便由以出发的特定的思想资料作为前提。"[①] 任何体系的构建都需要理论基础,当代武德体系的构建也不例外。那么学校武术教育武德体系的理论来源于什么呢?我们认为不仅要从儒家文化中去寻找,而且还应该到我们历史的思想财富中去寻找。作为中华民族文化瑰宝和中国民族体育文化精华的武术,在中国世世代代传统文化的滋养下,形成了独特的武术文化,并形成了以儒家文化为根基的"武德文化",可以说"武德文化"也

---

① 马克思,恩格斯.马克思选集[M].北京:人民出版社,1995,4:485.

是中华民族传统文化的一个缩影。我们进行学校武术教育武德体系的构建,并不是凭空去建设出一种道德体系。高楼大厦的建成也是有根基的,我们不能割裂历史。儒家文化和中华民族的优良道德传统都应该是我们构建学校武术教育武德体系建设的内在的有机组成部分和理论基础。

但是,这个理论基础又不是僵死不动的,而是具有发展的、开放的、生命力的理论体系,在不同的历史时期填充符合时代的道德内容。在社会主义市场经济的今天,它同样要融入社会主义精神文明的相关内容,符合社会主义的核心价值(图10-1)。

图 10-1　武德理论基础框架

2. 武德规则

武德规则是构建学校武术教育武德体系的具体内容,它在这里多同于武德规范的概念。1987年全国武术学术研讨会,将武德规范概括为"尚武崇德,修身养性"。[①] 武德是习武者所应具备的一种美德,是一种社会意识形态,武德规则是指导人们共同的武术生活及其行为的准则,并渗透在习武者的思想和言行中。实质上,武德规则就是指以武德活动为基础,根据时代的价值观和评价标准制定的,在从事与武术有关的活动中和为人处世过程中所应遵循的具体的内容条款。我们除了可以将武德规则的层次区分为较高层和基础层之外,还可以将武德规则构建成普遍规则和特有规则两类。较高层次的武德规则应该体现武德的理想性和先进性,做到无私奉献、舍己为人(或社会或国家);基础层的

---

① 百度. 武术学术研讨会. 百度知道, http://baike.baidu.com/view/648449.htm.

武德规则可以体现武德的现实性和普及性,让我们的学生能够区分哪些行为是应该做的和不应该做的。普遍武德规则要紧跟时代,要根据时代发展来不断提升学校武术教育武德的标准,完善它的内容,这样就需要把我国社会主义道德规则作为我们制定武德规则的基点,这不仅是每个习武的学生应该遵守的道德规则,也是每个中国人所应具备的道德素质(即五爱:爱祖国、爱人民、爱劳动、爱科学、爱社会主义)。武德规则研究要把规则内涵和实践应用相结合,通过德育实践反馈来修改与完善,把"艺"与"德"和谐统一起来,既体现儒家思想精髓,又反映当代社会主义核心价值(图 10-2)。

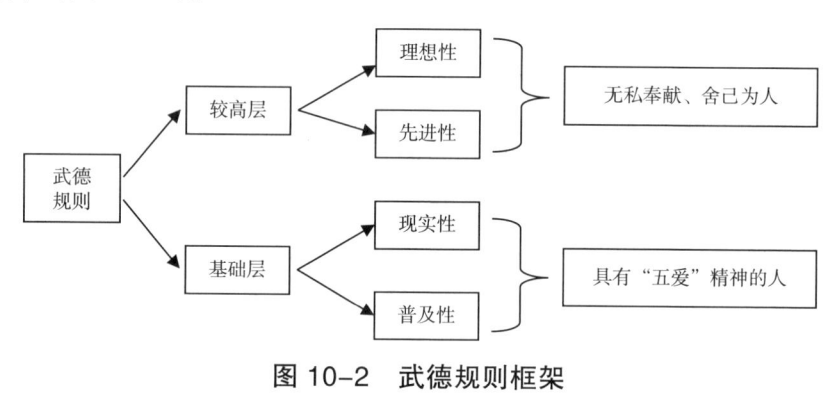

图 10-2 武德规则框架

3. 武德实践

武德实践即学校武术教育武德的具体活动,它是构建学校武术教育武德体系的实践基础,任何理论的形成都应以实践为基础。武德实践在学校武术教育武德体系的构建中必不可少。它具体指的是,在学校教育场域中,每个学生都要接受到符合时代的道德意识和武德规范的指导和影响,进而表现出符合社会、学校的行为规范,在这个实践过程中,其自身的德性素养和武术素养得以展现。

德性素养是一种学习与实践融为一体的知行合一活动。它首先是一种学习活动。德性素养的过程是一个不断学习的过程。德性素养的学习过程,也是德性学习的过程,德性素养的学习是

第十章　学校武术教育可持续发展战略之探

广义的学习,包括在接受教育过程中的理解学习,也包括对他人的观察学习。人们主要在接受教育过程中学习德性方面的理论知识,培养德性意识,而在与他人交往的过程中通过态度和行为的观察学习德性方面的感性知识,增强德性感受。其次德性素养是实践活动,需要"涵育锻炼"的工夫。对于德性素养来说,德性意识是前提,德性知识是基础,但德性作为心理定势需要在行为过程中不断践行才能逐渐形成。这个过程就是德性实践过程或实践德性的过程,也是德性素养的实践过程。作为德性素养的实践活动主要是一个意志的过程。也就是通过意志的作用,使德性知识转变为德性愿望,进而转变为德性谋求,最后转变为行为。这即毛泽东所说的"一个人做点好事并不难,难的是一辈子做好事"。

武术素养同样是一种学习与实践融合的活动。学生武术素养的提升,首先要了解、认知和学习民族大义的武术精神,如岳飞、戚继光等经典故事。其次要把这种精神转化成具体行动,如从徒手训练到器械操练,从课堂学习到竞赛场比赛,乃至各种武术活动都应该有相应的礼仪规范。如学生们课堂中、表演时或比赛过程中要时刻牢记"以礼始,以礼终",要有意识地向教师、裁判和观众行抱刀礼、抱拳礼等,在结束时也要行"礼"。这些礼节不是可有可无,而是其中蕴含着礼貌待人、恭敬礼让、虚心好学的优良道德品质,这对学生的思想行为、人格塑造都起到不可估量的作用。学生道德人格的自我完善,也是一个实践的过程,由具体行为体现的实践程序,武德不管在观念上如何丰富高远,它的根本宗旨都是对内在的人格进行塑造,这就决定了学校武术教育的武德从它形成开始就是实践的。

4. 武德修养

武德修养就是要求学生们要按照武术的规则和道德原则进行一系列的自我改造,以使武德内化为高尚的道德情操和精神境界,最终使自己成为社会有用之才。武德文化中有"学拳以德为先,凡事恭敬谦逊,不与人争,方是正人君子",即强调习武者要宽厚仁爱、谦虚礼让、守礼有节、做正人君子。而我们当今讲武德修养,就应当汲取儒家"仁爱"的精华,即要以礼为先,旨在倡导习武者要有高尚的道德品格,以文明待人处世。所以学校武术教育中的武德修养,不仅要继承发扬如上所述的优秀品质,还必须结合当前改革开放,实行社会主义市场经济的特点,针对社会中存在的与精神文明相违背的消极现象,树立正确的武德思想和行为规范,树立正确的人生观、价值观、审美观、苦乐观和人与人之间的道德观。比如,国际武术联合会规定以抱拳礼作为武术行礼的形态,这是中国传统的一种礼节。而现在抱拳礼被赋予了新的含意,右手握拳,寓意崇尚武德,以武会友精神;左掌四指并拢,寓意四海武林团结奋进;屈左拇指,寓意虚心求教,永不自大(图10-3)。

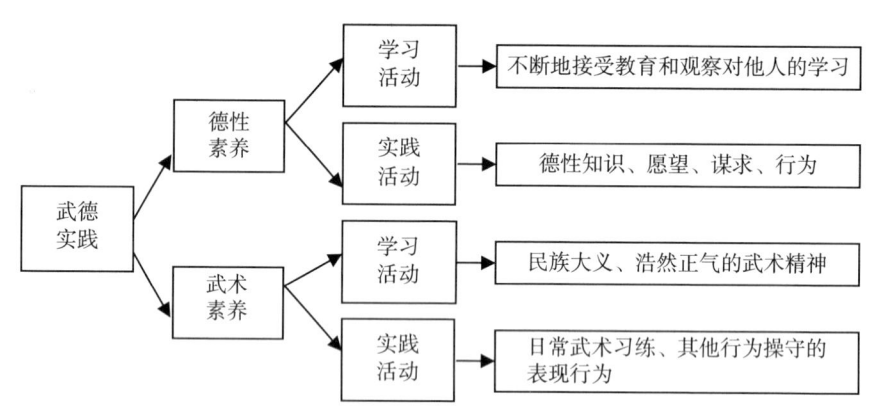

图 10-3 武德实践框架

武德修养不仅是对学生们的身型、体态和举止的塑造,而且也是完善学生心性与道德的过程。十二形之说"坐如钟、站如松、行如风"便描绘了高超武术人的浩然正气与身捷步灵、落地生根的形象。但在技艺上,武术又不是主张积极地引向外在的显示,而是导向内心的自修和自审,注重人的高尚品格的生成,从而达到具有高尚品格与高超武艺、德艺双馨的人(图10-4)。

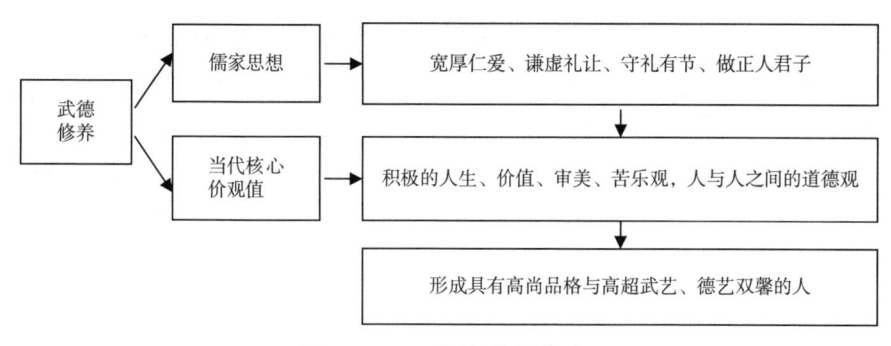

第十章 学校武术教育可持续发展战略之探

```
           ┌─ 儒家思想 ──→ 宽厚仁爱、谦虚礼让、守礼有节、做正人君子
武德修养 ──┤                              ↓
           └─ 当代核心   ──→ 积极的人生、价值、审美、苦乐观，人与人之间的道德观
              价观值                       ↓
                          形成具有高尚品格与高超武艺、德艺双馨的人
```

图 10-4　武德修养框架

5. 武德价值

价值是事物(物质的和精神的现象)对人的需要而言的某种有用性，对个人、群体乃至整个社会的生活和活动所具有的积极意义。将价值引入学校武术教育武德领域不仅是学生们对武德认识的深化(它本身包含了中国传统文化观念)，更为重要的是价值作为现实的人同满足其某种需要的客体的属性之间的一种关系，是在实践基础上发生和发展的，它是以人作为主体来对武德进行批判性的认识。某种物质或精神是否具有价值，不是以其自身的属性为基准，而是以主体在历史发展中形成的客观需要为基准。武德价值表明了学校武术教育武德对学生们而言所拥有的正面意义，也就是说武德价值能够满足或引领学生们一定的需求，如自我人格的完善，对自身德性的完美追求。

武德的当代价值要集中反映中华民族伟大复兴的实质内涵。武德在中国几千年传统文化中孕育，其形成和发展离不开中国传统文化，特别是儒家文化的精神基础。所以这一范畴应该包括武德价值的概念、武德价值在哪里(内容)、武德价值评价的方法、武德价值的实现条件等。通过对这些核心问题的理论阐释，使学生们对武德价值活动规律能有一个较为系统的把握。

通过对武德的相关分析，这里把学校武术教育武德价值的概念界定为：学校教育的场域中，学生们通过武术课程影响自身思想与行为而对他人、社会所具有的道德上的意义。那学校武术教育的武德价值又在哪里？通过对社会主义核心价值观的把握，本人认为应该在政治价值、文化价值、教育价值、审美价值等方面去把握。其武德的评价方法包括他人评价和自我评价两个方面。武德价值的实现条件应该包括客观条件和主观条件两个部分。客观条件包括社会条件（国家层面）、教育条件。主观条件应该包括自身道德素养和武德素养（图10-5）。

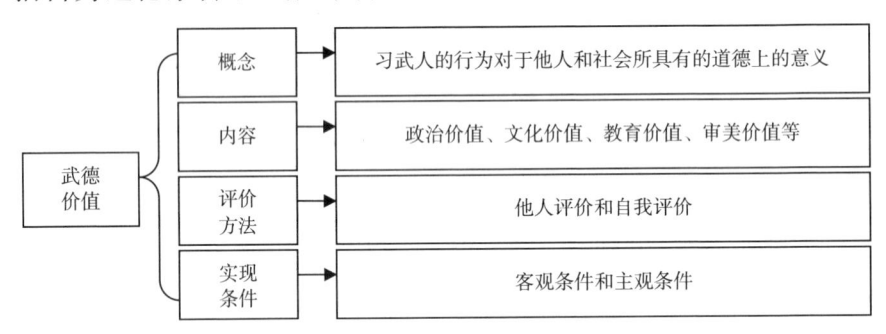

武德价值	概念	习武人的行为对于他人和社会所具有的道德上的意义
	内容	政治价值、文化价值、教育价值、审美价值等
	评价方法	他人评价和自我评价
	实现条件	客观条件和主观条件

图10-5 武德价值框架

6. 武德培养

本研究认为"武德高、武旨正、武风良、武纪严、武礼谦、武仪端、武志坚、武学勤、武技精、武境美"，这是学校武术教育武德培养的基本标准。而这样一个标准如何才能得以实现？其实，这就涉及要把我们所提炼的武德思想体系与相关标准真正纳入武术课堂中。即"武德培养"要在学校武术教育场域中，通过一系列手段使学生遵循武德规则的要求，按价值标准行事，有计划、有组织地对学生们的武术活动进行系统的武德干预活动。所以根据儒家思想精髓结合科学社会主义对道德的基本要求，我们总结为学校武术教育的武德培养应该把学生们塑造为：在思想上爱国爱民、品德高尚、强身健体、卫国防身；在纪律上遵规守纪、严于律己、尊师爱生、共同研习、以礼相待、谦虚诚恳；在训练上意志坚强、百折不挠、拳不离手、勤学苦练、钻研武技、精益求精；在行动上举止庄重、容端体正、爱护环境、井然有序。根据上述总结，本研究把学校武术教育武德培养标准框架构建如图10-6所示。

第十章 学校武术教育可持续发展战略之探

武德培养	礼义仁智信勇	武德高 → 爱国爱民，品德高尚
		武旨正 → 强身健体，卫国防身
		武纪严 → 遵规守纪，严于律己
		武风良 → 尊师爱生，共同研习
		武礼谦 → 以礼相待，谦虚诚恳
		武志坚 → 意志坚强，百折不挠
		武学勤 → 拳不离手，勤学苦练
		武技精 → 钻研武技，精益求精
		武仪端 → 举止庄重，容端体正
		武境美 → 环境优美，井然有序

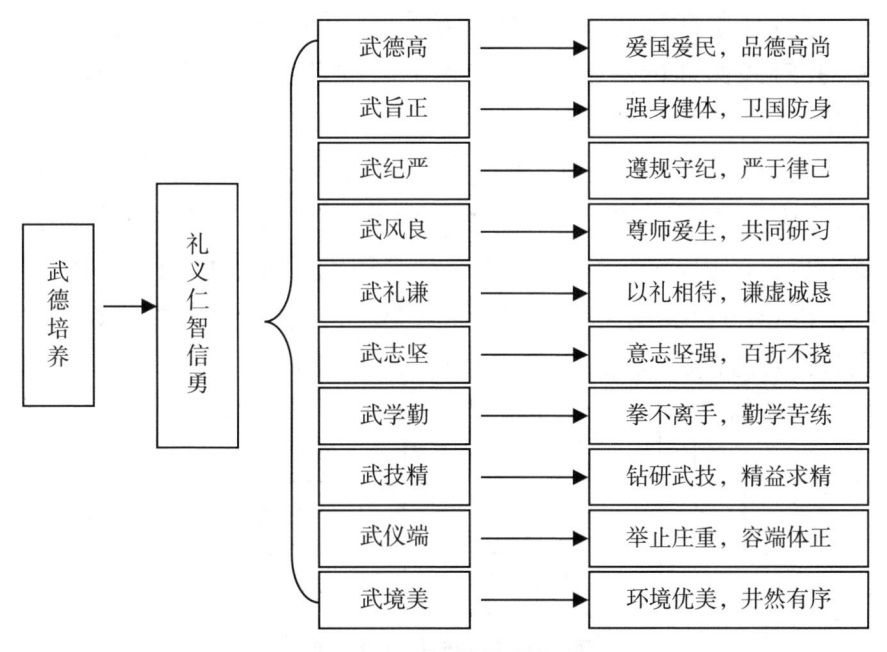

图 10-6　武德培养框架

当前学校武术教育中武德培养这个环节非常薄弱，到目前为止还没有形成正规的制度化的实施程序。现在与武德培养相关的学科体系没有建立，规范化的教材也非常少，各类学校对于武德课程的开设寥寥无几。当前我们对于武德培养急需要做的是，尽快使武德培养的学科体系确立下来，组织专家编写系统的学校武术教育的武德培养教材，在学校中增加一些专门的武德伦理课，把儒家思想精髓"礼、义、仁、智、信、勇"贯穿于武德培养之中，逐步使武德培养走上正规化的道路。

7.武德评价

武德评价就是指在学校武术教育场域中所发生的活动，教育者依据一定社会、学校或阶级的道德标准对从事武术活动的学生们进行善恶、荣辱、正当或不正当等道德价值的评论和断定。通过赞扬、褒奖或批评、谴责，激励学生们扬善弃恶。武德评价是道德原则和规范发挥作用的杠杆，是武德价值到武德规则的飞跃和转化的中间环节，也是学生们道德观念、道德品质形成的重要因素,它贯穿于武德培养、武德修养等实践活动中。通过思辨与审视,并对武德理论基础,武德价值的合理性、真实性、有效性进行论证。

武德评价对武德行为做出全面的判断与分析,裁断行为的善恶,明确奖惩原则和标准,帮助学生们明确自己应该承担的责任,坚定自己的内心信念;更能通过社会舆论的监督作用,形成一种巨大的影响社会的精神力量,弘扬美德,调整人与人之间以及个人与社会之间的关系,促进社会和谐(图10-7)。

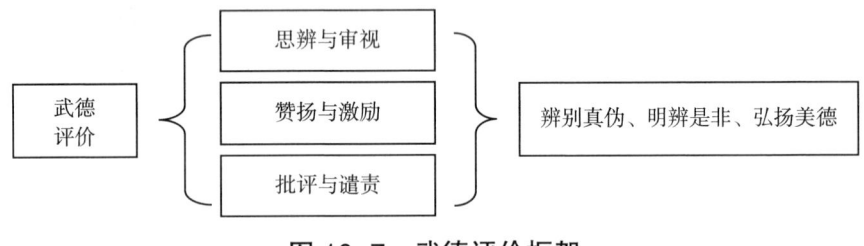

图 10-7 武德评价框架

（三）学校武术教育武德体系的整体框架

如图10-8所示,是按照学校武术教育武德体系的构建原则、构建核心、构建目标和构建要求设计的整体框架,它将反映出各组成要素之间的联系性及各个要素相互作用的态势、发生、发展过程。武德理论是基础,它为其他要素的实现提供了理论支撑。武德价值是核心,其他各要素的目标就是实现武德的价值。武德实践和武德培养是重点,这两个环节贯穿整个框架,它们也是各组成要素之间必不可少的实践环节,是实现武德价值的关键,同时又可以提高教育者和学生们对武德评价的认识水准。武德规则是武德价值的具体体现,武德评价又对武德理论基础、武德价值的合理性、真实性、有效性进行论证,从而可以发展丰富武德理论基础、武德价值内涵。

实际上,这七个构建要素,是在儒家文化的思想结合时代要求并把武术文化精髓汲取融合中提炼并加工的,它们之间组成一个有机的整体框架,各组成要素相互关联、相互作用、协调发展、缺一不可。

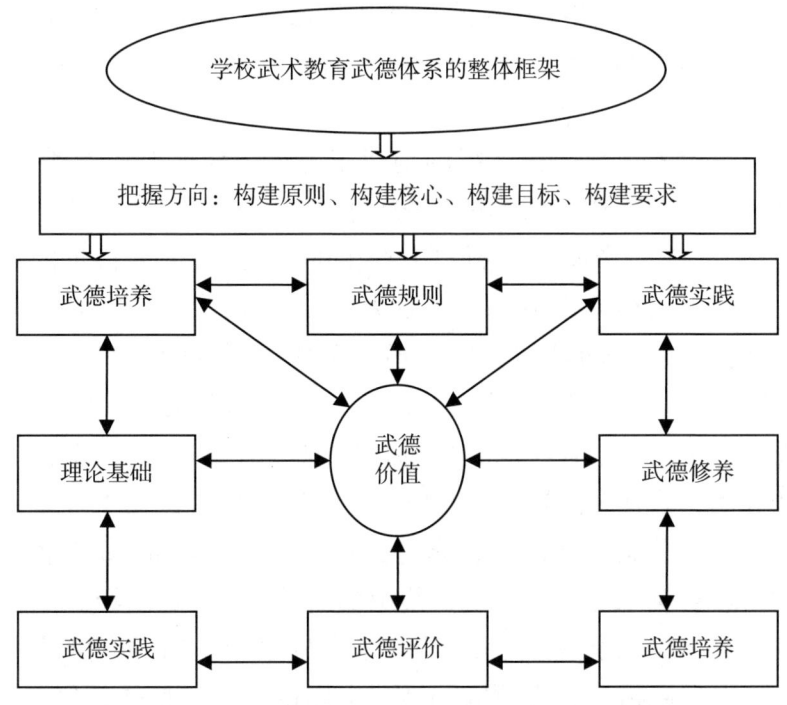

图 10-8 学校武术教育武德体系的整体框架

五、学校武术教育武德体系构建可产生的实际效用

在学校武术教育中,我们要充分挖掘武德教育的思想精髓,用事实说话、用典型说话、用人们熟悉的语言和喜闻乐见的方式开展教育活动,做到以理服人、以情动人、以形感人、以志激人、以境育人,有效地将理论应用于实践,检验并发展理论。

(一)激发爱国主义思想

学校武术教育武德体系构建要求同学们对社会和民族要有责任感,要有以天下为己任的高尚道德情操。从古至今,无论是超越世俗的武林豪杰,还是默默耕耘、无私奉献的普通传习者,他们的内心深处无不体现"天下兴亡,匹夫有责"的民族大义精神,

结构优化：供给侧改革视域下学校武术教育的发展探索

武德中体现出的"重义轻利""舍己为人"的精神，充分说明了习武之人为国家、民族、百姓的高度的社会责任感。这种精神正是我们民族精神和文明的集中表现，也是伟大的中华民族必不可少的精神源泉。

学校武术教育武德体系的构建正是将这种重视集体利益，把国家和民族利益作为根本的道德价值取向放在首位，通过武德培养模块，把在中华民族的历史上产生的强大的、催人奋进的精神动力及涌现出的许许多多习武者为了国家和民族利益，在民族危难之际挺身而出的精神加以弘扬。例如，人们熟知的岳飞、文天祥、戚继光等，他们既是英勇的战将、技艺超群的武术家，又是精忠报国的英雄；也有民间自发的抗倭驱贼的少林僧人、抵御外敌的义和团；更有为洗刷"东亚病夫"奇耻大辱的霍元甲等。同时我们也可以从文学作品中探索尚武精神的正反两面，如作者本人通过研读经典文学作品，探寻其中的尚武思想，如已经和陆续要发表在吉林化工学院学报的《从"暴力景象"到"本质溯源"——〈孔乙己〉尚武精神缺失研究》《从"个体侠义"到"群体侠气"——鲁迅笔下之"夏瑜"探民族尚武精神的复兴》《五四后期知识分子尚武精神渐失的文化社会学研究———以〈在酒楼上〉为例》等文章，就是本研究系统研究尚武精神培养的系列成果，我们通过这样的研究也告知我们的学生，自古以来尚武精神都是中华民族重要的思想精髓，无数仁人志士都希望每个中华儿女都具备尚武精髓，都应具有浓烈的家国情怀。因此我们通过武德价值观的培养，在武术教学过程中积极发掘中国古代爱国主义的典型事例，加强民族气节、民族情感和民族精神的教育，增强民族的自尊心、自信心，从而进一步推动、激发、引导学生们的爱国主义情怀，提高民族主体意识。

（二）树立见义勇为、舍己为人的高尚情操

学校武术教育武德体系的构建的主要目的之一就是要让学生们在武术课堂中对其行为加以规范与约束。通过武德培养与

第十章 学校武术教育可持续发展战略之探

实践模块,一方面要求同学们热爱祖国,热爱中国文化,做堂堂正正的中国人,遵守规矩;另一方面,要求学生们要有"路见不平,拔刀相助"的气概,敢于同社会不良现象做斗争。在我们的现实生活中就有许多习武人,他们不仅能够自觉地遵纪守法,更能够见义勇为,遇到坏人、坏事,挺身而出,奋不顾身。这里我们要突出的是,学校武术教育并不是绝对地提倡学生都要见义勇为,毕竟学生还处于成长阶段,其个体力量还很单薄,那么学校武术教育中的武德构建,其实质就是要弘扬这种精髓,面对危险能够自信且有效地化解,这就是武德体系构建中武德培养与实践模块所倡导的"匡扶正义、扶危济困、为人解难、除恶助善"的精神。这也是我们当今社会所提倡的高尚情操,是每一位习武者对社会和民族所负有的不可推卸的历史使命和社会责任。

当今由于种种复杂的社会原因,人们好像缺失了不应该缺少的良知。2011年出现了震惊全国的"小悦悦事件",人们的"冷漠"拷问了中国当今社会道德。笔者认为如果通过武德培养与实践把武德中所贯穿的"匡扶正义、扶危济困、为人解难、除恶助善"的精神从习武人中推广出去,并向外扩散、影响,相信我们的社会会变得更加美好。

(三)促进人与人之间团结、和睦、谦让、友爱

追求社会和谐、稳定是当今时代的主题,学校武术教育武德体系的构建吸取了"仁"的儒家思想,"仁"的核心是爱人,就是同情、关心所有的人,甚至包括自然界。武德修养正是从"仁"的原则出发,武德文化中所要求的"以德服人",就是强调在人与人之间的关系上要体现"以和为贵"即"和谐"。在实际的武术教学活动或学生的日常武术习练中,我们都要求学生们行为举止要心平气和,善气迎人,和顺温良,不妄论别人,与他人比赛交流时,强调以武会友。与他人发生矛盾时,强调以德服人,不可好勇斗狠、恃强凌弱。在路遇不平、主持正义、惩恶制暴时,也主张以止暴为主,非万不得已用之,且需适可而止,不可太过。也就是说,学校武术

教育中的武德修养要时刻体现"武者"朴素的人道主义精神和宽宏大度。同时提倡"爱人、尊重人、同情人、帮助人"的社会主义核心价值与精神,以此提升学生们的人生价值,展示每位习武同学们的伟大人格。

在发展社会主义市场经济和武术蓬勃发展的今天,我们可以在正确的思想指导下,提倡"仁爱"原则,用"仁爱"思想唤醒人们的"良知"和"良心",这对抵制个人极端主义行为、协调人际关系、维护社会稳定、改恶从善、减少社会犯罪行为具有积极作用。

（四）提高道德认识

武之大者,莫过于德。顺乎自然规律为"天德",顺应健康、和平、发展的人类社会为"人德"。"天人合一"就是讲究科学、和谐进步的人类生存境界。德是容器,有容乃大。因而在武术教学中应采用多种方法与手段对事物观察、对思想认识、对"善恶""得失"观念认识,运用哲学指导、辩证思维、整体思想来加强学生正确道德观念的形成与培养。例如,在武术中对象形拳的把握,如猴拳、鹰爪拳、少林拳中的五行拳、五禽戏等,在传授时就应该告诉习练者这些拳种的创编都是人们经过长期观察、不断思维、反复习练的结果。如果想练好这些拳种,必须留心观察,善于发现就会领会精髓,敢于行动就会有所收获,以此我们就可以启发学生们对做任何事情都要大胆地探索、追求。

我们探索学校武术教育的武德体系构建,很大成分在于武德是武术的灵魂。武德推动了习武人道德人格的形成。"勿以恶小而为之,勿以善小而不为",因此,学校武术教育者应有目的、有计划地设计与安排相关内容,同时有机地将道德人格培养贯穿其中。例如,课堂中学生正在进行器械练习,教师临时紧急集合,此时应认真注意、仔细观察每一名学生的行为举止：有的学生将手中的器械随手往地上一甩,漫不经心地走向集合场地,有的同学手握器械赶过来,有的同学则拾起被丢在地上的器械匆匆赶来。作为一名善于培养学生道德意识的武术教师一定会及时地给予前者言语启发和人格教育,对后者给予精神的奖励和高度赞扬,并以小喻大、借题发挥展开道德和人格教育。只有这样不失时机地向学生灌输好坏、是非、善恶等价值观念,让他们在亲临其境的情景之中提高道德认识,从而形成一种良好的道德氛围,为传播与宣传道德认识奠定坚实的基础。

中国是社会主义国家,社会主义国家是否只有"公",没有"私",科学社会主义明确了整体利益和个人利益的关系。因此,我们应该怎样树立"以公为贵"的"公私观",进而在道德价值上体现"见利思义""正义谋利"的"义利观"。重义轻利历来是习武者所推崇的观念,所以在武术教学中,应重视学生们的得失取舍教育,我们应该适时地贯穿于武德培养之中,让学生做到"明本末,知轻重,识大体"。进而对学生自身道德提升起到积极影响。

(五)陶冶道德情感

"富贵不能淫,贫贱不能移,威武不能屈"是习武之人的崇高境界,这也是武德中极为重要的道德情感。武德的道德情感的内容是极其丰富的,在人的道德品质形成和发展过程中具有决定意义,但这却是现在的教育体系中所缺乏的。儒家文化视角下的学校武术教育武德所要求的就是要培养有责任感、羞耻感、荣辱感的新一代人。拳谚讲:"理字不多重,万人抬不动。武夫不讲理,艺高难服众。持艺逞凶,罪不容恕。"由此只有当学生能够体验到自身的责任,才能在学武、施武的行为中表现出高度的自觉性和主动性,从而不需要过多的外在强制与约束,并表现出内心的愉悦。所以,我们应该加强对学生习武群体自主责任的培养,进而把这种责任感推介为对自我的培养,对家庭的"孝",对社会的"忠"。

当前学校教育由于定位的偏差,导致个体精神地日渐消融,道德品格逐渐缺失,这里往往表现为怯懦、逆来顺受、麻木不仁、因循守旧、安于现状等性格。"天行健,君子以自强不息"是对每个人独立自我的激励。例如,适当地在教学中安排一些学生对武

结构优化：供给侧改革视域下学校武术教育的发展探索

术动作进行观察、分析、评定等内容，可以改变学生对家长、教师过分依赖的思想，逐步实现独立、自强的意识。还有，武德中强调"路见不平、拔刀相助、扶危济困、帮助他人、见义勇为"的思想，在武术教学中，我们就应该鼓励学生多关心他人、帮助他人，从而实现歌词"只要人人都献出一点爱，世界将变成美好的人间"中美好的境界。所以，武德着重培养学生善于思考、勇于发言、乐于行动的能力。

学校武术教育武德体系中要求树立正确的善恶、荣辱观，进而做到守仁行义、谨言慎行、辨知荣辱。所以武术教学中应注重"立人之大节""治世之大端"的知耻心的培养。例如，每次武术课尤其是大强度对抗练习或身体素质训练后，进行相互按摩放松时，发现有霸气的学生总是让性格忠厚的学生为其按摩放松，并以其技术好等为由，却从不给对方按摩放松。对此教师应该采用行之有效的措施，且不能伤害学生引起对立情绪，教师可以以考察按摩技术为由，让霸气的学生为那名老实的同学按摩，并坚持一段时间，让原本训练过累的他亲身体味这种艰辛，从而激发他内心的内疚感、羞耻感。

（六）磨炼道德意志

人类肉体存在惰性，情感喜欢放纵，若想取得胜利，必须让理性和意志统帅我们的神经。[①] 而恒心是悬挂在人格塑造前进道路上的太阳，他能照耀你跋山涉水，也能在你心头被云雾笼罩之际，帮你刺破阴影，让你看到透过乌云钻出来的耀眼光芒。因此，面对外界恶劣环境与艰苦条件时，任何时刻人们都要有战胜困难的决心，并相信自己有能化险为夷的能力。所以武术教学中要善于利用武德因素来磨炼学生的意志品质。

武功的增进与意志品质的磨炼如车之两轮，鸟之两翼，相辅相成，缺一不可。"滴水穿石"靠的不是蛮力，也不是激情，而是锲

---

① 张冠宇.人生语录[M].北京：人民出版社，2004：36.

而不舍的努力和韧性。"冬练三九,夏练三伏""欲学惊人艺,须下苦功夫"等武术谚语,既是习武者经验的结晶更是磨炼道德意志的有效方法与具体手段。例如,武术基本功的练习,既是最为艰苦的活儿,也是最能磨炼意志品质的有效手段。在教学中,应尽量为所练习内容创造条件并提供学以致用的舞台,让学生在体味收获的喜悦之情下展开,这样其意志力的培养才能取得事半功倍的效果。

教育实践证明,教师有意识、机智地创设特定的道德实践机会,对学生的意志品质进行锻炼,是行之有效的。所以我们在武术教学中,时刻要注意观察。例如,我们在武术教学中总会遇到意志品质不强者,出现偷懒、不敢对抗、不能坚持等现象,其实这种现象也很正常,学校武术教育的对象不是专业队学生,当学生们面对大运动量或高强度的压腿踢腿时,正常的心理是会出现这样或那样的消极状态,也正因如此,武术教学中的意志品质培养才显得如此重要。只要武术教师善于观察,多用语言进行鼓励或者改变枯燥的训练手段,将技术内容结合游戏、音乐、器材等辅助手段,或者一对一、多对多的各种形式的比赛,激发学生的能量,引导学生往快乐的训练的方向,把枯燥的高强度训练变成有趣的游戏,也就是说利用各种各样的迁移手段,产生迁移效应,无形之中控制了意志品质差的行为发生,也提高了学生对自身意志的控制能力。

（七）确立道德信念

儒家把"圣人"作为道德人格的理想信念,社会主义社会把"全心全意为人民服务、忠于共产主义事业、大公无私和共产主义"为最高理想信念。只要留心观察周围的成功人士,你就会发现这些获取成功,最后实现目标,顺利完成任务的人对自己都有坚定的信心,对自己最后胜利都有着不可动摇的信念。信念是激发学习和工作热情的兴奋剂,是缩短目标与现实差距的催化剂,是抚平内心创伤和失意的镇静剂,是确保成功与胜利的强力剂。

因此，我们应该为道德信念的实现而努力奋斗、孜孜以求。

孔子以"仁礼"为其用武的信念，游侠以"行侠仗义"为其用武信念，孙中山以"强国强种"为其用武信念。时至今日我们的用武信念又是什么呢？诚然，在武术人的不懈努力和奋斗追求下，武术发展取得了令人瞩目的成绩，但冷静之余，在人们极力追求以人为本、共同发展的和谐社会背景下，我们的武术在其发展与功能上好像还欠缺些什么。

通过对学校武术教育武德体系构建研究的把握，本研究认为当代的用武信念应该是"塑造与培养健全人格"。如何在实践中采用合理有效的方法与手段来加强学生道德信念的培养也就显得极为重要。例如，现在的学生之所以迷恋手机和网络游戏，是因为它能吸引学生的兴趣并善于引导学生逐步坚定能实现成功的信念。对此我们不应该一味地加以批评、谴责，这样会造成学生强烈的逆反心理而事与愿违。此时我们可以通过武术的级、段位制、武士等级证（运动员等级证）或者校园武术比赛的成绩等作为目标，由低—中—高，引导学生逐步实现自己的目标理想。然后通过对比，前者所获取的快乐是消极的、短暂的，很快会因为过重的经济负担和学习成绩的下滑而产生内疚、惭愧、沮丧。而后者将随着练习的增加精力越来越充沛，富有成就感、自豪感。通过鲜明的对比，可使学生明白不良兴趣、爱好、信念所带来的危害，同时更是一种富有启发性的引导、培养与坚定学生道德信念的有效方法。

（八）形成道德惯习

道德惯习是多方面的，主要通过人们的思维、语言、行为三个方面予以表示，它的培养途径与方式多种多样、不胜枚举，但最终都离不开把外在的道德要求和价值取向真正融入人的血肉里，达到灵与肉的结合这一环节。

道德惯习的形成是一个长期复杂的过程，武术的训练也是一个长期复杂的过程,武德的功能就很好地把二者融合在一起。在武术教学中,武德教育贯穿于武术教学的始终,武德始终引导良好品德和人伦规范。"德"为武之根本,同时"德"也是当代武术人的精神坐标。古话讲"三年一小成,十年一大成",就是对习武者道德意志品质磨炼提出的具体要求。在人伦方面,具体表现为尊敬师长,以礼相待,谦虚诚恳。在实际的武术教学中,如在武术技术动作动力定型阶段,必须经过动作的泛化—分化—定型—自动化等不同阶段,所以在教学中就应该反复强调并要求学生持续不断的练习,尤其是针对学生道德惯习的薄弱环节加强教育,如勤俭节约、爱护公物等,以此来培养学生"坚韧不拔""忠义纯笃""谦和恭敬"的良好道德行为习惯。

武德对道德教育产生的实际效用的以上八个环节是相互联系,相互影响的。武德在实践中贯穿于道德人格培养的全过程,只有通过把这八个环节有机地统一起来,再通过实践循环往复、不断总结经验,将道德培养推向一个新的高度——这是笔者探讨儒家文化视角下学校武术教育武德的最终目的,也是供给侧改革背景下学校武术改革发展的需要,更是我们中华武术与中华文化伟大复兴的重要目标。

因此,我们一定要把武德中爱国情怀、追求真理、独立人格精神、刚健有为、自强不息的民族精神通过武德体系的构建转化成"以武成德""以武促智""以武健体""以武促美""以武入哲"的教育理念之中,体现出武德的教育价值。

第二节　模式新供给:学校武术教育供需错位的调和

经济"新常态"下我国供给体系存在的突出问题主要是:中低端产品过剩、高端产品不足和传统产业产能过剩。帕森斯认为:"当社会系统出现失调之时,社会系统的其他部分就会采取调适,进而恢复社会的平衡。"为了促进经济结构调整,党中央提

结构优化：供给侧改革视域下学校武术教育的发展探索

出了"供给侧改革"的理念,供给侧改革的实质主要是为解决"有没有"的市场需求向"好不好"的注重供给质量的转变,也就是说我国经济在现行发展过程中存在着结构性问题,推进供给侧改革是经济"新常态"的必然选择。我国学校武术教育目前呈现出与经济发展相同的"新常态",表现在"学生需要的武术,现有的教育体系提供不上来,武术有的教育产品看似很多（博大精深、套路众多）,但学生却不喜欢"的错位现象。在与清华大学乔凤杰教授的深度访谈中,也印证了这一点。由此可知,学校武术教育发展"名存实亡"的一个重要原因就是其产品的"供需错位",一方面是需求刺激效果不佳,另一方面是学生购买力日益旺盛（购买外国武技）,导致武术教育产品"滞销",也就导致了学校武术教育产品不能满足学生需求,大量的学生依靠购买国外武术产品来满足自己的消费需求,因此学校武术教育失去了众多有消费需求的学生。学校武术教育"供需错位"的消解,也就迫切需要通过供给侧改革推进学校武术教育的"改革、创新和转型",以此来提高学校武术教育产品供给结构的适应性、灵活性,最终达到供给的"平衡"。

一、改革学校武术教育的供给内容

学校武术教育的供给侧改革要结合社会现实和学生需求,丰富学校武术教育的供给内容,提高供给内容的质量,建立以"满足需求"为原则的供给内容,在访谈中,清华大学乔凤杰教授谈到,武术在学校推广困难的重要原因就是其太复杂;中国人民大学教授王智慧谈到,在他的国家社科基金《社会变迁下的民族传统体育文化记忆与传承》中做过相关的调查,认为：随着社会变迁,域外武技伴随着流行的文化元素成为我国青少年眼中"时尚"的象征,"时尚"的体育项目是现代人尤其是青少年的体育生活方式。现在青少年学生的习武需求趋向于更简单、更快乐、更轻松、更有趣,学生希望获得更多的尊重与认可。因此,这就需要对现有的武术教育产品进行改造,改变现有学校武术内容的"套式武术、表演武术",使其技术简单化、形态多样化、运动形式前卫化、产品形象时尚化,提炼学校武术教育的精品内容,与武术"以击为主、兼顾演练、体现中华武术精神内涵"的本真相融合,从"供给内容端"就要适应社会发展、满足学生需求,进而逐渐改善学校武术教育质量。

二、创新学校武术教育的供给手段

在与中国人民大学王智慧教授的深入访谈中,王智慧教授认为社会变迁下,人们的生存环境发生了巨大变化,人们的生活方式也发生了巨大改变,传统的"拜师如投胎""师徒如父子"的关系趋于淡化,武术门派的规矩、礼节逐渐淡化或趋于消失,加之体育项目的多元化,在现代竞争激烈的社会大环境中,武术的可替代产品逐渐增多,传统的学校武术教育的供给手段已经很难吸引学生。因此,创新学校武术教育的供给手段势在必行,供给手段也要充分满足学生多样化需求,形成新颖独特的学校武术教育供给手段。[①]深入挖掘我国传统文化教育中的礼仪精髓,将传统文化中重礼仪、守礼法、行礼教、讲礼信、遵礼义等优秀丰富文化内容具象化,通过一系列庄严的仪式,在课堂中创设情境教育去感染学生,对学生进行丰富多彩、灵活多样的武德教育,滋养学生武德;注重学校武术教育的体验式教育,可将素质拓展训练融入学校武术教学,注重学生在心理体验和行为方式的改变,同时在实施教学评价时注重学生在学习过程中的情感体验和行为意识的改变;借助"互联网+"的技术手段,创新教学手段。随着科学技术的进步,网络等各种传播媒介已广泛渗透到我们的生活中,学校武术教育供给手段也应顺应潮流,充分利用现代媒介,利用互联网平台,加大互联网与学校武术教育的融合,由"计划教学"转

---

① 王稳.错位与平衡:学校武术教育发展的供给侧探析[J].中国学校体育,2018(11):76-82.

向"市场服务",加快建设武术教育的网络课程、摄影、微视频、动漫、图片展等声图并茂的形式,把武术教学内容生动地呈现到学生面前,激发学生兴趣,便于学生理解。

三、扩大学校武术教育的供给主体

改革开放以后商业化浪潮席卷神州,在人们记忆中武术是"落后、传统"的代名词,武术陷入失传困境,没有需求就没有市场,号称博大精深并承载着传统文化的中国武术也就沦落到"名存实亡"的凄凉境界,而这种凄凉境界其实就是没有清晰地认识到学校武术供给主体的"教学内容竞技化与教学对象需求大众化之间的矛盾冲突"。供给侧改革主要是自上而下地进行,因此,学校武术教育中更多强调发挥供给者的主体性作用,以此调动学生学习的积极性,发挥其主观能动性。这就需要进一步扩大学校武术教育的供给主体,建立由政府供给为主导、社会力量多元参与的学校武术教育供给主体机制,引导高校专职武术教师、各级各类体育教师、武术专业运动员、武术俱乐部教练、国家认证的社会体育指导员(武术项目)等武术工作者参与到学校武术教育的系统中,在政策调配、资金保障、课时安排等方面最大限度地予以支持,充分调动各类武术从业者主体参与的积极性,扩大学校武术教育的供给主体,以此改变以竞技为主导、套路为主线、教法单一的学校武术供给模式。

四、完善学校武术教育的供给平台

在与中国人民大学教授王智慧的深度访谈中,他认为武术教学具有活态特征,学校武术教育主要依靠口传身授的形式来实现。因此,建立和提供灵活多样的供给平台,充分发挥教师的主导作用,扩展武术课的时间、空间维度,给武术课堂教学带来不同的需求刺激,激发学生新的求知欲,让学生感触武术的别具魅力及其具有的特殊性。因此,完善学校武术的教育供给平台体系是推进学校武术教育开展的关键所在。扩展学校武术教育供给平台,关键在真正落实武术课的"配足配齐"与"开足开齐":①要把武术课上得丰富多彩,从室外到室内,从口传身授到网络教学,从课堂练习到舞台表演,扩展空间维度,在课程供给平台中建立以"满足需求"为原则的科学有效、生动活泼的教学指导,让学生们喜欢上武术课;②要建立课外活动评价制度与成绩记录,课余时间要充分被利用,在减量不减质的基础上,用好这些"多"出来的时间,扩展时间维度;③大课间活动要讲究形式多样,有效开展各类武术户外演练、舞台表演,让学生体验到习武的炫酷感、时尚感、成就感,使其表演、展示欲望得到最大满足,竞争意识得到有效锻炼,满足学生自我的被社会认可欲望;④要加强管理,注重实效,培训"两支"队伍,即体育教师队伍和学生干部队伍,充分调动教师及学生的聪明才智,扩展供给平台通道。

五、优化学校武术教育的供给环境

心理学家布鲁纳说过:"学习的最好刺激乃是对所学材料的兴趣。要想使学生上好课,就得千方百计点燃学生心灵上的兴趣之火。"因此,预设良好的学习条件,创造适宜的学习环境,才能有效调动学生的主观能动性。当今中国社会由"乡土"转向"城市",武术在人们心中的地位和比重逐渐降低,武术文化的影响力逐渐降低,武术文化的依存环境发生了根本性变化。学校武术教育供给环境在社会大变迁过程中造成结构失衡,从某种程度上讲,受社会制度、法规政策、社会环境等因素影响较大。①学校武术教育要适应时代发展,借鉴跆拳道、空手道等域外武技项目的学校武术教育模式,构建具有国际化的武术教育远景目标;②要根据时代的需求变革自己,现代学生学习压力大、时间少,但又追求时尚、喜欢惊险刺激的需求和对自我承认和获得他人认可自己的内心渴望,满足学生成就"武侠梦",实现防身健体、愉悦身心的目的。在满足学生群体个人需求的同时,通过挖掘武德教育的优秀元素,对学生进行社会伦理道德的全面培养和塑造。因此,学校武术教育改革必须通过着力改革内部供给环境,重视破解在供给内容、手段、主体等方面的短板,重新释放新活力,让学生、教师、领导、决策机构真正认识到武术的重要性,不断对武术未知领域努力探索,对已知武术领域重新发现,以此进一步在外部环境中优化供给机制,改善结构层面、制度层面、财政层面的供给约束,最终实现以体制创新、机制改革来激发学校武术教育内在动力,以供给环境的改善来释放学校武术教育新空间,实现更高水平供需环境的均衡,以此为学校武术教育创造安全、稳定、和谐的环境。

第三节 教学新范式：学校武术课程思政的体系构建

习近平总书记在全国高校思想政治工作会议上强调,"要用好课堂教学这个主渠道,思想政治理论课要坚持在改进中加强,提升思想政治教育亲和力和针对性,满足学生成长发展需求和期待,其他各门课都要守好一段渠、种好责任田,使各类课程与思想政治理论课同向同行,形成协同效应"。[①] 武术作为中华民族的宝贵文化符号,承载了中国传统文化的精髓和彰显了中华民族精神。同时武术还是一种优秀的教育资源；学校武术教育不但可以增强学生们的体质,而且还可以使其在身体运动中感受到民族文化的厚重,接受这种文化的熏陶。武术文化中蕴含着大量的中华文化的思想精髓,这也是丰富的思政教育资源。因此,新时代的学校武术教育如何在创新中传承中华文化,滋养学生心田,我们可以要抓住"课程思政改革"这一契机,把"武术"中蕴含的优秀"思政"文化资源转化为学生思想道德教育的重要力量,充分发挥学校武术教育的"育人"作用。

---

① 高德毅,宗爱东.从思政课程到课程思政：从战略高度构建高校思想政治教育课程体系[J].中国高等教育,2017(1)：43-46.

第十章　学校武术教育可持续发展战略之探

一、课程思政的概念

新时代课程思政是以构建全员、全程、全课程育人格局的形式将各类课程与思想政治理论课同向同行,形成协同效应,把"立德树人"作为教育根本任务的综合教育理念,从而让学校教育承担起民族文化的继承、传播和推介的文化责任。

二、课程思政的意义

"课程思政"的提出是改进和加强学校思想政治教育工作的需要,"课程思政"的提出确保了全员、全过程、全方位育人要求的实现,有效体现了学校教育"育人"的根本目的和主体责任。[1]我们知道,课程是学科知识的整合,是学科和专业发展的支撑,那么"课程思政"就是将"育人"教育渗透到知识传递、经验交流或活动过程的每一个环节之中,每个环节都是价值理性和工具理性的统一。因此,课程思政最大的意义就在于,各学科教师都可以在传授课程知识的基础上引导学生将所学知识转化为内在的品德,以此来不断建构和完善自己的思想系统,并最终能够内化成自己的一种素质或能力,成为个体认识世界与改造世界的最基本素养。

三、学校武术课程思政的生成路径

（一）从学校武术教育理念中突出课程思政

学校武术教育的理念就是传播中华优秀传统文化,尤其是儒家思想中对礼仪和伦理道德的强化远远高于武术身体运动本身的作用,正所谓"至于道、据于德、依于人、游于艺""道之以德、齐

---

[1] 邱伟光.课程思政的价值意蕴与生成路径[J].思想理论教育,2017(7):10-14.

结构优化：供给侧改革视域下学校武术教育的发展探索

之以礼",也就是说,武术习练本身就是一个修身、内省的"育人"教育。主要表现在,我们武术课堂中在教授技术时,最基本的也是比较有效的武礼、武德与武术价值观等的传授对学生实施"育人"教育。当然这是最基本的,武术教学的育人过程还不仅限于此,通过武术训练所体现的爱国主义、尊师重道、屈己待人、虚心请教、自强不息、吃苦耐劳等精神可以说无处不在。也就是说,在"课程思政"改革理念下的"全面育人"与"武德"教育有着高度的同构性。因此,学校武术的教育理念完全可以承载"全面育人"课程思政改革理念,而且武术传递的是中华民族特有的"修身、齐家、治国、平天下"的修身信念和目标。

（二）从学校武术教育内容上融合课程思政

博大精深的武术是中国传统文化的具体符号,因此,武术与中国哲学、中医理论、兵法思想、古典美学、伦理道德等中华优秀的文化元素都有深度融合,在这个意义上,武术是中国文化的全息影像,是一种独立的文化形态。[①]而武术的内容形态更是这些思想的集中体现。武术的技术元素包括踢、打、摔、拿、击、刺等动作,武术的内容又包括套路、格斗和功法等,这些内容各自又成体系,形成了技法有别、风格繁多的种类和流派。与此同时,中华武术的技术动作都特别强调刚柔、动静、开合、虚实、进退、内外、疾徐、起伏、攻防、上下、吞吐、收放、形意等深刻的中国传统哲学、美学、中医等思想,每一个技术都是一个文化缩影。尤其是武术在技术的传授时强调,武术身体活动和修身、防身是辩证统一的,作为一个整体是不可分割的,体现了我们平常在武术教学中,要求武礼贯穿始终,又体现了一种巨大的育人价值,体现出课程思政作用。当然还有很多,武术技术要求的姿势、身体形态都要求中国传统文化所体现的刚正与稳健,眼神的要求,体现了一种自信

[①] 吴永杰."尚武精神"的内涵及其在学校武术教育中的价值和传承研究[D].河南师范大学,2012.

与气度,武术动作的舒展体现出一种大气磅礴与胸怀宽广的人格风范。这都是一般体育课程所体现不出的文化价值和育人价值。因此,作为武术的重要分支,学校武术也必然可以承载以上独特的文化思想与育人价值。也就是说,学校武术教育内容上融合课程思政是绝佳组合。

四、学校武术课程思政的范式建构

学校武术课程思政的范式建构见图10-9。

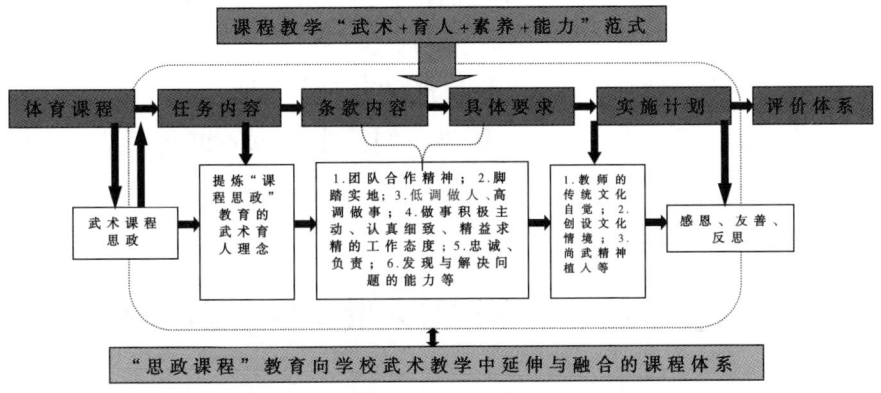

图 10-9 学校武术课程思政的范式建构

我们知道,武术中反映了刚健有为、入世进取的精神,包括自强不息和厚德载物两个方面。习练者要倾注一种勇武顽强和一往无前的强者争胜精神,而且武术在习练过程中,也要内外兼修的同时,养"浩然之气"。也就是说,无论外在的技术还是内在的心态,都体现一种积极的刚健有为的精神。中国传统文化的价值原则是"和谐",人生最高理想是自觉达到天人合一的境界,也就是注重人与自然、人与社会,以及人的自我身心内外的和谐统一。当我们认识到这些伟大的价值思想时,如果通过课程思政的方式进行创新表达,让学生能够理解接纳,并内化于心,这是最重要的。因此,学校武术教育的主要内容不仅仅是术,更是道。道一是指法则、规律;二是宇宙万物的本源、本性。武术之道体现为技艺的最高境界,更表现为通过习武练拳而获得一种超越性生命体验和人生价值,以及对天道自然、宇宙万物生化之理的体悟和体验。也就是说,武术的育人内涵与课程思想的"立德树人"内容上是一致的。这里面的课程思政点非常丰富。那么当我们在武术课程教学过程中就要有意识地将这些思想不断地进行课堂融入,但我们现实的问题是,武术教师或者说体育教师受文化素养的限制,以致在课堂中无从下手不知如何传递这种思想,因此构建一个这样的武术课程思政教学范式就显得非常有意义或者有必要了。因此,这个范式只是简单地介绍了几点,而且我们并不是直接地将传统文化进行简单的移植,而是体现课程思政的基本内涵,并让学生能够理解,教师便于操作的最基本要素。当然我们还可以根据此范式进行自己的延伸,只要是有利于"育人"的改革,我们都应予以接纳,只要我们武术教师不断地反思、不断地前行,学校武术教育的未来就会更美好。

第四节 "互联网+":学校武术供给侧改革的时代应然

"互联网+"作为一种将各行业进行跨界与深度融合的新业态,"互联网+"正在渐渐地融入教育系统中的教学、管理与评价等关键性业务中,为这些关键性业务搭建全新的空间场域和技术支撑,促进了教学效率提升,学校教育流程与模式得以优化,改变了传统的教育教学规则与形态。[①]因此,改变传统的学校武术教育的供给体系也势在必行,本研究尝试从供给结构、供给内容、供给方式、供给形态4个供给要素来重构"互联网+"时代学校武术教育供给体系。

教育作为一门时代感很强的学科,每个时代的教育都显示出不同的时代特征,从庠序到私塾,从官学到公办学校,这都是时代变迁的产物。随着"互联网+"的兴起,原有的社会结构正受到

---

① 刘君."互联网+"背景下应用型本科高校校企合作人才培养模式[J].实验技术与管理,2017,34(6):172-176.

第十章 学校武术教育可持续发展战略之探

冲击,工业革命以来所建立的教育体系已不适应时代发展,依靠标准化体系来批量生产人才的模式难以为继,社会转型必然会对教育发展提出新的要求。学校武术教育所面临"学生需求变化和供给错位"的实际状况,其供给侧改革亟待进行。因此,学校武术教育的供给侧改革,"互联网+"可提供新支持。首先,"互联网+"的价值取向不是单纯且简单地建设基于互联网技术应用和推动互联网技术环境建设,而是利用互联网破解学校教育发展难题,其实质是在互联网领域创造性发展链接"一切"的"新生态",利用"智能化"技术破解学校教育在发展过程中的核心困境,推动学校传统教育的供给结构与方式的变革。其次,"互联网+"是通过互联网连接一整套信息技术集合体的创新和融合并释放出数据流动性的过程,进而在社会各部门不断扩散与应用,从而产生人机的反馈与互动。正是基于"互联网+"的人机融合与互动,人们的生产生活方式发生了巨大变革,这种变革也必将对原有的学校武术教育供给体系产生冲击。再次,"互联网+"能够深度融合社会各领域,有效提升各产业的生产力与创新力,促进各产业的提质增效与业态升级。而这种业态升级正是学校武术教育时代发展之需。我们知道,"互联网+"的显著特征就是精准服务,这样也就可以实现学生们所关注的对武术学习多元化、个性化、高质量、高品位等需求。

"互联网+"所体现出的人机、脑机相互协同和融合而形成的群体智能特点,为智慧的生活提供了无限可能。时下极为盛行的基于智能 APP 运动软件就打破了人们参与运动的思维惯习。通过云、网、端一体化的智能技术与设施,利用互联网的全覆盖特点,各类运动信息、运动知识的获取无处不在,使运动变得不再拘泥于传统的死板模式,以往人们认为简单枯燥的体育运动通过"智能软件"的链接将运动变得如此时尚、欢快,使人们体验到别具一格的运动狂欢之感。随着"智能运动"时代的到来,"智能运动"将在构建学生健康运动方式上具有不可或缺的重要角色。因此,未来的学校武术教育也可以通过智能云平台连接各种智能终

结构优化：供给侧改革视域下学校武术教育的发展探索

端设备,将学校武术教育也变得更智能一些、更时尚一些。也就是说,基于"互联网+"链接一切的特殊功能来融合创新出一种具有"更多获得感"的学校武术教育供给生态体系,这将有效实现学校武术教育供给侧改革目标。因此,学校武术教育供给侧改革一旦有了技术平台作为支撑,供需两侧将来就可能有效地相互平衡,从而解决学校武术教育供给系统中存在的诸多问题,这也为破解学校武术教育发展所面临的现实困境提供了有效解决方案。

一、从供给结构革新来适应品质化需求转变

基于结构平衡视角,供给结构须适应需求结构的变化。[①] 但从现实情况看,供给结构、需求结构的演变过程与机制形成往往是不对称的,供给结构失衡也就无法避免,尤其是非重点学科的学校武术,学校武术教育的供给结构中在制度供给、专业供给、课程供给、教学供给、师资供给等供给主体的整体性失语也就成为必然,学生个体的武术需求也就很自然地被忽视。学生对武术课的需求是更简单、更快乐、更轻松。然而现有的武术教学供给产品看似多样,拳种齐全,内涵丰富,但自1962年由教育部修订的教学大纲以来,以"教材式套路"为主的供给结构50余年从未改变,供给结构呈现单一化,严重阻碍学校武术教育的发展。[②] 即使国家近几年在大力推进武术段位制进校园,但具体的落实情况和推广效果都并不理想,学生喜欢的竞争、对抗、激烈、时尚、活力的武术内容在段位制教材中并未充分体现,实用性和娱乐性更是无从谈起,教材内容与教学对象需求产生严重错位,造成教师不认可、学生不满意、需求难满足。[③] 这些现象的出现很大程度上是现有的学校武术教育供给结构与学生品质化的需求严重不符,出现

---

① 王一鸣.正确理解供给侧结构性改革[N].人民日报,2016-03-29(007).
② 杨宝雷.高校公共体育武术课供给体系创新研究[J].商丘师范学院学报,2017,33(6):103-106.
③ 杨亮斌.建构主义视阈下中小学校武术课程研究[D].上海:上海体育学院,2017.

供需错位。

　　根据经济学中的长尾理论,任何看似需求极低的产品,即使品质不高,也会有人消费。[①]该理论为学校武术教育供给结构变革提供了新思路。从目前的学校武术发展状况来看,武术在学校教育中属于小众需求,也可以说是一种需求较低、品质不高的产品,如何将这些品质与销量不高的武术产品推销出去,似乎成了一个难题。为此,我们可以借助"互联网+"大数据分析技术手段,对小众的武术教育产品再进行细分,统计出武术教育产品中的高低两端,从学校武术教育的供给结构中在制度供给、专业供给、课程供给、教学供给、师资供给等供给主体入手,进而通过相关团队继续增强优势需求,改进低势需求,以政府主导、社会多元主体参与为抓手不断完善与细化武术教学产品。然后,再利用"互联网+"技术手段,对供给什么样的武术、如何供给,通过大数据分析来精准描述,而不再只是仅仅依靠政府和专家的决策。同时,还要通过互联网开放和包容特点,引导学生、家长、社会机构等多元主体的共同参与学校武术教育结构建设,以真正实现满足学生们的切实武术需求,这也就形成了一种全新的学校武术教育结构治理与改革途径,也为满足学生个性化武术需求提供了合理方案。因此,互联网时代学校武术教育结构变革,实质上是一种消费驱动的变革方式,将学校武术课程中一些小众需求项目和销量不高的武术教育产品通过互联网将其共同占有的市场份额汇集起来,形成与主流的武术教育产品甚至其他域外体育教育产品相匹敌的市场份额,当面对充足的市场份额时,学生真正想要的武术教育产品获取路径也就发生了本质变化,新的学校武术教育供给结构随之崛起。基于长尾理论,利用"互联网+"推动学校武术教育供给结构的变革,形成高、低两端需求的全覆盖结构。这种新型供给结构顺应了学生对武术教育的个性化、多样化与品质化需求;同时,还可形成学校教育与社会教育多元协作格局,这种多元协作

---

① 陈力丹,霍仟.互联网传播中的长尾理论与小众传播[J].西南民族大学学报(人文社会科学版),2013,34(4):148-152+246.

格局的革新进一步指引学校武术教育供给结构的品质化变革,最终能够使武术在学校教育中实现规模扩张、空间拓展。

二、从供给内容革新来适应网络化的大环境

目前的学校武术教育体系还处在标准化生产阶段,统一内容、统一模式、统一进度在同一的地点跟同一教师进行学习,在这种标准化生产线中学生需要压制个性来适应这种固化的教学体系,学生的自主选择性很低,也就很难有好的武术"体验与感受"。基于"互联网+"的数据网络平台时代的到来,这种整齐划一的班级授课的武术教学体系正受到挑战。对于学校武术教学来说,传统的教学内容已经无法满足学生的需求,重构武术供给内容势在必行。从学校武术教育供给内容的创新来说,要突破武术本身所带来的一种封闭的认知结构,将融合协同形成全新的认知网络,通过互联网、大数据、手机智能、人工智能汇聚一切武术资源甚至把"非武"知识融入武术教育产品的供给内容。"智能化"突出体现为一种基于融合协同、开放互联的社会生态变迁,融合协同才会实现群体智能,融合协同才能化解创新瓶颈。将未来的学校武术打造成一种体现活力、人性化和高品位的全新产品。简言之,学校武术教育内容的供给不再是静态的知识仓库,而是开放、融合、协同、流动的智慧空间。因此,学校武术教育供给主体就不仅仅只是学校的事情,还包括社会所能提供的武术教育的各类机构。学生可以从校内和校外共同获取武术课程资料,实现校内校外、线上线下互容互通的一体化教育服务体验。利用互联网搭建自己的线上学习平台,通过智能化的大数据传输平台供给传统学校武术教育无法提供的新内容和新形态。

在互联网时代,优质教育资源可以实现共享,理论上也就是说世界上一门课只需要一个教师。[1] 以当前我国正在大力推进的

---

[1] 杨银付."互联网+教育"带来的教育变迁与政策响应[J].教育研究,2016,37(6):4-8.

第十章 学校武术教育可持续发展战略之探

"慕课"建设为例,学校武术课程应该紧密跟进,武术课程可充分发挥制度优势,有效利用高等学校武术院系、武术科研机构、武术行业的顶尖教师、运动员以及远程教育技术领域共同组成高水平制作团队,积极支持和参与武术门类的慕课建设和改革。慕课建设的内容根据学生现在喜欢的技击、娱乐、健身等方面的相关素材进行全新的课程设计,使武术课程的类型尽量多样化,甚至这些课程要包容一切武术与民族传统体育类项目。第一,强化拳种意识,拳种的个性化和多样化为学校武术教育提供了丰富资源。诸如舒展大方的长拳、通背拳;形象逼真的醉拳、螳螂拳、猴拳;凸显灵活与技巧的地趟拳;威猛有力的南拳等共同演绎了中国武术的魅力,各个拳种形态各异,能够充分抒发自我的个性,也就突破了原有武术课程的"统一化、单一化"的封闭观念。[①] 第二,突出武术的技击类内容,将中国跤、散打、擒拿格斗以及传统武术中实战技法进行单独分类或融合创新的技击体系,以满足学生学习技击技术的需求。第三,整合武术兵器类技法,尤其是以短兵实战为主的兵器格斗,突出中国武器械格斗特色,以供给创造新需求,实现武术类课程新供给。第四,将一些非"武"项目如街舞、体操、杂技等与动画、音乐、舞台等时尚的素材进行融合,创编全新的武术功夫舞台剧来刺激学生感官,满足学生"求新、求趣、求动、求知"的心理需求的武术课程新样态,从而提高武术课程的体验与感受。第五,要重新设计学校武术竞赛体制,建立以"注重参与"的大众武术项目和"注重竞技"的高水平项目双轨运行机制,来鼓励每位学生都能参与,人人都能展示的活态竞赛体系。同时,还要将武术课程从幼儿园阶段一直到大学阶段都要进行不同的层级优质网络课程视频录制,解决因受自然条件而影响的课时量不够的问题,进而实现"停课不停学",从而提高武术课程的学习质量。也就是说,智能化、即时化、社交化为学校教育提供了多种路径与空间发展,未来人类社会将是人—机—物深度融合的

[①] 王岗,邱丕相,包磊.重构学校武术教育体系必须强化"拳种意识"[J].体育学刊,2010,17(4):95-98.

结构优化：供给侧改革视域下学校武术教育的发展探索

数字化信息时代，人类社会与信息空间、物理空间相互融合、相互交织，互联网作为一种虚拟的互动平台，大家在这个平台上可以实现互相地沟通与参与。①

三、从供给方式革新来适应个性化时代潮流

供给侧改革的实质是通过新需求催生新供给，再使新供给创造新需求，通过强化供给结构来应对需求变化，以提高其适应性和灵活性。②随着中国社会生活水平的普遍提升和生活质量的极大改善，人们对美好生活的迫切需求，人们对改善生活质量充满期待，人们的消费观在新业态、新融合模式下不断发生变化，各种需求伴随着社会结构变革正朝着多元化、个性化和品质化方向发展。在"互联网"时代潮流中，体育产业现如今已经利用大数据、云平台等新兴技术而被赋予了"健康、时尚、个性、社交"等多种功能，推动了体育行业供给方式的不断革新。③因此，学校武术教育供给方式也必须顺应面向学生个体、满足学生需求的精准化、个性化、适应性的供给方式变革。

在智能社会的互联空间中，传统的教育业态正在发生变革，信息社会的数字化、物联化能将所有学习过程中产生的数据实时传递到数据中心，通过大数据描述分析，发现学生学习的状态、规律与趋势，辅以判断学生的综合素质、能力倾向，为教师精准了解学生需求提供支持，帮助学生深入了解自己，支持学生对课程的选择性，优化选择效果。④因此，供给方式的精准化就是要及时有效地满足学生实际的武术需求，真正认识到每位学生从事武术学习的优势、差距、兴趣、偏好与发展目标等，通过互联网平台供给海量的武术教育资源、教师在线服务、同伴个性相投地训练。同

---

① 余胜泉，王阿习."互联网＋教育"的变革路径[J].中国电化教育，2016(10)：1-9.
② 纪东东，文立杰.公共文化服务供给侧结构性改革研究[J].江汉论坛，2017(11)：24-29.
③ 赵慧娣.新时代背景下公共体育服务供给侧结构优化路径研究[J].体育与科学，2018，39(2)：20-26.
④ 余胜泉，王阿习."互联网＋教育"的变革路径[J].中国电化教育，2016(10)：1-9.

第十章 学校武术教育可持续发展战略之探

时,海量的武术教育资源基于互联网平台来提供满足每位同学"个性化"需求的工具、服务与活动等外部资源,根据个体特征选择最适合自己的武术教育资源信息,并进一步通过大数据对学生的武术行为和教师的教学行为数据进行深度分析,从而让学生和教师都能真实地认识"自我"。最终,学校武术教育创新供给方式其目的就是要能够实现为每个真实的"自我"推送最合适的武术教育资源与教育服务。这样,在基于武术课程内容开发的基础上,通过利用政策支持或社会资本融入,建设武术运动的智能平台,通过这个智能平台学生在武术习练的过程中得到更好的支持和反馈,以便教师更加精准地了解学生个性化的武术需求和真实的学生习练情况。未来社会基于这种智能化的网络互联平台,进而形成创新型武术教学空间体系,其智能化将是大势所趋。在这种趋势的推动下,知识的传递将不再是固有的课堂与学生的空间场域,也不再是以教材为媒介的一点对多点的硬性灌输,以互联网为搭建互动学习的智慧课堂,就是打破这种固有空间场域限制,实现群体之间、多点对多点的互动学习的智能平台,知识的传播、讲解与分享等变得更加灵活、多样,并具有针对性,充分体现互联网"联通一切"的特点。

四、从供给形态革新来适应社会化协同分工

以行政理念为引导的武术教育,忽视了"以学生为中心、为学生服务"的本质。伴随"互联网+"的深入推进,在教育领域,学习的资料来源、学习的方式方法都在发生变革,以班级为单位的供给形态正在被打破,教育的供给形态将从传统的以政府为主导、以学校为主体封闭僵化的供给体系转变为"可在不同的领域、组织、主体、层级之间形成高度融合、关联互通、高效互黏、共同发展的新型社会化协同分工形态"。[1] 这种新型社会化协同的分工

---

[1] 李奕.基于"移动互联"的基本公共教育服务研究[J].中小学管理,2015(1):13-18.

结构优化：供给侧改革视域下学校武术教育的发展探索

形态其实质就是政府通过转移事权，认清"该干什么，能干什么"，承担自己本应做好的管理、监督、服务与部分供给的职责，将政府、社会与市场有效进行组合和协同分工。[①]

创新学校武术教育供给形态不能仅仅单纯地依靠政府，还需要鼓励民间、社会甚至公益资本的投入，借助外部多方力量，将创新性、个性化的学校武术教育产品通过市场进行供给，实现多元武术教育供给体系的"统一战线"，这种新型分工形态也必将创新学校武术教育供给形态。首先，要根据政府不同的服务性质与内容，推动武术教育服务平台建设。坚持动态性供给，运用互联网技术开创武术课程的网络培训模式、视频媒体模式、智能软件模式，打破只在学校中传播武术的僵化围墙，使优质武术教育资源能够辐射更大范围，实现武术教育供给资源的流通、流动。其次，根据学校武术教育的不同服务类型，坚持分类型供给，通过确定武术教育供给主体和方式，引导社会资本和市场参与武术教育的资源配置，培育、推广满足学生需求的武术产品，也就是说未来武术教育内容的提供者、教学服务的指导者、资金来源的支持者等都可能来自企业、公益组织、科研机构、互联网公司等社会机构，通过社会机构提供的优质武术教育供给资源以适应学生的多样化需求，从而实现供需对接，提高武术教育供给的质量和效果。再次，根据武术进校园的全覆盖化要求，在充分调查学生多样化需求的基础上，坚持分众化供给，通过互联网数据平台把学生在对项目、技术、场地、时间等需求分析统计的基础上，制定多样化的武术教育发展规划，不断完善学校武术供给形态的体系建设，最终实现学校武术教育资源在政府机构、民办企业、科研院所、互联网公司等全面参与武术教育的多元服务。也就是说，基于这种新型的分工供给形态可以有效满足学生多样性、个性化的武术学习需求，实现不同的习练者获得及时反馈与评价，并最终实现每位同学从武术学习上有获得感，从而提高武术教育效率和质量。

---

① 吕普生.以政府主导型复合供给推进义务教育优质均衡发展——来自浦东的供给经验[J].福建行政学院学报，2013（6）：19-26.

第十章　学校武术教育可持续发展战略之探

小　结

　　学校武术教育的可持续发展是一个极其复杂的系统问题,通过本章的探讨,我们并不能完全实现这样的宏伟目标,但通过本研究的思考相信会给学校武术教育未来可持续发展提供一个思路。本章主要是从武德之重构、模式新供给、教学新范式、"互联网+"这四个部分来论述的,当我们看到日本的武道和韩国的跆拳道全球化的态势之时,其实质就是他们对自身民族体育的重视与实实在在地通过学校进行传承。为此我们中华武术也必须重视这种文化传承,因此对武术文化传承的探讨也就显得意义重大。为此本章用了比较大的篇幅对学校武术教育的武德体系进行了探讨,其主要目的就是通过武德之重构这个层面来推动武术文化和中华文化在学校教育场域中的发展与传播,这样对学校武术教育的发展来说是极其有利的,当在学校武术教育的过程中通过文化传承让我们的学生在学习武术时产生一种强烈的民族自豪感时,或者让学生感触到武术文化魅力对自身影响非常大,学生迫切地需要这样的文化,那么我们的武术文化与中华文化才能容易让学生接受,才能有利于传承。同时本章还重点分析了学校武术教育供给模式创新、课程思政教学范式及"互联网+"时代武术的未来发展,也就是说供给侧改革背景下的学校武术教育要不断通过自身文化的创新来更好、更快地激发自身变革,也就是说变革促进发展,发展又促进了变革,只要有利于学校武术教育的质量提升,我们都可以将这些有利因素融入进去或予以借鉴,这样学校武术的整体质量才能不断提升。

第十一章 结　语

改革开放以来,我国学校武术教育事业取得了显著成效,武术成为各级各类学校体育课的重要教学内容,并按照现代教育教学方法将武术列为达标考核的内容。但从目前的学校武术教育发展状况来看,"学生非常喜欢武术,但却不喜欢武术课"的状况依然非常普遍,武术教育始终游离于学校教育之外的尴尬境地并未改变,学校武术教育供给品质不高的实际现状已经很难满足学生们日益个性化、多样化、高端化、自主化的武术需求。究其原因,新中国成立后,学校武术在竞技武术的影响下也走的是一定空间内的争金夺银,多沾染政治色彩与争光诉求;及至改革开放以来,学校武术并未真正回归"以人为本"的教育根本,以致学校武术教育开展的目的和必要性支撑却缺乏深度的理论思考。从武术的博大精深、强大的教育性来看,落实"以人为本"学校武术教育目的和课程实践并不是难事,然而事实上我们做得并不好,当我们今天大谈特谈我们的学生要弘扬中华传统文化、我们的课程要承载优秀文化时,我们却忽略掉了现在的学校武术课程都没让学生喜欢,我们怎么来承载呢？我们怎么来传播呢？由此,我们武术教育工作者、科研人员、武术相关职能部门如果都从武术教育的每一个环节入手,必须按照"以人为本"的核心内涵进行有力的学校武术教育供给侧改革,努力提高学校武术教育的服务供给,学校武术教育的改革只有从内因上着手才是根本。也就是要彻底优化学校武术教育的服务供给,包括学生的武术课程、武术教学、武术师资、校园武术赛事、学校武术队训练和学校武术俱乐部活动等服务性供给,这才是根本。我们一定要避免在制定学校

第十一章 结 语

武术教育改革目的及方案的过程中流于表面的华丽口号,我们要实实在在做一些提高供给质量、优化供给结构、提升供给服务的事情。

为此,在供给侧改革理论指引之下,学校武术教育由粗放发展向内涵提升等方面的重大转变提供了一种新的可能,这也是供给侧改革的基本方向,更是学校武术教育供给侧改革的重点。当本研究从结构优化的视角来探讨武术发展时,或者说我们提出这样一个新的视角,这并非是要全盘否定已有的学校武术教育供给体系,而是在肯定原有体系中共性部分的基础上,探索符合时代发展的学校武术教育供给新样态,通过"供给创造需求"来辅助原有体系的发展,也是学校武术教育供给侧改革的重要抓手。同时,基于学校武术教育供给结构优化的探索及其功效的发挥,我们还应注意学校武术教育结构的武术课程、武术教学、武术师资、校园武术赛事等要素之间并不是数据"孤岛",而是多向互动、相互耦合的动态平衡系统,需要通过有计划、有目的、有系统的协同和整合它们的内外环境与有效资源。因此,探索具有内外协同一致的学校武术教育供给结构来诠释武术教育的真谛,这是时代应然。

论及学校武术教育的供给侧结构性改革,应该从教育的要素出发,提高供给质量,优化配置,有效供给,满足学生的身心发展规律和日益增长的多样化的教育需求。

参考文献

[1] 乔春华.高等教育供给侧改革的财务视角[M].南京：东南大学出版社,2017.

[2] 郭杰,于泽,张杰.供给侧结构性改革的理论逻辑及实施路径[M].北京：中国社会科学出版社,2016.

[3] 杨葆焜.教育经济学[M].武汉：华中师范大学出版社,1989.

[4] 卢乃桂.中国改革情境中的全球化：中国高等教育市场化现象透析[M].北京：高等教育出版社,2010.

[5] 惠迪.教育中的放权与择校[M].北京：教育科学出版社,2003.

[6] 辛曙杰.高校继续教育供给侧改革路径研究[D].北京：北京邮电大学,2018.

[7] 邬大光,柯佑祥.关于高等教育产业属性的理论思考[J].教育研究,2000（6）：35-39.

[8] 秦行音.教育市场化的比较研究：中国和世界[J].教育科学,2003（5）：53-56.

[9] 王善迈.关于教育产业化的讨论[J].北京师范大学学报,2000（1）：12-16.

[10] 范先佐.关于教育产业化的若干思考[J].广州大学学报,2000（2）：10-18.

[11] 王旭辉.高等教育市场化研究述评与研究展望[J].复旦教育论坛,2016（2）：58-64.

[12] 蒋国华.西方教育市场化[J].全球教育展望,2001(9):58-65.

[13] 王鹏,王为正.高等教育:供给侧结构性改革[J].河北师范大学学报,2017(2):23-27.

[14] 杨刚.学校武术百年历史发展历程回顾及发展路径研究[J].吉林体育学院学报,2017(4):103-108.

[15] 韩亚非.制约学校武术教育发展的因素分析[J].价值工程,2011(30):163.

[16] 周义义.中、韩学校体育教育中本土武技开展方略的比较研究[J].体育与科学,2009(5):37-43.

[17] 杨宝雷.高校公共体育武术课供给体系创新研究[J].商丘师范学院学报,2017,33(6):103-106.

[18] 王岗,李世宏.学校武术教育发展的现状、问题与思考[J].成都体育学院学报,2011,37(5):84-87.

[19] 杨亮斌.建构主义视阈下中小学校武术课程研究[D].上海:上海体育学院,2017.

[20] 宿继光.学校武术教育的当代困境与出路[D].太原:山西大学,2016.

[21] 赵光圣,戴国斌.我国学校武术教育现实困境与改革路径选择——写在"全国学校体育武术项目联盟"成立之际[J].上海体育学院学报,2014(1):84-88.

[22] 杨建营.普通学校武术教育改革理念探析[J].沈阳体育学院学报,2016,35(4):128-133.

[23] 党挺.体育强国进程中我国学校体育的困境与发展[J].西安体育学院学报,2011,28(6):752-755+764.

[24] 王俊杰.学校体育教学环境的现状与优化[D].烟台:鲁东大学,2015.

[25] 邱丕相,吉灿忠.对北京奥运会后中国武术发展的思考[J].首都体育学院学报,2009,21(2):134-137.

[26] 洪浩. 供给侧改革与学校武术推广 [J]. 武术研究, 2016（12）: 2.

[27] 邓磊, 杜爽. 我国供给侧结构性改革: 新动力与新挑战 [J]. 价格理论与实践, 2015（12）: 18-20.

[28] 康庆武, 何春燕. 基于全球孔子学院的中华武术国际推广 [J]. 山东体育科技, 2016, 38（5）: 85-89.

[29] 贾康, 徐林, 李万寿, 等. 中国需要构建和发展以改革为核心的新供给经济学 [J]. 经济研究参考, 2014（1）: 35-56.

[30] 沈贵银. 创新驱动推进江苏农业供给侧结构性改革的探讨 [J]. 江苏农业科学, 2018, 46（13）: 324-327.

[31] 王家宏. 我国体育资源配置市场化改革中政府职能作用的实现路径 [J]. 体育学研究, 2018（3）: 132-134.

[32] 习近平. 决胜全面建成小康社会 夺取新时代中国特色社会主义伟大胜利 [N]. 人民日报, 2017-10-28（001）.

[33] 李佐军. 欲跨中等收入陷阱必推要素升级 [N]. 中国经济时报, 2015-04-08（005）.

[34] 张永韬, 黄芳. 我国体育产业供给侧结构性改革的动力、方向与路径 [J]. 四川体育科学, 2018, 37（2）: 17-21.

[35] 王晓芳, 权飞过. 供给侧结构性改革背景下的创新路径选择 [J]. 上海经济研究, 2016（3）: 6.

[36] 郭发明, 赵光圣, 郭玉成, 等. 中华人民共和国成立以来的武术对外交流及启示——基于武术家口述史的研究 [J]. 上海体育学院学报, 2018, 42（5）: 72-78+86.

[37] 杨建营. 武术拳种的历史形成及体系化传承的研究 [J]. 体育科学, 2018, 38（1）: 34.

[38] 丁旭, 韦见凡. 奥林匹克精神在我国传播的意义 [J]. 体育文化导刊, 2005（5）: 31-33.

[39] 孙鸿志, 王岗. 中国武术国际化传播的核心问题: 理念的缺失 [J]. 中国体育科技, 2011, 47（3）: 80-83+88.

[40] 白蓝. 中泰武术文化比较及泰拳国际化的启示 [J]. 体育

学刊,2015,22（4）:132-134.

[41] 吕韶钧.全球化的武术要"走进"世界[N].中国体育报,2013-06-07（006）.

[42] 朱东明.江西省武术段位制发展的传播学分析[D].南昌:江西师范大学,2017.

[43] 曲宗湖,马保生.我国学校体育必须"转型"[J].中国学校体育,2014（1）:10-12.

[44] 栗胜夫,栗晓文.全球价值链视域下的中华武术对外发展战略思考[J].体育科学,2011,31（3）:13-21.

[45] 袁兰军,吴松.中国武术回归大众生活的思考:从"体育化"走向"艺术化"[J].成都体育学院学报,2011,37（11）:37-40.

[46] 郑国华,等.北京奥运会对中国文化产业的影响[J].天津体育学院学报,2006,21（5）:397-400.

[47] 蓝庆新,姜峰.新常态下供给侧结构性改革理论解析[J].上海经济研究,2017（2）:17-23.

[48] 李翀.论供给侧改革的理论依据和政策选择[J].经济社会体制比较,2016（1）:9-18.

[49] 李成银,林志刚,李宁.传统武术发展应坚持三个方向[J].体育文化导刊,2007（5）:60-62.

[50] 武冬.传统武术评价、整合和推广发展战略研究[J].北京体育大学学报,2008（8）:1051-1054.

[51] 刘君."互联网+"背景下应用型本科高校校企合作人才培养模式[J].实验技术与管理,2017,34（6）:172-176.

[52] 陈力丹,霍仟.互联网传播中的长尾理论与小众传播[J].西南民族大学学报(人文社会科学版),2013,34（4）:148-152+246.

[53] 杨银付."互联网+教育"带来的教育变迁与政策响应[J].教育研究,2016,37（6）:4-8.

[54] 王岗,邱丕相,包磊.重构学校武术教育体系必须强化"拳种意识"[J].体育学刊,2010,17（4）:95-98.

[55] 余胜泉,王阿习."互联网+教育"的变革路径[J]. 中国电化教育,2016（10）:1-9.

[56] 纪东东,文立杰.公共文化服务供给侧结构性改革研究[J]. 江汉论坛,2017（11）:24-29.

[57] 赵慧娣.新时代背景下公共体育服务供给侧结构优化路径研究[J]. 体育与科学,2018,39（2）:20-26.

[58] 李奕.基于"移动互联"的基本公共教育服务研究[J]. 中小学管理,2015（1）:13-18.

[59] 李君华.北京普通高校大学生武术课程设置现状研究[D]. 北京:北京体育大学,2006.

[60] 翟向林.对进一步完善现有健身气功比赛形式的分析与探讨[J]. 中华武术研究,2015（3）:84-88.

[61] 刘波.基于能力培养的擒拿格斗课程教学改革探析[J]. 山东警察学院学报,2014（4）:157-160.

[62] 刘玉兰.健身气功国际交流比赛运作现状调查及发展对策研究[D]. 上海:上海体育学院,2010.

[63] 滕希望.我国武术散打商业赛事发展研究[J]. 体育文化导刊,2018（10）:99-103.

[64] 翁小芳.健身气功·马王堆导引术教学实践研究[J]. 体育论坛,2014（4）:90-92.

[65] 张海燕.对高校复合型体育教师的认知与培养方案[J]. 体育世界,2015（10）:117-118.

[66] 赵德忠.试论复合型体育教师[J]. 辽宁教育行政学院学报 2010（12）:95.

[67] 刘宁.高校复合型体育教师的培养路径[J]. 求知导刊,2014（12）:139-140.

[68] 叶小明,赖锦松.武术师资在中小学现状与制约因素分析研究——以广东省为例[J]. 当代体育科技,2015（19）:222-223.

[69] 刘建新."武术进高校"背景下武术俱乐部教学现状探析[J]. 武术研究,2016（4）:79-81.

[70] 陈庆熙,陈荔妮.我国高校高水平武术运动队现状的调查研究[J].吉林师范大学学报,2010(1):144-146.

[71] 曾瀚民.高校体育中武术俱乐部经营状况及对策分析[J].赤峰学院学报,2012(3):66-67.

[72] 王稳.错位与平衡:学校武术教育发展的供给侧探析[J].中国学校体育,2018(11):76-82.

[73] 路娜,夏永红.教育市场化的内涵、机制及政策取舍[J].国家教育行政学院学报,2005(12):46-49.